HIPPOCRENE CONCISE DICTIONARY

ARMENIAN-ENGLISH/ ENGLISH-ARMENIAN

Diana Aroutunian
and
Susanna Aroutunian

HIPPOCRENE BOOKS
New York

Hippocrene Books Edition.

Copyright© 1993 by Diana Aroutunian
    and Susanna Aroutunian.

Fifth printing, 2002

For information please address:
HIPPOCRENE BOOKS, INC.
171 Madison Avenue
New York, NY 10016

ISBN 0-7818-0150-8

Printed in the United States of America.

HIPPOCRENE CONCISE DICTIONARY

ARMENIAN-ENGLISH/ ENGLISH-ARMENIAN

PREFACE

This completely modern and up-to-date Armenian-English/English-Armenian Dictionary provides a quick reference to a needed word in Armenian and English. It is a useful tool for travelers, business people, and students. It has over 9,000 entries in both languages in a concise easy-to-use format. Every entry contains a pronunciation guide and lists basic grammar characteristics.

The main entries are printed in distinctive bold letters. Parts of speech (nouns, adjectives, verbs, etc.) are indicated by the abbreviations and printed in italics. Each translatable word is supplied with a transcription in the alphabet of the other language: the English word are spelled with Armenian letters and the Armenian words are spelled with Roman letters. Keeping in mind the difference between the Armenian and English phonic systems (sounds) the compiler suggested his own system of transcription.

There are 38 letters in the Armenian alphabet. Eight of them represent vowel sounds, and thirty letters represent consonants.

Listed below are Armenian letters, their approximate equivalent in English, and their pronunciation. Parts of speech are mentioned in the list of abbreviations.

English Abbreviations

a	adjective
adv	adverb
art	article
conj	conjunction
int	interjection
	interrogative
n	noun
num	numeral
prep	preposition
pron	pronoun
v	verb

ARMENIAN-
ENGLISH
DICTIONARY

Ա

ագահ [agaʻh] *a* stingy
ագարակ [agaraʻck] *n* farm
ագռավ [agrraʻv] *n* crow
ադամաթուզ [adamathuʻz] *n* banana
ադամանդ [adamaʻnd] *n* diamond
ազատ [azaʻt] *a* free
ազատել [azateʻl] *v* save, free
ազգ [azg] *n* nation, people
ազգական [azgackaʻn] *n* relative, kinsman
ազգանուն [azganuʻn] *n* surname
ազդել [azdeʻl] *v* influence, effect
ազդր [aʻzdr] *n* thigh, leg
ազնիվ [azniʻv] *a* noble, gentle
աթոռ [athoʻrr] *n* chair, stool
ալ [al] *a* red, scarlet
ալյուր [alyuʻr] *n* flour
ալիք [aliʻk] *n* wave
ախորժակ [akhorrzhaʻk] *n* appetite
ախտ [akhth] *n* disease
ածել [atzeʻl] *v* pour
ածելի [atzeliʻ] *n* razor
ածելել [atzeleʻl] *v* shave
ականջ [ackaʻnj] *n* ear
ակն [ackn] *n* eye, precious stone
ակնոց [acknoʻts] *n* spectacles
ահ [ah] *int* ah, oh; *n* fear, dread
ահա [ahaʻ] here is
ահավոր [ahavoʻr] *a* horrible
ահյակ [ahyaʻk] *a* left

աջ եւ ահյակ [ach yev ahya'k] *a* right and
  left
աղ [agh] *n* salt
աղաման [aghama'n] *n* salt cellar
աղբ [aghp] *n* rubbish
աղբյուր [aghpyu'r] *n* fountain, source,
  brook
աղյուս [aghyu's] *n* brick
աղիք [aghi'k] *n* intestines
աղմուկ [aghmu'ck] *n* noise
աղքատ [aghka't] *a* poor
աղոթել [aghothe'l] *v* pray
աճել [atshe'l] *v* grow
աճուրդ [atshu'rd] *n* auction
աման [ama'n] *n* plates and dishes
ամառ [ama'rr] *n* summer
ամբար [amba'r] *n* granary
ամբոխ [ambo'kh] *n* crowd
ամիս [ami's] *n* month
ամուսին [amusi'n] *n* husband, spouse
ամուսնանալ [amusnana'l] *v* marry
ամպ [amp] *n* cloud
ամոթ [amo'th] *n* shame
այբուբեն [aibube'n] *n* alphabet
այդ [ait] *pron* that, this
այժմ [aizhm] *adv* now, at present
այլ [ayl] *a* other, another
այծ [aytz] *n* goat
այո [ayo] *n & part* yes
այս [ays] *pron* this
այսօր [ayso'r] *adv* today
այտ [ayt] *n* cheek

այրել [ayreʹl] *v* burn

այրի [ayriʹ] *n* widower, widow

այցելել [aytseleʹl] *v* visit

անդամ [anthaʹm] *n* member

անդորր [andoʹr] *a* peaceful, quiet

անել [aneʹl] *v* do, make

աներ [aneʹr] *n* father-in-law

աներձագ [anerdzaʹk] *n* brother-in-law

անի [aniʹ] *a* empty

անիծել [anitzeʹl] *v* curse

անիվ [aniʹv] *n* wheel

անվանել [anvaneʹl] *v* name, call

անուն [anuʹn] *n* name

անուշ [anuʹsh] *a* sweet, delicious

անցնել [antsneʹl] *v* pass away

անցորդ [antsoʹrd] *n* passer—by

անցք [aʹntsk] *n* passage

անոթի [anothiʹ] *a* hungry

աշակերտ [ashackeʹrt] *n* pupil

աշխատակից [ashkhatackiʹts] *n* fellow la-
borer

աշխատանք [ashkhataʹnk] *n* work, labor

աշխատել [ashkhateʹl] *v* work, labor

աշխարհ [ashkhaʹr] *n* world, universe

աշուն [ashuʹn] *n* autumn, fall

ապա [apaʹ] *adv* then, afterwards, after that

ապագա [apagaʹ] *n & a* future

ապակի [apakiʹ] *n* glass

ապառիկ [aparriʹck] *adv* on credit

ապարանջան [aparanjaʹn] *n* bracelet

ապշել [apsheʹl] *v* be surprised

ապուր [apuʹr] *n* soup

ապրանք [apra'nk] *n* goods
ապրել [apre'l] *v* live
ապրիլ [apri'l] *n* April
աջ [ach] *a* right
առանց [arra'nts] *prep* without
առաջին [arrachi'n] *a* first
առաստաղ [arrasta'gh] *n* ceiling, roof
առավոտ [arravo't] *n* morning
առևտուր [arrevtu'r] *n* commerce, trade
առիթ [arri'th] *n* occasion
առյուծ [arryu'tz] *n* lion
առնել [arrne'l] *v* take
առնող [arrno'gh] *n* taker
առողջ [arro'ghch] *a* healthy
առու [arru'] *n* brook
ասել [ase'l] *v* say
ասեղ [ase'gh] *n* needle
աստղ [a'stgh] *n* star
Աստված [astva'tz] *n* God
ատամ [ata'm] *n* tooth
ատել [ate'l] *v* hate
արագ [ara'g] *a* quick
արագիլ [aragi'l] *n* stork
արագություն [aragutsyu'n] *n* speed
արարք [ara'rk] *n* deed
արբած [arpha'ts] *a* drunk
արբել [arphe'l] *v* get drunk
արդար [artha'r] *a* just
արդեն [arthe'n] *adv* already
արեգ, արեգակն [are'g, arega'ckn] *n* sun
արև [are'v] *n* sun
արևելք [areve'lk] *n* East

արեւմուտք [arevmu'tk] *n* West
արժել [arzhe'l] *v* cost
արժեք [arzhe'k] *n* value, price
արծաթ [artza'th] *n* silver
արծիվ [artzi'v] *n* eagle
արկղ [a'rckgh] *n* box
արհեստավոր [arhestavo'r] *n* craftsman
արմատ [arma't] *n* root
արվեստ [arve'st] *n* art
արջ [arch] *n* bear
արտ [art] *n* field
արտադրել [artadre'l] *v* produce
արտահայտել [artahayte'l] *v* express
արտասահման [artasahma'n] *n* abroad
արցունք [artsu'nk] *n* tear
արցունք թափել [artsu'nk thaphe'l] *n* shed
   tears
ավագ [ava'k] *a* senior
ավազ [ava'z] *n* sand
ավաղ [ava'gh] *int* alas, ah
ավարտել [avarte'l] *v* finish,
ավետարան [avetara'n] *n* Gospel
ափ I [aph] *n* palm; shore
ափսե [aphse'] *n* plate
ափսոսալ [aphsosa'l] *v* pity

Բ

բադ [ba'd] *n* duck
բազկաթոռ [bazckatho'rr] *n* armchair
բազմաթիվ [bazmathi'v] *a* numerous
բազմանալ [bazmana'l] *v* grow in number

բազմոց [bazmo'ts] *n* sofa
բազուկ [bazu'ck] *n* arm, forearm
բաժակ [bazha'ck] *n* cup
բաժանել [bazhane'l] *v* divide, separate
բալ [bal] *n* cherry
բախել [bakhe'l] *v* knock
բախտ [ba'kht] *n* fate
բախտավոր [bakhtavo'r] *a* lucky
բահ [bah] *n* spade
բաղնիք [baghni'k] *n* baths, bath house
բաճկոն [bachcko'n] *n* waistcoat, jacket
բամբակ [bamba'ck] *n* cotton
բայց [ba'its] conj but
բանալի [banali'] *n* key
բանակ [bana'k] *n* army
բանավեճ [banave'tsh] *n* discussion
բանվոր [banvo'r] *n* workman
բանջար [banja'r] *n* beet, beet–root
բանտ [ba'nt] *n* prison
բանտարկել [bantarke'l] *v* imprison
բառ [barr] *n* word
բառարան [barrara'n] *n* dictionary
բարակ [bara'ck] *a* thin
բարբառ [barba'rr] *n* dialect
բարգավաճել [barkavatshe'l] *v* prosper
բարեկամ [barecka'm] *n* friend
բարևել [bareve'l] *v* greet
բարի [bari'] *a* good, kind
բարի երեկո [bari' yereko'] good evening
բարի լույս [bari' łu'ys] good morning
բարի գալուստ [bari' galu'st] welcome!
բարի գիշեր [bari' gishe'r] good night

բարկանալ [barckana‘l] *v* be angry, get angry

բարձ [ba‘rts] *n* cushion, pillow

բարձր [ba‘rtsr] *a* high

բաց [bats] *a* open

բացականչել [batsakanche‘l] *v* exclaim

բացատրել [batsatre‘l] *v* explain

բացիկ [batsi‘k] *n* post card

բաց անել [bats ane‘l] *v* open

բավական [bavacka‘n] *a* enough

բեռ [berr] *n* burden

բեռնակիր [berrnacki‘r] *n* porter

բերք [berk] *n* harvest

բերան [bera‘n] *n* mouth

բերել [bere‘l] *v* bring, fetch

բժիշկ [bzhi‘shk] *n* physician, doctor

բժշկել [bzhshcke‘l] *v* cure

բլուր [blu‘r] *n* hill

բնական [bnaka‘n] *a* natural

բնակարան [bnackara‘n] *n* apartment, house, flat

բնակել [bnacke‘l] *v* dwell in, live

բնակիչ [bnacki‘ch] *n* inhabitant

բնություն [bnutsyu‘n] *n* nature

բոլոր [bolo‘r] *pron & n* all, the whole of

բողկ [boghck] *n* garden radish

բողոք [bogho‘k] *n* complaint

բողոքել [boghoke‘l] *v* complain

բու [bu] *n* owl

բթամատ [buthama‘t] *n* thumb

բուժարան [buzhara‘n] *n* clinic, sanatorium

բուժել [buzhe‘l] *v* cure

բուրդ [burth] *n* wool
բռնել [brrne'l] *v* hold, keep, catch
բռունցք [brruntsk] *n* fist
բրինձ [brindz] *n* rice

Գ

գագաթ [gaga'th] *n* top
գազան [gaza'n] *n* beast
գազար [gaza'r] *n* carrot
գալ [gal] *v* come, arrive
գաղափար [gaghapha'r] *n* idea
գաղթ [gaghth] *n* migration
գաղթել [gakhthe'l] *v* migrate
գաղտնիք [gakhtni'k] *n* secret
գայլ [gail] *n* wolf
գանգուր [gangu'r] *a* crisped
գանձ [gandz] *n* treasure
գառ [garr] *n* lamb
գարեջուր [gareju'r] *n* beer
գարի [gari'] *n* barley
գարշելի [garsheli'] *a* detestable
գարուն [garu'n] *n* spring
գավաթ [gava'th] *n* cup
գավառ [gava'rr] *n* region
գեղեցիկ [geghetsi'ck] *n* beautiful, lovely
գետ [get] *n* river, stream
գետափ [geta'ph] *n* shore, bank
գետին [geti'n] *n* ground, soil
գետնախնձոր [getnakhndzo'r] *n* potato
գեր [ger] *a* fat
գերադաս [gerada's] *a* superior

գերադասել [geradase'l] *v* prefer
գերել [gere'l] *v* captivate
գերի [geri'] *n* captive
գիծ [gitz] *n* line
գին [gin] *n* price, value
գինի [gini'] *n* wine
գիշեր [gishe'r] *n* night
գիշերել [gishere'l] *v* pass the night
գիտելիք [giteli'k] *n* knowledge
գիտենալ [gitena'l] *v* know
գիտնական [gitnacka'n] *n* scholar
գիտություն [gitutsyu'n] *n* science
գիրք [girk] *n* book
գյուղ [gyugh] *n* village
գյուղացի [gyughatsi'] *n* villager
գյուտ [gyut] *n* discovery
գլխավոր [glkhavo'r] *a* main, chief
գլխարկ [glkha'rk] *n* hat
գլխացավ [glkhatsa'v] *n* headache
գլորել [glore'l] *v* roll
գլուխ [glukh] *n* head
գծել [gtze'l] *v* draw
գնալ [gna'l] *v* go
գնահատել [gnahate'l] *v* estimate
գնդակ [gnda'k] *n* ball
գնել [gne'l] *v* buy
գնորդ [gno'gh] *n* buyer
գոհ [goh] *a* satisfied
գոհար [goha'r] *n* jewel
գոհացնել [gohatsne'l] *v* satisfy
գող [gogh] *n* thief
գոռալ [gorra'l] *v* growl, roar

գովել [gove'l] *v* praise
գորգ [gorg] *n* carpet
գործ [gortz] *n* work, affair
գործածել [gortzatze'l] *v* use
գործատեր [gortzate'r] *n* employer
գործել [gortze'l] *v* work, act
գործիք [gortzi'k] *n* instrument
գռեհիկ [grrehi'k] *a* vulgar
գտնել [gtne'l] *v* find
գրադարան [gradara'n] *n* library
գրել [gre'l] *v* write
գրիչ [gri'ch] *n* pen
գրկել [grcke'l] *v* embrace
գրպան [grpa'n] *n* pocket
գցել [gtse'l] *v* throw
գուլպա [gulpa'] *n* stocking, sock
գումար [guma'r] *n* sum
գումարել [gumare'l] *v* add
գույն [guyn] *n* color
գունավոր [gunavo'r] *a* colored
գունատ [guna't] *a* pale
գուրգուրել [gurgure'l] *v* caress
գուցե [gutse'] *adv* perhaps

Դ

դա [da] *pron a* this, that, this one
դադարել [dathare'l] *v* cease, stop
դաժան [dazha'n] *a* rough, severe
դահլիճ [dahli'tch] *n* hall
դահուկ [dahu'k] *n* ski
դանակ [dana'ck] *n* knife

դանդաղել [dandaghe'l] *v* slow
դաշնամուր [dashnamu'r] *n* piano
դաշտ [da'sht] *n* field
դառը [da'rreo] *a* bitter
դառնալ [darrna'l] *v* turn
դաս [das] *n* class, lesson
դասագիրք [dasagi'rk] *n* text book
դասավորել [dasavore'l] *v* arrange
դասատու [dasatu'] *n* teacher
դասարան [dasara'n] *n* classroom
դատավոր [datavo'r] *n* judge
դատարան [datara'n] *n* court
դատարկ [data'rk] *a* empty
դատարկել [datarcke'l] *v* empty
դատել [date'l] *v* judge, esteem
դար [dar] *n* century
դարբաս [darba's] *n* gate
դարդ [dard] *n* sorrow
դարձ [dardz] *n* turn
դարձյալ [dardzya'l] *a* again
դարչին [darchi'n] *n* cinnamon
դարսել [darse'l] *v* put lay (together), pile
դափնատերև [daphnatere'v] *n* laurel, bay leaf
դդում [dthu'm] *n* pumpkin
դեկտեմբեր [dektembe'r] *n* December
դեղ [degh] *n* medicine
դեղատոմս [deghato'ms] *n* prescription
դեղել [deghe'l] *v* poison
դեղին [deghi'n] *a* yellow
դեղձ [deghdz] *n* peach
դեմառդեմ [demarrde'm] *adv* opposite

դեմք [demk] *n* face
դեպի [depi'] *prep* to, towards
դեպք [depk] *n* adventure, accident
դեռ [derr] *adv* yet, still
դեսպան [despa'n] *n* ambassador
դերձակ [derdza'ck] *n* tailor
դժբախտ [dzhba'kht] *a* unlucky
դժգոհ [dzhgo'h] *a* displeased
դժվար [dzhva'r] *a* difficult
դիզել [dize'l] *v* heap up
դիմանալ [dimana'l] *v* endure, resist
դիմավորել [dimavore'l] *v* meet
դիմում [dimu'm] *n* application
դիտել [dite'l] *v* observe
դհոլ [dho'l] *n* drum
դնել [dne'l] *v* put, place
դողալ [dogha'l] *v* tremble, shiver
դոշակ [dosha'k] *n* mattress
դպրոց [dpro'ts] *n* school
դրամ [dram] *n* money, coin
դրամապանակ [dramapana'ck] *n* money bag
դրամատուն [dramatu'n] *n* bank
դրդել [drthe'l] *v* incite
դրսից [drsi'ts] *adv* from the outside
դու [du] *pron* you
դույլ [duyl] *n* bucket
դուռ [durr] *n* door
դուստր [du'str] *n* daughter
դուրեկան [durecka'n] pleasant
դուք [duk] *pron* you

Ե

եթե [yethe'] conj if
ելակ [yela'ck] n strawberry
ելք [yelk] n exit
եկամուտ [yeckamu't] n income
եկեղեցի [yeckeghetsi'] n church
եղանակ [yeghana'ck] n manner; season; melody
եղբայր [yekhpa'ir] n brother
եղեւնի [yeghevni'] n fir
ենթադրել [yenthadre'l] v suppose
եպիսկոպոս [yepisckopo's] n bishop
եռալ [yerra'l] v boil
ես [yes] pron I
երազ [yera'z] n dream
երազել [yeraze'l] v dream
երաժիշտ [yerazhi'sht] n musician
երբ [yerph] adv when
երբեմն [yerphe'mn] adv sometimes
երգ [yerk] n song
երգել [yerke'l] v sing
երեկ [yere'ck] adv yesterday
երես [yere's] n face
երեւալ [yereva'l] v appear
երեք [yere'k] num three
երեքշաբթի [yerekshabthi'] n Tuesday
երիտասարդ [yeritasa'rd] n young man
երկաթ [yercka'th] n iron
երկաթուղի [yerckathughi'] n railway
երկար [yercka'r] a long
երկարել [yerckare'l] v lengthen

երկինք [yercki'nk] *n* heaven, sky
երկրորդ [yerckro'rth] *num* second
երկու [yercku'] *num* two
երկուշաբթի [yerckushaphthi'] *n* Monday
երշիկ [yershi'k] *n* sausage
երջանիկ [yerjani'k] *a* happy
երրորդ [yero'rd] *num* third
եփել [yephe'l] *v* cook

Զ

զամբյուղ [zambyu'gh] *n* basket
զանգ [zang] *n* bell
զանգահարել [zangahare'l] *v* ring
զատել [zate'l] *v* separate, detach
զատիկ [zati'k] *n* Easter
զարգանալ [zargana'l] *v* progress
զարդ [zarth] *n* ornament, decoration
զարթուցիչ [zarthutsi'ch] *n* alarm clock
զարկել [zarcke'l] *v* hit, strike
զարմացնել [zarmatsne'l] *v* amaze, astonish
զբոսնել [zbosne'l] *v* walk
զգալ [zgal] *v* feel
զգեստ [zgest] *n* dress
զգույշ [zgu'sh] *a* careful
զմրուխտ [zmru'khth] *n* emerald
զով [zov] *a* cool
զսպել [zspe'l] *v* restrain
զվարթ [zvarth] *a* gay
զրույց [zru'yts] *n* conversation, talk
զրուցել [zrutse'l] *v* talk

Է

եգուց [eku'ts] *n adv* tomorrow
էժան [ezha'n] *a* cheap
էշ [esh] *n* ass
էջ [ej] *n* page

Ը

ըմպանակ [eompana'ck] *n* cup
ըմպել [eompe'l] *v* drink
ըմպելիք [eompeli'k] *n* beverage
ընդլայնել [eondlayne'l] *v* enlarge, widen
ընդհանուր [eonthanu'r] *a* general
ընդմիջել [eondmiche'l] *v* interrupt
ընդունակ [eonthuna'ck] *a* capable, apt
ընդունիչ [eonthuni'ch] *n* wireless radio (set)
ընթանալ [eonthana'l] *v* run, go
ընթերցել [eonthertse'l] *v* read
ընթրել [eonthre'l] *v* have supper
ընթրիք [eonthri'k] *n* supper
ընկալել [eonckale'l] *v* perceive
ընկեր [eoncke'r] *n* friend
ընկույզ [eoncku'yz] *n* walnut
ընտանիք [eontani'k] *n* family
ընտիր [eonti'r] *a* fine
ընտրել [eontre'l] *v* choose, elect

Թ

թաթ [thath] *n* paw

թալան [thala'n] *n* robbery
թալանել [thalane'l] *v* rob
թախիծ [thakhi'tz] *n* sorrow
թախծել [thakhtze'l] *v* to grieve
թախտ [thakht] *n* couch
թակել [thacke'l] *v* beat
թակոց [thacko'ts] *n* knock
թաղ [thagh] *n* district
թաղել [thaghe'l] *v* bury
թան [than] *n* skimmed milk
թանաք [thana'k] *n* ink
թանգարան [thangara'n] *n* museum
թանկ [thang] *a* expensive
թանկանալ [thangana'l] *v* rise in price
թանկարժեք [thangarzhe'k] *a* precious
թանձր [tha'ndzr] *a* thick
թանձրանալ [thandzrana'l] *v* thicken
թաշկինակ [thashckina'ck] *n* handkerchief
թառափ [tharra'ph] *n* sturgeon
թառլան [tharrla'n] *n* falcon
թաս [thas] *n* cup, mug
թավա [thava'] *n* frying pan
թարգմանել [tharkmane'l] *v* translate
թարգմանիչ [tharkmani'ch] *n* translator
թարթել [tharthe'l] *v* wink
թարթիչ [tharthi'ch] *n* eyelash
թարխուն [tharkhu'n] *n* tarragon
թարմ [tharm] *a* fresh
թարմանալ [tharmana'l] *v* freshen
թարս [thars] *adv* inside out
թաց [thats] *a* wet
թացանալ [thatsana'l] *v* get wet

թափանցել [thaphantse'l] *v* penetrate
թափառական [thapharracka'n] *n* vagabond, vagrant
թափել [thaphe'l] *v* pour, shed, evacuate
թաքցնել [thaktsne'l] *v* hide
թեթեւ [thethe'v] *a* light
թեժ [thezh] *a* hot
թել [thel] *n* thread
թելադրել [theladre'l] *v* dictate
թեկնածու [theknatzu'] *n* candidate
թեյ [they] *n* tea
թեյաման [theyama'n] *n* teapot, tea kettle
թեւ [thev] *n* arm, wing
թերթ [therth] *n* leaf; sheet
թթվասեր [ththvase'r] *n* sour cream
թթվաջուր [ththvaju'r] *n* marinade
թթվել [ththve'l] *v* turn sour
թթու [ththu] *a* sour
թիավար [thiava'r] *n* boatman
թիթեռ [thithe'rr] *n* butterfly
թիկունք [thiku'nk] back
թիվ [thiv] *n* number
թխել [thkhe'l] *v* bake
թխկոց [thkhcko'ts] *n*knock
թխվածք [thkhva'tsk] *n* biscuit
թմբուկ [thmbu'k] *n* drum
թմրել [thmre'l] *v* become dumb, numb
թմփլիկ [thmphli'k] *a* plump
թշնամի [thshnami'] *n* enemy
թշշալ [thshsha'l] *v* hiss
թշվառ [thshva'rr] *a* unhappy
թողնել [thoghne'l] *v* leave

թոշակ [thosha'ck] *n* pension
թոշակառու [thoshackarru'] *n* pensioner
թոռ [thorr] *n* grandchild
թոռոմել [thorrome'l] *v* fade
թովիչ [thovi'ch] *a* enchanting
թոք [thok] *n* lungs
թռիչք [thrri'chk] *n* flight
թռչել [thrrche'l] *v* fly
թռչուն [thrchu'n] *n* bird
թվալ [thva'l] *v* seem
թվական [thvaka'n] *n* numeral
թվանշան [thvansha'n] *n* mark
թրաշել [thrashe'l] *v* shave
թրջել [thrche'l] *v* wet
թվել [thve'l] *v* count
թուզ [thuz] *n* fig
թութ [thuth] *n* mulberry
թութակ [thutha'ck] *n* parrot
թուխ [thukh] *a* dark complexioned
թուղթ [thughth] *n* paper
թույլատրել [thuylatre'l] *v* allow
թույն [thuyn] *n* poison
թուշ [thush] cheek
թքել [thke'l] *v* spit

Ժ

ժաժիկ [zhazhi'ck] cottage cheese
ժամ [zham] *n* hour, o'clock, time; church
ժամագործ [zhamago'rtz] *n* watchmaker
ժամադրվել [zhamadrve'l] *v* make an appointment

ժամադրություն [zhamadrutsyu'n] *n* appointment

ժամանակ [zhamana'ck] *n* time

ժամանակ առ ժամանակ [zhamana'ck arr zhamana'ck] from time to time

ժամանակավոր [zhamanackavo'r] *a* temporal

ժամանել [zhamane'l] *v* arrive

ժամացույց [zhamatsu'yts] *n* clock, watch

ժապավեն [zhapave'n] *n* ribbon

ժիր [zhir] *a* active

ժլատ [zhla't] *a* avaricious

ժխոր [zhkho'r] *n* tumult

ժխտել [zhkhte'l] *v* deny

ժողով [zhogho'v] *n* assembly, meeting

ժողովուրդ [zhoghovu'rth] *n* people

ժպիտ [zhpi't] *n* smile

ժպտալ [zhpta'l] *v* smile

Ի

ի [i] *prep* to, at, into, by, for, from, of

ի միջի այլոց [i miji aylo'ts] by the way

իբրև [iphre'v] *prep* as, like, such as

իհարկե [iha'rcke] *adv* of course

իմ [im] *pron* my

իմաստ [ima'st] *n* meaning, sense

իմաց տալ [ima'ts ta'l] *v* inform

ինը [i'neo] *num* nine

իններորդ [innero'rth] *num* ninth

ինձ [indz] *pron* me

ինչ [inch] *pron* what?

ինչպես [inchpe's] *adv* how

ինչու [inchu'] *adv* why

ինչքան [inchka'n] how many, how much

ինչպիսի [inchpisi'] of what kind, how?

ինքնաթիռ [inknathi'rr] *n* airplane

ինքնին [inkni'n] *adv* by oneself, by himself

իշխանություն [ishkhanutsyu'n] *n* power, authority

իշխել [ishkhe'l] *v* govern

իջեցնել [ichetsne'l] *v* take down, lower

իջնել [ichne'l] *v* descend

իսկ [isk] *adv & conj* but, still, besides

իսկական [isckacka'n] *a* real

իսկապես [isckape's] *adv* really

իսկույն [isckuy'n] *adv* immediately

իր [ir] *n & pron* thing; his, her, its

իրագործել [iragortze'l] *v* realize

իրականացնել [irackanatsne'l] *v* actualize

իրապես [irape's] *adv* really

իրավունք [iravu'nk] *n* right

իրենց [ire'nts] *pron* their

իրենք [ire'nk] *pron* they

իրիկուն [iricku'n] *n* evening

իրոք [iro'k] *adv* truly, in fact

Լ

լալ [lal] *v* weep; *n* ruby

լալա [lala'] *n* tulip

լալագին [lalagi'n] *a* tearful

լալազար [lalaza'r] *n* iris

լալկան [lalcka'n] *a & n* crying

լալկվել [lalckve'l] *v* become dumb

լակել [lacke'l] *v* lick up

լայն [lain] *a* wide

լայնք [laink] *n* width

լանջ [lanj] *n* breast, slope

լաչառ [lacha'rr] *a* bare−faced, shameless

լապտեր [lapte'r] *n* lantern

լաստ [last] *n* raft

լավ [lav] *a & adv* good, well

լավանալ [lavana'l] *v* grow better

լավաշ [lava'sh] *n* light cake, hearth cake

լավատես [lavate's] *n* optimist

լավացնել [lavatsne'l] *v* improve

լավիկ [lavi'k] *a* pretty

լավորակ [lavora'ck] *a* of high guality

լավություն [lavutsyu'n] *n* goodness

լար [lar] *n* string

լարել [lare'l] *v* tune

լաց [lats] *n* weeping

լացացնել [latsatsne'l] *v* make smb. cry

լեզու [lezu'] *n* tongue, language

լեղապատառ [leghapata'rr] *a* terrified

լեղապարկ [leghapa'rck] *n* gallbladder

լեղի [leghi'] *n & a* gall; bitter

լեռ [lerr] *n* mountain

լեռնային [lerrnayi'n] *a* mountainous

լի [li] *a* full

լիազոր [liazo'r] *a* plenipotent

լիակատար [liakata'r] *a* plenary

լիզել [lize'l] *v* lick

լիճ [litsh] *n* lake

լինել [line'l] *v* be, become
լիովին [liovi'n] *adv* fully
լլկանք [llcka'nk] *n* vexation
լլկել [llcke'l] *v* violate
լլկում [llcku'm] torture
լխկել [lkhcke'l] *v* grow corrupt
լկտի [lkti'] *a* immodest
լյարդ [lyard] *n* liver
լոբի [lobi'] *n* bean
լողարան [loghara'n] *n* bathroom
լողալ [logha'l] *v* swim
լոպպազ [lopa'z] *n* braggart
լոռ [lorr] *n* curds
լոր [lor] *n* quail
լորի [lori'] *n* limetree
լպստել [lpste'l] *v* lick
լռել [lrre'l] *v* keep silence
լռություն [lrrutsyu'n] *n* silence
լսարան [lsara'n] *n* hall, auditorium
լսել [lse'l] *v* listen, hear
լվանալ [lvana'l] *v* wash
լվացարան [lvatsara'n] *n* washing place
լվացվել [lvatsve'l] *v* wash oneself
լվացք [lva'tsk] *n* washing
լրաբեր [lrabe'r] *n* messenger
լրագիր [lragi'r] *n* newspaper
լրագրող [lragro'gh] *n* journalist
լրանալ [lrana'l] *v* end, be fulfilled
լրատու [lratu'] *n* reporter
լրացնել [lratsne'l] *v* fill up
լրացուցիչ [lratsutsi'ch] *a* complementary
լրիվ [lri'v] *adv* entirely

լրջանալ [lrjanal] *v* become serious
լրջություն [lrjutsyu'n] *n* seriousness
լրտես [lrte's] *n* spy
լրտեսել [lrtesel] *v* spy
լրում [lru'm] *n* addition
ի լրումն [i lru'mn] *adv* in addition
լցնել [ltsnel] *v* fill, pour
լու [lu] *n* flea
լուծել [lutzel] *v* solve, dissolve
լուծվել [lutzvel] *v* be dissolved
լույս [luys] *n* light
լուռ [lurr] *a* silent; *adv* silently
լուսաբանել [lusabanel] *v* explain
լուսաբեր [lusabe'r] *n* dawn, morning star
լուսամուտ [lusamu't] *n* window
լուսամփոփ [lusampo'ph] *n* lampshade
լուսան [lusa'n] *n* lynx
լուսանկար [lusancka'r] *n* photograph
լուսանկարել [lusanckarel] *v* photograph
լուսավոր [lusavo'r] *a* light
լուսավորել [lusavorel] *v* light up, enlighten
լուսին [lusi'n] *n* moon
լուսնաքար [lusnaka'r] *n* moonstone
լուր [lur] *n* news, message
լուրջ [lurj] *a* serious
լուցկի [lutscki'] *n* match
լքել [lkel] *v* abandon

Խ

խաբար [khaba'r] *n* news
խաբեբա [khapheba'] *n* swindler

խաբել [khaphel] *v* deceive
խաթարել [khatharel] *v* spoil
խալ [khal] *n* beauty spot
խալի [khali'] *n* carpet
խախտել [khakhtel] *v* break, infringe
խակ [khak] *a* unripe
խաղ [khagh] *n* play, game
խաղալ [khaghal] *v* play
խաղակից [khaghaki'ts] *n* playmate
խաղաղ [khagha'gh] *a* calm
խաղաղանալ [khaghaghanal] *v* become calm
խաղամրցում [khaghamrtsu'm] *n* match
խաղատոմս [khaghato'ms] *n* lottery ticket
խաղատուն [khaghatu'n] *n* gambling house
խաղացող [khaghatso'gh] *n* player
խաղափորձ [khaghapho'rts] *n* rehearsal
խաղընկեր [khagheoncke'r] *n* playmate
խաղող [khagho'gh] *n* grapes
խամ [kham] *a* inexperienced
խամրած [khamra'tz] *a* withered
խամրել [khamrel] *v* fade, wither
խամություն [khamutsyu'n] *n* inexperience
խայթ [khaith] *n* bite, sting
խայթել [khaithel] *v* bite, sting
խայտառակել [khaitarrackel] *v* dishonor, disgrace
խայտառակվել [khaitarrackvel] *v* disgrace oneself
խայտառակություն [khaitarrackutsyu'n] *n* disgrace
խանգարել [khangarel] *v* disturb

խանդ [khand] *n* jealousy
խանդել [khande'l] *v* be jealous
խանդոտ [khando'th] *a* jealous
խանչալ [khancha'l] *n* dagger
խանութ [khanu'th] *n* shop
խաշած [khasha'tz] *a* boiled
խաշել [khashe'l] *v* boil
խաշխաշ [khashkha'sh] *n* poppy
խաչ [khach] *n* cross
խաչափառ [khachapha'rr] *n* crawfish, crab
խաչել [khache'l] *v* crucify
խաչեղբայր [khachyekhpha'yr] *n* best man
խաչվել [khachve'l] *v* be crucified
խառատ [kharra't] *n* turner
խառը [kha'rreo] *a* mixed
խառթութ [kharrthu'th] *n* mulberry
խառնակիչ [kharrnaki'ch] *n* troublemaker
խառնաշփոթ [kharrnashpho'th] *a* confused
խառնաշփոթություն
[kharrnashphothutsyu'n] *n* confusion
խառնել [kharrne'l] *v* mix
խառնիչ [kharrni'ch] *n* mixer
խավ [khav] *n* layer; pile
խավար [khava'r] *a* darkness, dark
խավարել [khavare'l] *v* darken
խարդախ [kharda'kh] *a* knavish
խարդախել [khardakhe'l] *v* swindle
խարիսխ [khari'skh] *n* anchor
խարտալ [kharta'l] *n* mustard
խարտյաշ [khartya'sh] *a* blond
խարտոց [kharto'ts] *n* file
խարույկ [kharuy'k] *n* bonfire

խափանել [khaphanel] *v* hinder
խելագար [khelaga'r] *a* crazy
խելացի [khelatsi'] *a* wise
խելոք [khelo'k] *a* wise
խելոքանալ [khelokanal] *v* become wise
խելք [khelk] *n* brain, intelligence
խեղդել [kheghthe'l] *v* strangle
խեղդվել [kheghthve'l] *v* be strangled
խեղկատակ [kheghkata'ck] *n* jester
խեղկատակել [kheghkatacke'l] *v* jest
խեղճ [kheghch] *a* poor, miserable
խեղճանալ [kheghchanal] *v* grow quiet, become pitiful
խեղճուկրակ [kheghchuckra'ck] *a* pitiful
խենթ [khenth] *a* crazy
խենթանալ [khenthanal] *v* become mad
խենթացնել [khenthatsne'l] *v* madden
խեր [kher] *n* use
խեցգետին [khetsgeti'n] *n* crawfish, crab
խզել [khze'l] *v* break off
խզզալ [khza'l] *v* wheeze
խիզախ [khiza'kh] *a* bold
խիզախել [khizakhe'l] *v* brave
խիզախություն [khizakhutsyu'n] *n* bravery
խիղճ [khighch] *n* conscience
խիստ [khist] *a* strict
խիտ [khit] *a* thick, dense
խլանալ [khlanal] *v* grow deaf
խլացուցիչ [khlatsutsi'ch] *a* deafening
խլել [khle'l] *v* take away, pluck up
խլուրդ [khlu'rd] *n* mole
խղճալ [khghtshal] *v* have pity

խղճալի [khghtshali'] *a* pitiable
խղճահարվել [khghtshaharve'l] *v* become scrupulous
խղճմտանք [khghtschmeota'nk] *n* conscience, perception
խղճուկ [khghtshu'ck] *a* pitiful, poor
խճճել [khtshtshe'l] *v* confuse, tangle
խճճվել [khtsheotshve'l] *v* get confused
խճուղի [khtshughi'] *n* highway
խմած [khma'tz] *a* drunk
խմացնել [khmatsne'l] *v* give smb smth to drink
խմբագիր [khmbagi'r] *n* editor
խմբագրություն [khmbagrutsyu'n] *n* editorial office, editorial staff
խմբագրել [khmbagre'l] *v* edit
խմբակ [khmba'k] *n* group, society
խմբովին [khmbovi'n] *adv* in company
խմել [khme'l] *v* drink
խմելիք [khmeli'k] *n* drink
խմեցնել [khmetsne'l] *v* give to drink
խմիչք [khmi'chk] *n* drink, beverage
խմոր [khmo'r] *n* yeast
խմորել [khmore'l] *v* ferment
խմորեղեն [khmoreghe'n] *n* pastry
խնամակալ [khnamacka'l] *n* protector
խնամակալել [khnamackale'l] *v* take care of, protect
խնամակալություն [khnamackalutsyu'n] *n* trusteeship
խնամել [khname'l] *v* take care of

խնամի [khnami'] *n* one related by marriage

խնամք [khna'mk] *n* care

խնայել [khnaye'l] *v* spare, economize

խնայողական [khnayoghacka'n] *a* economic

խնայողություն [khnayoghutsyu'n] *n* economy

խնդալ [khnda'l] *v* laugh

խնդացնել [khndatsnel] *v* gladden, make laugh

խնդիր [khnthi'r] *n* question, request

խնդրագիր [khnthragi'r] *n* request, application

խնդրանք [khnthra'nk] *n* demand, request

խնդրել [khnthre'l] *v* ask, beg

խնդություն [khndutsyu'n] *n* joy

խնկածառ [khnkatza'rr] *n* aroma

խնկաման [khnckama'n] *n* incense—box

խնկարկել [khnckarcke'l] *v* incense

խնձոր [khndzo'r] *n* apple

խնձորենի [khndzoreni'] *n* apple—tree

խնչել [khnche'l] *v* blow the nose

խշշալ [kheosha'l] *v* rustle

խոզ [khoz] *n* pig, swine, pork

խոզանակ [khozana'ck] brush

խոզանոց [khozano'ts] *n* pigsty, piggery

խոզուկ [khozu'ck] *n* porcupine

խոթել [khothe'l] *v* put in, plunge

խոժոռ [khozho'rr] *a* harsh

խոժոռել [khozhorre'l] *v* frown

խոլորձ [kholo'rtz] *n* orchid

խոխոջալ [khokhoja'l] *v* baffle

խոհ [khoʹh] *n* thought
խոհական [khohackaʹn] *a* prudent
խոհականություն [khohackanutsyuʹn] *n* prudence
խոհանոց [khohanoʹts] *n* kitchen
խոհարար [khoharaʹr] *n* cook
խոհեմ [khoheʹm] *a* cautious
խոհեմություն [khohemutsyuʹn] *n* prudence
խոհուն [khohuʹn] *a* thinking
խողովակ [khoghovaʹck] *n* pipe
խոճկոր [khochckoʹr] *n* pig
խոնավ [khonaʹv] *a* damp, moist
խոնավանալ [khonavanaʹl] *v* grow moist
խոնավություն [khonavutsyuʹn] *n* humidity
խոնարհ [khonaʹr] *a* humble, modest
խոնարհություն [khonarutsyuʹn] *n* humility, humbleness
խոշոր [khoshoʹr] *a* big, large
խոշորանալ [khoshoranaʹl] *v* grow
խոշորացույց [khoshoratsuʹyts] *n* microscope
խոշտանգել [khoshtangeʹl] *v* torture
խոպան [khopaʹn] *a* waste, uncultivated
խոսակից [khosackiʹts] *n* interlocutor
խոսակցել [khosacktseʹl] *v* talk, chat
խոսակցություն [khosacktsutsyuʹn] *n* conversation
խոսել [khoseʹl] *v* speak, talk
խոստանալ [khostanaʹl] *v* promise
խոստովանել [khostovaneʹl] *v* confess
խոստովանություն [khostovanutsyuʹn] *n* confession
խոստում [khostuʹm] *n* promise

խոսք [kho'sk] *n* word
խոսք տալ [kho'sk tal] promise
խոտ [khot] *n* grass
խոտանոց [khothano'ts] *n* hayloft
խոր [kho'r] *a* deep, profound
խորագիր [khoragi'r] *n* title
խորագրել [khoragre'l] *v* entitle
խորաթափանց [khorathapha'nts] *a* keen
խորամանկ [khorama'nck] *a* cunning
խորան [khora'n] *n* altar
խորանալ [khorana'l] *v* deepen
խորասուզել [khorasuze'l] *v* sink
խորասուզվել [khorasuzve'l] *v* dive , sink
խորդ [kho'rd] *n* crane
խորթ [kho'rth] *a* alien
խորին [khori'n] *a* deep
խորհել [khorhe'l] *v* think, meditate
խորհուրդ [khorhu'rd] *n* advice
խորհրդական [khorheorthacka'n] *n* counsellor
խորհրդանիշ [khorhrthani'sh] *n* symbol
խորշել [khorshe'l] *v* avoid
խորոված [khorova'tz] *n* roasted, roastmeat
խորովել [khorove'l] *v* roast
խորտիկ [khorti'ck] *n* dish
խորք [khork] *n* depth
խոց [khots] *n* wound, ulcer
խոցել [khotse'l] *v* wound
խռովել [khrrove'l] *v* trouble, disturb
խռովություն [khrovutsyu'n] *n* trouble, turbulence
խսիր [khsi'r] *n* mat

խտացնել [khtatsneʹl] *v* condense
խտացում [khtatsuʹm] *n* condensation
խտություն [khtutsyuʹn] *n* density
խրախուսել [khrakhuseʹl] *v* encourage
խրամատ [khramaʹt] *n* trench
խրատ [khraʹt] *n* advice
խրատական [khratackaʹn] *a* advisory
խրատատու [khratatuʹ] *n* adviser
խրատել [khrateʹl] *v* advise
խրել [khreʹl] *v* thrust in
խրոխտ [khroʹkht] *a* haughty
խրտվիլակ [khrthvilaʹck] *n* cow catcher, scarecrow
խցան [khtsaʹn] *n* plug
խցանել [khtsaneʹl] *v* stop, choke
խցել [khtseʹl] *v* shut, close
խցիկ [khtsiʹk] *n* little room, cell
խուզարկել [khuzarckeʹl] *v* search
խուզարկություն [khuzarckutsyuʹn] *n* search, perquisition
խուզել [khuzeʹl] *v* cut
խուզված [khuzvaʹtz] *a* short–haired
խութ [khuth] *n* reef
խուժել [khuzheʹl] *v* invade
խուժում [khuzhuʹm] *n* invasion
խուլ [khul] *n a* deaf
խլացնել [khlatsneʹl] *v* deafen
խուճապ [khutshaʹph] *n* alarm
խուճապահար [khutshaphahaʹr] *n* frightened
խուսափել [khusapheʹl] *v* avoid, escape
խուփ [khuph] *n* cover, lid

Ծ

ծագել [tzake'l] *v* shine, dawn

ծագում [tzaku'm] *n* dawn, rising

ծալ [tzal] *n* fold

ծալել [tzale'l] *v* fold

ծալապատիկ նստել [tzalapati'k nste'l] sit cross legged

ծալք [tzalk] *n* rimple

ծախել [tzakhe'l] *v* sell

ծախող [tzakho'gh] *n* seller

ծախսել [tzakhse'l] *v* spend

ծախվել [tzakhve'l] *v* be sold

ծախու [tzakhu'] *a* for sale

ծախու հանել [tzakhu' hane'l] put up for sale

ծախք [tzakhk] *n* expenditure

ծածան [tzatza'n] *n* carp

ծածանել [tzatzane'l] *v* undulate, wave

ծածկել [tzatscke'l] *v* cover

ծածկիչ [tzatscki'ch] *n* cover, lid

ծածկոց [tzatscko'ts] *n* cover, wrapper

ծածուկ [tzatzu'k] *a & adv* secret; secretly

ծակ [tzack] *n* hole

ծակաչք [tzacka'chk] *a* greedy

ծակել [tzacke'l] *v* stab, prick

ծակվել [tzackve'l] *v* be stabbed

ծաղիկ [tzaghi'k] *n* flower

ծաղկազարդել [tzaghckazarthe'l] *v* flower

ծաղկանոց [tzaghckano'ts] *n* flowerbed

ծաղկապսակ [tzaghckapsa'k] *n* garland

ծաղկավաճառ [tzaghckavatsha'rr] *n* flower seller

ծաղկել [tzakhckeˈl] *v* flower, blossom
ծաղկանոց [tzakhckoˈts] *n* flower garden
ծաղր [tzaˈghr] *n* mocking
ծաղրել [tzaghreˈl] *v* ridicule
ծաղրալի [tzaghraliˈ] *a* funny
ծաղրածու [tzaghratzuˈ] *n & a* clown; droll
ծաղրանկար [tzaghranckaˈr] *n* caricature
ծաղրանք [tzaghraˈnk] *n* mockery
ծաղրել [tzaghreˈl] *v* scoff, laugh at
ծամել [tzameˈl] *v* chew
ծամոն [tzamoˈn] *n* gum
ծայր [tzayˈr] *n* end
ծայրահեղ [tzayraheˈgh] *a* extreme, utmost
ծանոթ [tzanoˈth] *n & a* acquaintance, familiar
ծանոթագրել [tzanothagreˈl] *v* annotate
ծանոթագրություն [tzanothagrutsyuˈn] *n* annotation
ծանոթանալ [tzanothanaˈl] *v* get acquainted
ծանոթացնել [tzanothatsneˈl] *v* introduce
ծանոթություն [tzanothutsyuˈn] *n* acquaintance
ծանր [tzanr] *a* heavy, hard
ծանրաբեռ [tzanrabeˈrr] *a* heavy loaded
ծանրաբեռնել [tzanraberrneˈl] *v* overload
ծանրակշիռ [tzanrakshiˈrr] *a* heavy, weighty
ծանրանալ [tzanranaˈl] *v* grow heavy
ծանրաչափ [tzanrachaˈph] *n* barometer
ծանրացնել [tzanratsneˈl] *v* burden; aggravate; hamper

ծանրություն [tzanrutsyu'n] *n* heaviness; weight

ծանուցագիր [tzanutsagi'r] *n* notice, summons

ծանուցանել [tzanutsane'l] *v* notify

ծանուցում [tzanutsu'm] *n* announcement

ծառ [tzarr] *n* tree

ծառա [tzarra'] *n* servant

ծառայել [tzarraye'l] *v* serve

ծառայություն [tzarrayutsyu'n] *n* service

ծառուղի [tzarrughi'] *n* alley

ծառուտ [tzarru't] *n* grove

ծավալ [tzava'l] *n* volume, size

ծավալել [tzavale'l] *v* dilate, propagate

ծավալվել [tzavalve'l] *v* be spread

ծարավ [tzara'v] *a* thirsty

ծարավել [tzarave'l] *v* be thirsty

ծարավի [tzaravi'] *a* thirsty, ardent

ծարավություն [tzaravutsyu'n] *n* thirst

ծափ [tzaph] *n* clap, applause

ծափահարել [tzaphahare'l] *v* applaud

ծափահարություն [tzaphaharutsyu'n] *n* applause

ծեծ [tzetz] *n* knock, beating

ծեծել [tzetze'l] *v* strike, beat

ծեղ [tzegh] straw, chip

ծեր [tzer] *a & n* old, old man

ծերանալ [tzerana'l] *v* grow old

ծերություն [tzerutsyu'n] *n* old age

ծեփ [tzeph] *n* plaster

ծեփան [tzepha'n] *n* putty

ծեփել [tzephe'l] *v* plaster

ծեփիչ [tzephi'ch] *n* trowel
ծիածան [tziatza'n] *n* rainbow
ծիլ [tzil] *n* bud, shoot
ծիծաղ [tzitza'gh] *n* laughter
ծիծաղել [tzitzaghe'l] *v* laugh
ծիծաղելի [tzitzagheli'] *a* funny
ծիծաղաշարժ [tzitzaghasha'rzh] *a* comical, funny
ծիծեռնակ [tzitzerrna'ck] *n* swallow
ծիսական [tzisaka'n] *a* ritual
ծիսականություն [tzisakanutsyu'n] *n* ritualism
ծիտ [tzit] *n* bird
ծիրան [tzira'n] *n* apricot
ծիրանի tzirani'] *a* purple
ծլել [tzle'l] *v* shoot, bud, sprout
ծլում [tzlum] *n* germination
ծխալից [tzkhali'ts] *a* smoky
ծխախոտ [tzkhakho't] *n* tobacco
ծխամորճ [tzkhamo'rtsh] *n* tobacco pipe
ծխանցք [tzkha'ntsk] *n* flue
ծխասենյակ [tzkhasenya'k] *n* smoking room
ծխել [tzkhe'l] *v* smoke
ծծակ [tzeotza'k] *n* soother
ծծել [tzeotze'l] *v* suck
ծծմայր [tzeotzma'yr] *n* wet—nurse
ծծումբ [tzeotzu'mph] *n* sulphur
ծղոտ [tzgho't] *n* straw
ծմել [tzme'l] *n* spinach
ծնել [tzne'l] *v* give birth
ծնյալ [tznya'l] *a* born

ծննդաբանություն [tzneondabanutsyu'n] *n* genealogy
ծննդաբերություն [tzneondaberutsyu'n] *n* childbirth
ծննդավայր [tzneondava'yr] *n* native country
ծնող [tzno'gh] *n* parent
ծնոտ [tzno'th] *n* maxillar
ծնվել [tznve'l] *v* be born
ծնունդ [tznu'nd] *n* birth, origin
ծոծրակ [tzotzra'k] *n* buck of one's neck
ծոմ [tzom] *n* fast
ծոպ [tzop] *n* fringe
ծոռ [tzorr] *n* great grandson, great granddaughter
ծով [tzov] *n* sea
ծովախորշ [tzovakho'rsh] *n* gulf
ծովախտ [tzova'kht] *n* sea sickness
ծովակալ [tzovaka'l] *n* admiral
ծովակալություն [tzovakalutsyu'n] *n* admiralty
ծովանկար [tzovanka'r] *n* seascape
ծովանկարիչ [tzovankari'ch] *n* marine painter
ծովափ [tzova'ph] *n* seacoast, shore
ծովեզր [tzovye'zr] *n* seacoast, shore
ծորակ [tzora'k] *n* tap, faucet
ծորել [tzore'l] *v* flow, leak
ծործոր [tzortzo'r] *n* ravine
ծոց [tzots] *n* breast
ծռել [tzrre'l] *v* bend; distort; twist
ծռվել [tzrrve'l] *v* be bent

ծռություն [tzrrutsyu'n] *n* curvity
ծվալ [tzva'l] *v* squeak
ծրագիր [tzragi'r] *n* plan
ծրագրել [tzragre'l] *v* plan
ծրար [tzra'r] *n* envelope; packet
ծրարել [tzrare'l] *v* envelope
ծուլանալ [tzulana'l] *v* be lazy
ծուլություն [tzulutsyu'n] *n* laziness
ծուխ [tzukh] *n* smoke
ծույլ [tzuyl] *a* lazy
ծունկ [tzunck] *n* knee
ծուռ [tzurr] *a* crooked
ծուռումուռ [tzurrumu'rr] *a* uneven, crooked

Կ

կա [cka] *v* be
կազդուրել [ckazdure'l] *v* invigorate
կազդուրվել [ckazdurve'l] *v* recover
կազմախոսություն [ckazmakhosutsyu'n] *n* anatomy
կազմակերպել [ckazmakerpe'l] *v* organize
կազմակերպիչ [ckazmackerpi'ch] *n* organizer
կազմակերպություն [ckazmakerputsyu'n] *n* organization
կազմատուն [ckazmatu'n] *n* bindery
կազմարար [ckazmara'r] *n* book binder
կազմել [ckazme'l] *v* form
կազմվածք [ckazmva'tzk] *n* structure, constitution
կաթ [ckath] *n* milk

կաթել [ckathe'l] *v* drop, fall (in drops)

կաթեցնել [ckathetsne'l] *v* drop, pour out (by drops)

կաթիլ [ckathi'l] *n* drop

կաթնապուր [ckathnapu'r] *n* milk soup, porridge

կաթնարան [ckathnara'n] *n* dairy

կաթնեղեն [ckathneghe'n] *attr.* milk

կաթսա [ckathsa'] *n* boiler

կաթված [ckathva'ts] *n* shock

կալանավոր [ckalanavo'r] *a & n* imprisoned, prisoner

կալանավորել [ckalanavore'l] *v* arrest

կալանք [ckala'nk] *n* arrest

կալսել [kalse'l] *v* thresh

կախ [ckakh] *a* hung up

կախարդ [ckakha'rd] *n* sorcerer

կախարդել [ckakharde'l] *v* enchant, charm

կախարդություն [ckakhardutsyu'n] *n* sorcery , magic

կախել [ckakhe'l] *v* hang

կակազ [ckacka'z] *n* stammerer

կակազել [ckackaze'l] *v* stammer

կական [ckacka'n] *n* yell, wail

կակաչ [ckacka'ch] *n* tulip

կակղել [ckackghe'l] *v* grow soft

կակղություն [ckackghutsyu'n] *n* softness

կակուղ [ckacku'gh] *a* soft

կահագործ [ckahago'rtz] *n* carpenter

կահավորել [ckahavore'l] *v* furnish

կահույք [ckahu'yk] *n* furniture

կաղ [ckagh] lame

կաղալ [ckagha'l] *v* limp

կաղամախի [ckaghamakhi'] *n* poplar

կաղամբ [ckagha'mb] *n* cabbage

կաղապար [ckaghapa'r] *n* model

կաղապարել [ckaghapare'l] *v* model, form

կաղապարիչ [ckaghapari'ch] *n* modeller, moulder

կաղին [ckaghi'n] *n* nut

կաղնի [ckaghni'] *n* oak

կաղություն [ckaghutsyu'n] *n* lameness

կամ [ckam] *conj* or, either

կամա–ակամա [ckama' ackama'] *adv* willingly or unwillingly

կամակից [ckamacki'ts] *n* like–minded person

կամակոր [ckamacko'r] *n* obstinate

կամակորություն [ckamackorutsyu'n] *a* obstinacy

կամայական [ckamayacka'n] *a* voluntary

կամար [ckama'r] *n* arch

կամաց [ckama'ts] *adv* slowly

կամենալ [ckamena'l] *v* wish

կամովին [ckamovi'n] *adv* willingly

կամուրջ [ckamu'rj] *n* bridge

կամք [ckamk] *n* will

կայան [ckaya'n] *n* station

կայանալ [ckayana'l] *v* be, consist of

կայարան [ckayara'n] *n* station

կայծ [cka'ytz] *n* spark

կայծքար [ckaytska'r] *n* flint

կայտառ [ckayta'r] *a* healthy, brisk

կայտառություն [ckaytarutsyu'n] *n* briskness

կայք [cka'yk] *n* property

կանաչ [ckana'ch] *a & n* green

կանաչել [ckanache'l] *v* grow green

կանաչեղեն [ckanacheghe'n] *n* vegetables

կանացի [ckanatsi'] *a* womanly

կանգ [ckang] *n* stoppage

կանգառ [ckanga'rr] *n* station

կանգ առնել [cka'ng arrne'l] *v* stop

կանգնել [ckangne'l] *v* stand, stop

կանթ [ckanth] *n* handle

կանխագուշակել [ckankhagushake'l] *v* foretell

կանխահաս [ckankhaha's] *a* precocious

կանխամտածված [ckankhamtatzva'ts] *a* premeditated

կանխատեսել [ckankhatese'l] *v* foresee

կանխել [ckankhe'l] *v* anticipate; avert

կանխիկ [ckankhi'k] *a* in cash

կանոն [ckano'n] *n* rule

կանոնավոր [ckanonavo'r] *a* regular

կանոնավորել [ckanonavore'l] *v* put in order

կանչ [ckanch] *n* cry

կանչել [ckanche'l] *v* call, name

կաշառակեր [ckasharracke'r] *n* bribetaker

կաշառակերություն [ckasharrackerutsyu'n] *n* bribery, corruption

կաշառել [ckasharre'l] *v* corrupt, bribe

կաշառք [ckasha'rrk] *n* bribe, corruption

կաշի [ckashi'] *n* leather

կաշկանդել [ckashckande'l] *v* fetter
կաշկանդվել [ckashckandve'l] *v* be fettered
կապ [ckap] *n* tie, knot
կապար [ckapa'r] *n* lead
կապել [ckape'l] *v* bind, tie
կապիկ [ckapi'ck] *n* ape, monkey
կապվել [ckapve'l] *v* be tied
կապույտ [ckapu'yt] *a* blue
կապուտակ [ckaputa'k] *a* bluish, azure
կառամատույց [ckarramatu'yts] *n* platform
կառավարական [ckarravaracka'n] *a* governmental
կառավարել [ckarravare'l] *v* govern
կառավարություն [ckarravarutsyu'n] *n* government
կառուցել [ckarrutse'l] *v* build, construct
կառուցվել [ckarrutsve'l] *v* be built
կասեցնել [ckasetsne'l] *v* stop, detain
կասեցվել [ckasetsve'l] *v* be detained
կասկած [ckascka'tz] *n* suspicion
կասկածել [ckasckatze'l] *v* suspect
կասկածոտ [ckasckatzo't] *a* suspicious
կավ [ckav] *n* clay
կավագործ [ckavago'rtz] *n* potter
կավիճ [ckavi'tsh] *n* chalk
կատակ [ckata'ck] *n* joke
կատակասեր [ckatackase'r] *a* jocular
կատակել [ckatake'l] *v* joke
կատաղաբար [ckataghaba'r] *adv* fiercely
կատաղած [ckatagha'tz] *a* furious
կատաղել [ckataghe'l] *v* get furious
կատաղի [ckataghi'] *a* furious

կատաղություն [ckataghutsyu'n] *n* fury

կատար [ckata'r] *n* top

կատարած [ckatara'tz] *n* end

կատարել [ckatare'l] *v* fulfil

կատարելագործություն
   [ckatarelagortzutsyu'n] *n* perfection

կատարվել [ckatarve'l] *v* be ended,
   finished; be fulfilled

կատու [ckatu'] *n* cat

կար [ckar] *n* sewing, needle work

կարագ [ckara'k] *n* butter

կարապ [ckara'p] *n* swan

կարաս [ckara's] *n* water jar

կարգ [ckark] *n* order, rule

կարգադրել [ckarkadre'l] *v* give orders

կարգադրություն [ckarkadrutsyu'n] order,
   instruction

կարգապահ [ckarkapa'h] *a* disciplinary

կարգապահություն [ckarkapahutsyu'n]
   n discipline

կարգավորել [ckarkavore'l] *v* set in order

կարգել [ckarke'l] *v* arrange, give in
   marriage

կարդալ [ckartha'l] *v* read

կարել [ckare'l] *v* sew

կարելի [ckareli'] *a* possible

կարելիություն [ckareliutsyu'n] *n* possibility

կարեկից [ckarecki'ts] *a* compassionate

կարեկցել [ckarecktse'l] *v* be compassionate,
   pity

կարենալ [ckarena'l] *v* be able

կարևոր [ckarevo'r] *a* important

կարեւորություն [ckarevorutsyu'n] *n* importance

կարիճ [ckari'tsh] *n* scorpion

կարիք [ckari'k] *n* need

կարծել [ckartze'l] *v* think

կարծիք [ckartzi'k] *n* opinion

կարկանդակ [ckarckanda'ck] *n* cake, pastry

կարկաչ [ckarcka'ch] *n* murmur, bubbling

կարկաչել [ckarckache'l] *v* murmur, bubble

կարկառ [ckarcka' rr] *n* heap

կարկառուն [ckarckarru'n] *a* remarkable, striking

կարկատան [ckarckata'n] *n* patch

կարկատել [ckarckate'l] *v* mend, patch

կարկեհան [ckarckeha'n] *n* ruby, carbuncle

կարկուտ [ckarcku't] *n* hail

կարճ [cka'rtsh] *a* short, brief

կարճալիք [ckartshali'k] *n* short wave

կարճառոտ [ckartsharro't] *a* short, concise

կարճատես [ckartshate's] *a* short—sighted

կարճատեւ [ckartshate'v] *a* of brief duration

կարճացնել [ckartshatsne'l] *v* shorten

կարճություն [ckartshutsyu'n] *n* shortness

կարմիր [ckarmi'r] *a* red

կարմրախայտ [ckarmrakha'yt] *n* trout

կարմրացնել [ckarmratsne'l] *v* redden, toast

կարմրել [ckarmre'l] *v* redden

կարմրուկ [ckarmru'ck] *n* measles

կարող [ckaro'gh] *a* able

կարողանալ [ckaroghana'l] *v* be able

կարողություն [ckaroghutsyu'n] *n* power, might, wealth

կարոս [ckaro's] *n* celery

կարոտ [ckaro't] *n* melancholy

կարոտել [ckarote'l] *v* miss

կարոտյալ [ckarotya'l] *a* poor, needy

կարոտություն [ckarotutsyu'n] *n* want, need

կարտոֆիլ [ckartofi'l] *n* potato

կաքավ [ckaka'v] *n* partridge

կեղ [ckegh] *n* ulcer

կեղեւ [ckeghe'v] *n* peel

կեղծ [cke'ghtz] *a* false

կեղծանուն [ckeghtzanu'n] *n* pseudonym

կեղծավոր [ckeghtzavo'r] *a* hypocrite

կեղծավորություն [ckeghtzavorutsyu'n] *n* hypocrisy

կեղծել [ckeghtze'l] *v* feign

կեղծիք [ckeghtzi'k] *n* feint

կեղտ [cke'kht] *n* dirt

կեղտոտ [ckekhto't] *a* dirty

կեղտոտություն [ckecktotutsyu'n] *n* dirtiness

կեղտոտել [ckekhtote'l] *v* dirty, soil

կենալ [ckena'l] *v* remain, stay

կենաց [ckena'ts] *n* toast

կենդանական [ckenthanaka'n] *a* vital

կենդանանալ [ckenthanana'l] *v* revive, be animated

կենդանի [ckenthani'] *n* living, animal

կենդանություն [ckenthanutsyu'n] *n* life

կենսագիր [ckensagi'r] *n* biographer

կենսագործել [ckensagortzel] *v* carry into life
կենսունակ [ckensuna'ck] *a* lively, brisk
կենցաղ [ckentsa'gh] *n* mode of life
կեչի [ckechi'] *n* birch
կեռաս [ckerra's] *n* (sweet) cherry
կեռ [ckerr] *a* bended
կեռել [ckerrel] *v* bend
կեռնեխ [ckerrne'kh] *n* thrush
կեսրայր [ckesray'r] *n* wife's father–in–law
կեսուր [ckesu'r] *n* wife's mother–in–law
կեսօր [ckeso'r] *n* noon
կետ [cket] *n* dot
կետ առ կետ [cke't arr cke't] *adv* exactly, in every point
կետադրել [cketadrel] *v* dot
կեր [cker] *n* food
կերակրել [ckerackrel] *v* feed
կերակուր [ckeracku'r] *n* meal
կերպ [cke'rp] *n* form, shape
կերպար [ckerpa'r] *n* image
կերպարել [ckerparel] *v* depict, picture
կերպարվեստ [ckerparve'st] *n* fine arts
կերտել [ckertel] *v* make, construct
կերցնել [ckertsnel] *v* feed
կեցցե [cketse'] *int* bravo! hurrah! well done!
կթել [ckthel] *v* milk
կիթառ [ckitha'rr] *n* guitar
կին [ckin] *n* woman, wife
կինամոն [ckinamo'n] *n* cinnamon
կիսան [ckisa'n] *n* half

կիսանդրի [ckisandri´] *n* bust

կիսատ [ckisa´t] *a* incomplete

կիսել [ckise´l] *v* divide in two parts

կիսովին [ckisovi´n] *adv* half, in part

կիտել [ckite´l] *v* accumulate, store up

կիտրոն [ckitro´n] *n* lemon

կիր [ckir] *n* lime

կիրակի [ckiracki´] *n* Sunday

կիրակնամուտ [ckiracknamu´t] *n* Sunday eve

կիրառել [ckirarre´l] *v* use

կիրառվել [ckirarrve´l] *v* be used

կիրառություն [ckirarrutsyu´n] *n* use

կիրթ [cki´rth] *a* educated

կիրճ [cki´rtsh] *n* gorge

կիրք [cki´rk] *n* passion

կլիմա [ckli´ma] *n* climate

կլոր [cklo´r] *a* round

կլորություն [cklorutsyu´n] *n* roundness

կխտար [ckeokhta´r] *n* roe

կծել [cktze´l] *v* bite

կծիկ [cktzi´k] *n* ball of thread

կծծի [ckeotzi´] *a* stingy

կծկել [cktzcke´l] *v* wind into balls

կծվություն [cktzvutsyu´n] *n* sourness

կկու [ckeocku´] *n* cuckoo

կղզի [ckghzi´] *n* island

կղկղանք [ckeoghckgha´nk] *n* excrements

կճեպ [cktshe´p] *n* shell, peel

կճպել [cktshpe´l] *v* skin, peel

կճուճ [ckeotshu´tsh] *n* pot

կմախք [ckma´khk] *n* skeleton

կմկմալ [ckmckeomal] *v* hesitate, stammer
կյանք [ckya'nk] *n* life
կնիկ [cknick] *n* woman, wife
կնիք [cknik] *n* seal
կնճիռ [ckntshi'rr] *n* wrinkle
կնճռել [cкntshrrel] *v* wrinkle
կնունք [cknu'nk] *n* christening
կնքահայր [cknkaha'yr] *n* godfather
կնքամայր [cknkama'yr] *n* godmother
կնքել [cknkel] *v* seal, baptize
կնքվել [cknkvel] *v* be sealed, baptized
կշիռ [ckshi'rr] *n* weight
կշռադատել [ckshrradatel] *v* ponder, estimate
կշռել [ckshrrel] *v* weigh
կշտանալ [ckshtanal] *v* be satiated
կշտացնել [ckshtatsnel] *v* satiate
կոթ [ckoth] *n* handle
կոխ [ckokh] *n* wrestle
կոխել [ckokhel] *v* poke, thrust
կոկել [ckockel] *v* smooth
կոկիկ [ckocki'k] *a* clean, neat
կոկոն [ckocko'n] *n* bud
կոկորդ [ckocko'rth] *n* throat
կոկորդիլոս [ckockordilo's] *n* crocodile
կող [ckogh] *n* rib, side
կողակից [ckoghacki'ts] *n* spouse
կողմ [cko'ghm] *n* side
կողոպտել [ckoghoptel] *v* plunder
կողք [cko'ghk] *n* side
կոճ [cko'tsh] *n* anklebone
կոճակ [ckotsha'ck] *n* button

կոճկել [ckochcke'l] *v* button
կոնք [cko'nk] *n* basin
կոշիկ [ckoshi'ck] *n* shoe
կոշտ [ckosht] *a* rigid
կոչ [ckoch] *n* call, appeal
կոչել [ckoche'l] *v* call, name
կոչում [ckochu'm] *n* vocation, calling; appeal
կոպ [ckop] *n* eyelid
կոպիտ [ckopi't] *a* rude
կոպտել [ckopte'l] *v* be rude, insult
կոպտություն [ckoptutsyu'n] *n* coarseness
կով [ckov] *n* cow
կոտորել [ckotore'l] *v* exterminate
կոտրել [ckotre'l] *v* break, cut
կոտրտել [ckotrte'l] *v* break in pieces
կոր [ckor] *a* curved
կորեկ [ckore'ck] *n* millet
կորիզ [ckori'z] *n* kernel, stone
կործանարար [ckortzanara'r] *a* ruinous
կործանել [ckortzane'l] *v* ruin
կործանում [ckortzanu'm] *n* ruin, devastation
կորկոտ [ckorcko't] *n* cracked wheat
կորչել [ckorche'l] *v* be lost
կորցնել [ckortsne'l] *v* lose
կորուստ [ckoru'st] *n* loss
կոփել [ckophe'l] *v* temper
կոփվել [ckophve'l] *v* become tempered
կպչել [ckpche'l] *v* stick
կպչուն [ckpchu'n] *a* sticky
կպցնել [ckptsne'l] *v* glue

կռահել [ckrrahe'l] *v* guess at
կռան [ckrra'n] *n* hammer
կռանալ [ckrrana'l] *v* stoop, bow
կռապաշտ [ckrrapa'sht] *n* idolater
կռել [ckrre'l] *v* forge
կռիվ [ckrri'v] *n* quarrel, war
կռվասեր [ckrrvase'r] *a* quarrelsome
կռվել [ckrrve'l] *v* fight
կռունկ [ckrru'nck] *n* crane
կսկիծ [ckscki'ts] *n* anguish, grief
կսմթել [cktzmeothe'l] *v* pinch
կտակ [ckta'ck] *n* testament
կտակել [cktacke'l] *v* make a testament
կտավ [ckta'v] *n* linen cloth
կտոր [ckto'r] *n* piece, bit
կտտանք [ckeotta'nk] *n* pain
կտրել [cktre'l] *v* cut
կտրիչ [cktri'ch] *n* brave, valiant
կտրուկ [cktru'k] *a* short, concise
կտուր [cktu'r] *n* roof
կտուց [cktu'ts] *n* beak
կրակ [ckra'ck] *n* fire
կրակապաշտ [ckrackapa'sht] *n* fire-worshipper
կրակարան [ckrackara'n] *n* fireplace
կրակել [ckracke'l] *v* fire
կրակոտ [ckracko't] *a* fiery
կրել [ckre'l] *v* carry, bear, suffer
կրետ [ckret] *n* wasp
կրթել [ckrthe'l] *v* educate
կրիա [ckria'] *n* turtle
կրծել [ckrtze'l] *v* gnaw

կրծկալ [ckrtzka'l] *n* apron
կրկես [ckrcke's] *n* circus
կրկին [ckrcki'n] *adv* again
կրկնապատիկ [ckrcknapati'ck] twofold
կրկնապատկել [ckrcknapatke'l] *v* double
կրկնել [ckrckne'l] *v* repeat
կրճատել [ckrtshate'l] *v* curtail, short
կրող [ckro'gh] *n* bearer, porter
կրոն [ckro'n] *n* religion
կրոնագիտություն [ckronagitutsyu'n] *n* catechism
կրոնական [ckronaka'n] *a* religious
կրոնամոլ [ckronamo'l] *a* fanatic
կրոնասեր [ckronase'r] *a* religious
կրոնավոր [ckronavo'r] *n* monk
կրպակ [ckrpa'k] *n* shop, store
կրտել [ckrte'l] *v* castrate
կրտսեր [ckrtse'r] *a* junior, minor
կրունկ [ckru'nk] *n* heel
կրքոտ [ckrko't] *a* passionate
կցել [cktse'l] *v* join
կցում [cktsu'm] *n* joining, junction
կուժ [ckuzh] *n* jug, jar
կուլ տալ [cku'l tal] *v* swallow
կուղբ [cku'ghph] *n* beaver
կում [cku'm] *n* draught, mouthful
կույս [cku'ys] *n* virgin
կույտ [cku'yt] *n* heap, pile
կույր [cku'yr] *a* blind
կուշտ [cku'sht] *a* satisfied, replete
կուռք [cku'rrk] *n* idol, image
կուսակալ [ckusacka'l] *n* governer

կուսական [ckusacka'n] *a* virginal
կուսանոց [ckusano'ts] *n* nunnery
կուսություն [ckusutsyu'n] *n* virginity
կուտակել [ckutacke'l] *v* heap up, pile
կուրաբար [ckuraba'r] *adv* blindly
կուրանալ [ckurana'l] *v* become blind
կուրծք [cku'rtzk] *n* breast, chest
կուրություն [ckurutsyu'n] *n* blindness

Հ

հա [ha] yes
հաբ [hab] *n* pill
հագեցած [haketsa'tz] *a* satiated, replete
հագեցնել [haketsne'l] *v* satiate
հագնել [hakne'l] *v* wear, put on
հագնվել [haknve'l] *v* dress oneself, put
on
հագուստ [haku'st] *n* dress, garment
հագուստեղեն [hakusteghe'n] *n* clothing,
dress
հազ [haz] *n* cough
հազալ [haza'l] *v* cough
հազար [haza'r] *num* thousand
հազիվ [hazi'v] *adv* hardly
հազվագյուտ [hazvagyu't] *a* rare
հազվադեպ [hazvade'ph] *a* & *adv* rare
seldom
հալ I [hal] *n* thaw, melting
հալ II [hal] *n* condition, state
հալած [hala'tz] *a* melted
հալածական [halatzaka'n] *a* persecuted

հալածանք [halatza'nk] *n* persecution
հալածել [halatze'l] *v* persecute
հալածիչ [halatzi'ch] *n* persecutor
հալածվել [halatzve'l] *v* be persecuted
հալել [hale'l] *v* melt
հալչել [halche'l] *v* melt, thaw
հալվե [halve'] *n* aloe
հալվել [halve'l] *v* melt, thaw
հալումաշ [haluma'sh] *a* exhausted
հակ [hack] *n* bale, sack
հակագործություն [hackagortzutsyu'n] *n* counteraction
հակադարձ [hackada'rdz] *a* reverse
հակադիր [hackadi'r] *a* opposite
հակադրել [hackadre'l] *v* oppose
հակադրություն [hackadrutsyu'n] *n* contrast
հակազգային [hackazgayi'n] *a* anti-national
հակազդել [hackazde'l] *v* counteract
հակահարված [hackaharva'tz] *n* counter stroke
հակաճառել [hackatsharre'l] *v* contradict
հակառակ [hackarra'ck] *a & prep* opposite; contrary to; against
հակառակել [hackarracke'l] *v* oppose
հակառակորդ [hackarracko'rth] *n* opponent, adversary
հակառակություն [hackarrackutsyu'n] *n* opposition
հակասական [hackasacka'n] *a* contradictory
հակասել [hackase'l] *v* contradict

հակասություն [hackasutsyu'n] *n* contradiction
հակիրճ [hacki'rch] *a* short, brief
հաղարչ [hacka'rch] *n* current
հաղթական [haghthacka'n] *n* triumphal
հաղթահարել [haghthaharel'] *v* overcome
հաղթանակ [haghthana'ck] *n* victory
հաղթանակել [haghthanackel'] *v* gain, win (the) victory
հաղթել [haghthel'] *v* win
հաղորդել [haghorthel'] *v* inform
հաղորդում [haghorthu'm] *n* report, information
հաճախ [hatsha'kh] *adv* often
հաճախել [hatshakhel'] *v* visit, attend
հաճախորդ [hatshakho'rth] *n* visitor
հաճախում [hatshakhu'm] *n* visit
հաճելի [hatsheli'] *a* pleasant
հաճոյախոսել [hatshoyakhosel'] *v* pay a compliment
հաճոյախոսություն [hatshoyakhosutsyu'n] *n* compliment
հաճույք [hatshu'yk] *n* pleasure
հաճույքով [hatshuyko'v] *adv* with pleasure
համ [ham] *n* taste
համ... համ... [ham... ham...] both and
համագործել [hamagortzel'] *v* collaborate
համագումար [hamaguma'r] *n* general assemby
համազգային [hamazgayi'n] *a* national
համազոր [hamazo'r] *a* equivalent
համաժողով [hamazhogho'v] *n* conference

համալսարան [hamalsara'n] *n* university

համախմբել [hamakhmbe'l] *v* assemble

համախոհ [hamakho'h] *n* adherent

համախորհուրդ [hamakhoru'rth] *a* unanimous

համակերպել [hamackerpe'l] *v* comply with

համակիր [hamacki'r] *a* sympathetic

համակրվել [hamackrve'l] *v* be affected

համակրանք [hamackra'nk] *n* sympathy

համակրելի [hamackre'l] *v* sympathize

համակրել [hamackreli'] *a* sympathetic

համակրություն [hamackrutsyu'n] *n* sympathy

համաձայն [hamadza'yn] *n* unanimous

համաձայնել [hamadzayne'l] *v* agree

համաձայնություն [hamadzaynutsyu'n] *n* agreement

համաճարակ [hamatshara'ck] *n* epidemic

համամիտ [hamami't] *a* unanimous

համամտություն [hamamtutsyu'n] *n* concord

համայն [hama'yn] *a* whole, entire

համանման [hamanma'n] *a & adv* like, similar

համաշխարհային [hamashkharayi'n] *a* universal

համաչափ [hamacha'ph] *a* symmetrical

համաչափություն [hamachaphutsyu'n] *n* symmetry

համապատասխան [hamapataskha'n] *a* corresponding

համապատասխանել [hamapataskhane'l]
  v correspond
համառ [hama'rr] a obstinate
համառել [hamarre'l] v be obstinate
համառոտ [hamarro't] a short, brief
համառոտագրել [hamarrotagre'l] v sum up
համառոտել [hamarrote'l] v abridge
համար I [hama'r] prep for
համար II [hama'r] n number
համարել [hamare'l] v calculate, consider
համարժեք [hamarzhe'k] a adequate
համարիչ [hamari'ch] n numerator
համարձակ [hamardza'ck] a bold
համարձակվել [hamardzackve'l] v dare
համարձակություն [hamardzackutsyu'n]
  n courage
համարում [hamaru'm] n esteem
համաքաղաքացի [hamakaghaghatsi']
  n fellow-citizen
համբավ [hamba'v] n fame
համբերատար [hampherata'r] a patient
համբերել [hamphere'l] v have patience
համբերություն [hampherutsyu'n]
  n patience
համբույր [hamphu'yr] n kiss
համբուրել [hamphure'l] v kiss
համեղ [hame'gh] a tasty
համեմ [hame'm] n spice, aroma
համեմատ [hamema't] adv according to
համեմատել [hamemate'l] v compare
համեմատություն [hamematutsyu'n] n comparison

համեմել [hameme'l] *v* season, spice
համեստ [hame'st] *a* modest
համեստություն [hamestutsyu'n] *n* modesty
համերգ [hame'rg] *n* concert
համոզել [hamoze'l] *v* convince
համոզիչ [hamozi'ch] *a* convincing
համով [hamo'v] *a* tasty
համտեսել [hamtese'l] *v* taste
համր [ha'mr] *a* dumb
համրանք [hamra'nk] *n* enumeration
համրել [hamre'l] *v* count
հայ [hay] *n* Armenian
հայաթ [haya'th] *n* yard
հայախոս [hayakho's] *a* Armenian–speaking
Հայաստան [hayasta'n] *n* Armenia
հայացք [haya'tsk] *n* look, glance
հայել [haye'l] *v* contemplate
հայելի [hayeli'] *n* mirror
հայերեն [hayere'n] *n* Armenian (language)
հայթայթել [haythaythe'l] *v* get, obtain
հայկաբան [hayckaba'n] *n* armenist
հայհոյանք [hayhoya'nk] *n* abuse, swearing
հայհոյել [hayhoye'l] *v* curse
հայոց [hayo'ts] *a* Armenian
հայտարարել [haytarare'l] *v* announce
հայտարարություն [haytararutsyu'n] *n* annoucement
հայտնաբերել [haytnabere'l] *v* discover
հայտնվել [haytneove'l] *v* appear
հայր [hayr] *n* father
հայրապետ [hayrape't] *n* patriarch

հայրենադարձ [hayrenada'rdz] *n* repatriate

հայրենադարձություն
  [hayrenadardzutsyu'n] *n* repatriation

հայրենասեր [hayrenase'r] *n* patriot

հայրենի [hayreni'] *a* native

հայրենիք [hayreni'k] *n* fatherland

հայրություն [hayrutsyu'n] *n* fatherhood

հանաք [hana'k] *n* joke

հանգամանք [hangama'nk] *n* circumstances

հանգիստ [hangi'st] *n & a* rest; calm, quiet

հանգչել [hangche'l] *v* go out, become dim

հանգստանալ [hangstana'l] *v* rest

հանգստություն [hangstutsyu'n] *n* rest

հանգցնել [hangtsne'l] *v* put out

հանգուցյալ [hangutsya'l] *a & n* late,
  deceased

հանդարտ [handa'rth] *a* quiet, still

հանդարտել [handarte'l] *v* calm down

հանդարտեցնել [handartetsne'l] *v* pacify,
  quiet

հանդարտվել [handartve'l] *v* become calm

հանդարտություն [handartutsyu'n]
  n calmness

հանդգնել [handeogne'l] *v* dare

հանդիպել [handipe'l] *v* meet

հանդիսական [handisacka'n] *n & a* spec-
  tator; solemn

հանդիսանալ [handisana'l] *v* distinguish
  oneself

հանդիսարան [handisara'n] *n* hall

հանդիսավոր [handisavo'r] *a* solemn

հանդուրժել [handurzhe'l] *v* suffer, resist

հանել [hane'l] *v* take out
հանելուկ [hanelu'k] *n* riddle
հանկարծ [hancka'rtz] *adv* suddenly
հանձնարարել [handznarare'l] *v* charge, commission
հանձնել [handzne'l] *v* hand in
հանձնվել [handzneove'l] *v* surrender
հանճար [hantsha'r] *n* genius
հանվել [hanve'l] *v* undress oneself
հանում [hanu'm] *n* extraction
հանրագիտական [hanragitacka'n] *a* encyclopedic
հանրածանոթ [hanratzano'th] *a* well-known
հանրահաշիվ [hanrahashi'v] *n* algebra
հանրային [hanrayi'n] *a* public
հանրապետություն [hanrapetutsyu'n] *n* republic
հանրություն [hanrutsyu'n] *n* public
հանրօգուտ [hanrogu't] *a* of public utility
հանք [hank] *n* mine, mineral
հանքագործ [hankago'rtz] *n* miner
հանքային [hankayi'n] *a* mineral
հանքաքար [hankaka'r] *n* ore
հաշիվ [hashi'v] *n* account
հաշմանդամ [hashmanda'm] *a & n* crippled
հաշմել [hashme'l] *v* cripple
հաշվառել [hashvarre'l] *v* take stock (of)
հաշվարկել [hashvarcke'l] *v* calculate
հաշվեգիրք [hashvegi'rk] *n* book of accounts
հաշվել [hashve'l] *v* count

հաշվեկշիռ [hashveckshi'rr] *n* balance
հաշվում [hashvu'm] *n* calculation
հաշտ [ha'sht] *a* friendly
հաշտեցնել [hashtetsne'l] *v* reconcile
հաշտվել [hashtve'l] *v* be reconciled
հաչել [hache'l] *v* bark
հապա [apa] *int* well! go! done!
հապալաս [hapala's] *n* cowberry
հապճեպ [haptshe'p] *a* & *adv* pressing,
  hastily
հաջողություն [hajoghutsyu'n] *n* success
հաջորդ [hajo'rth] *a* next, following
հառաչանք [harracha'nk] *n* moan, groan
հառաչել [harrache'l] *v* sigh
հասակ [hasa'ck] *n* age, growth
հասարակ [hasara'ck] *a* common, usual
հասարակական [hasarackacka'n] *a* public
հասկանալ [hasckana'l] *v* understand
հասկանալի [hasckanali'] *a* comprehensible
հասկացնել [hasckatsne'l] *v* explain
հասնել [hasne'l] *v* reach, arrive
հաստ [hast] *a* thick, bulky
հաստանալ [hastana'l] *v* become thick
հաստատ [hasta't] *a* solid, firm
հաստատել [hastate'l] *v* affirm
հասցե [hastse'] *n* address
հասցնել [hastsne'l] *v* convey, forward,
  manage
հավ [hav] *n* hen
հավանաբար [havanaba'r] *adv* probably
հավանել [havane'l] *v* approve

հավանություն [havanutsyu'n] *n* consent, approval

հավասար [havasa'r] *a* equal, like, similar

հավասարակշիռ [havasarakshi'rr] *a* balanced

հավատ [hava't] *n* faith

հավատալ [havata'l] *v* believe

հավատարիմ [havatari'm] *a* faithful

հավատացյալ [havatatsya'l] *n* believer

հավատացնել [havatatsne'l] *v* make believe

հավաք [hava'k] *n* meeting

հավաքել [havake'l] *v* collect

հավաքվել [havakve'l] *v* gather, be collected

հավաքույթ [havaku'yth] *n* meeting

հավերժ [have'rzh] *adv* forever

հավկիթ [havcki'th] *n* egg

հատակ [hata'ck] *n* floor

հատիկ [hati'ck] *n* grain

հատված [hatva'tz] *n* section

հատուկ [hatu'ck] *a* special

հատուցանել [hatutsane'l] *v* pay, render

հատուցվել [hatutsve'l] *v* be paid

հարազատ [haraza't] *a* dear

հարավ [hara'f] *n* south

հարավային [harafayi'n] *a* southern

հարբած [harpha'ts] *n & a* drunkard, tipsy

հարբել [harphe'l] *v* get drunk

հարբեցնել [harphetsne'l] *v* make drunk

հարբուխ [harphu'kh] *n* cold (in the head)

հարգանք [harga'nk] *n* respect

հարգել [harge'l] *v* respect

հարգելի [hargeli'] *a* respectable

հարել [hare'l] *v* whisk

հարևան [hareva'n] *n & a* neighbor; adjacent

հարթ [ha'rth] *a* even, smooth

հարթել [harthe'l] *v* level, smooth

հարթություն [harthutsyu'n] *n* levelness, flatness

հարթվել [harthve'l] *v* grow smooth, be planed

հարկ I [ha'rck] *n* tax

հարկ II [ha'rck] *n* floor

հարկադրել [harckadre'l] *v* oblige, force

հարկադրվել [harckadrve'l] *v* be obliged, forced

հարկադրություն [harckadrutsyu'n] *n* compulsion

հարկավ [harcka'v] *adv* certainly

հարկավոր [harckavo'r] *a* necessary

հարձակվել [hartsackve'l] *v* attack, assault

հարմար [harma'r] *a* comfortable

հարմարակեցություն [harmaracketsutsyu'n] *n* coziness

հարմարեցնել [harmaretsne'l] *v* fit, adapt

հարմարվել [harmarve'l] *v* adjust, adapt oneself (to)

հարմարություն [harmarutsyu'n] *n* convenience

հարյուր [haryu'r] *num* hundred

հարս [hars] *n* bride

հարսանիք [harsani'k] *n* marriage, wedding

հարսնախոսել [harsnakhose'l] *v* propose
smb to smb as a wife, husband, ask in
marriage

հարսնախոսություն [harsnakhosutsyu'n]
n matchmaking

հարսնատես [harsnate's] *n* brideshow

հարսնացու [harsnatsu'] *n* bride

հարստանալ [hareostana'l] *v* grow rich

հարստացնել [hareostatsne'l] *v* make rich

հարստություն [hareostutsyu'n] *n* wealth

հարված [harva'tz] *n* blow

հարվածել [harvatze'l] *v* strike, hit

հարց [ha'rts] *n* question

հարցազրույց [hartsazru'yts] *n* interview

հարցական [hartsacka'n] *a* interrogative

հարցափորձ [hartsapho'rts] *n* inquiry

հարցաքննել [hartsakeone'l] *v* question

հարցնել [hartsne'l] *v* ask

հարուստ [haru'st] *a* rich

հաց [ha'ts] *n* bread

հացագործ [hatsago'rtz] *n* baker

հացադուլ [hatsadu'l] *n* hunger strike

հացենի [hatseni'] *n* ash

հափշտակել [haphshtacke'l] *v* grip

հեգնել [hegne'l] *v* spell

հեգնական [hegnacka'n] *a* ironic

հեզ [hez] *a* meek

հեզահամբյուր [hezahamphyu'r] *a* sweet
tempered

հեզություն [hezutsyu'n] *n* meekness

հեթանոս [hethano's] *n* heathen, pagan

հեթանոսական [hethanosacka'n] *a* heathenish
հեթանոսություն [hethanosutsyu'n] *n* heathenism
հեծան [hetza'n] *n* beam
հեծանիվ [hetzani'v] *n* bicycle
հեծել [hetze'l] *v* groan
հեծնել [hetzne'l] *v* ride, mount
հեկեկալ [heckecka'l] *v* sob
հեկեկանք [heckecka'nk] *n* sobbing
հեղեղ [heghe'gh] *n* torrent
հեղինակ [heghina'ck] *n* author
հեղինակություն [heghinackutsyu'n] *n* authority, prestige
հեղուկացնել [heghuckatsne'l] *v* liquefy
հենել [hene'l] *v* put against, lean against
հենվել [henve'l] *v* lean
հեշտ [he'sht] *a* easy
հեշտացնել [heshtatsne'l] *v* facilitate
հեշտաեռ [heshtaye'rr] *n* samovar
հեշտություն [heshtutsyu'n] *n* ease
հեռագիր [herragi'r] *n* telegram
հեռագրել [herragre'l] *v* wire, cable
հեռախոս [herrakho's] *n* telephone
հեռախոսել [herrakhose'l] *v* phone up
հեռակա [herracka'] *a* without seeing, remote
հեռանալ [herrana'l] *v* go away
հեռանկար [herrancka'r] *n* perspective
հեռավոր [herravo'r] *a* remote
հեռավորություն [herravorutsyu'n] *n* distance, remoteness

հեռատես [herrate's] *a* far–sighted, prescient
հեռացնել [herratsnel] *v* remove
հեռու [herru'] *a* far, distant
հեւալ [heval] *v* pant, puff
հետ [het] *pron* with, along
հետ [het] *adv* back
հետ ու առաջ [het u arra'ch] to and fro
հետ գցել [het gtsel] *v* economize, save
հետագա [hetaga'] *a* future, following, next
հետադարձ [hetada'rts] *a* reverse
հետադարձ ուժ ունենալ [hetada'rts uzh unenal] be retroactive
հետազոտել [hetazotel] *v* investigate
հետազոտիչ [hetazoti'ch] *n* researcher
հետազոտություն [hetazotutsyu'n] *n* reseach
հետախուզել [hetakhuzel] *v* investigate
հետախուզություն [hetakuzutsyu'n] *n* investigation, research
հետաձգել [hetadzeokel] *v* postpone, delay
հետամնաց [hetamna'ts] *a* backward, retarded
հետապնդել [hetapndel] *v* pursue
հետապնդում [hetapndu'm] *n* pursuit
հետաքրքիր [hetakrki'r] *a* curious
հետաքրքրական [hetakrkracka'n] *a* entertaining
հետաքրքրել [hetakrkrel] *v* interest
հետաքրքրվել [hetakrkrvel] *v* be interested
հետաքրքրություն [hetakrkrutsyu'n] *n* curiosity

հետեւ [hete'v] *n* back
հետեւաբար [hetevaba'r] *adv* consequently
հետեւանք [heteva'nk] *n* consequence, result
հետեւել [heteve'l] *v* follow
հետեւյալ [hetevya'l] *a* following
հետեւողական [hetevoghacka'n] *a* logical, consistent
հետզհետե [heteozhete'] *adv* successively
հետո [heto'] then, after, in
հետք [hetk] *n* trace, track
հեր [her] *n* hair
հերաթափ [heratha'ph] *a* bald
հերթ [he'rth] *n* turn
հերթապահել [herthapahe'l] *v* be on duty
հերիք [heri'k] *a* sufficient, enough
հերձել [herdze'l] *v* cleave, split
հերոս [hero's] *n* hero
հերոսական [herosacka'n] *a* heroic
հերս [hers] *n* anger
հերու [heru'] last year
հերքել [herke'l] *v* reject
հզոր [hzo'r] *a* powerful, mighty
հզորանալ [hzorana'l] *v* grow strong, become powerful
հզորություն [hzorutsyu'n] *n* power, might
հիանալ [hiana'l] *v* admire
հիանալի [hianali'] *a* delightful
հիացնել [hiatsne'l] *v* enrapture
հիլ [hil] *n* cardamon
հիմա [hima'] *adv* now
հիմար [hima'r] *a* foolish

հիմնադիր [himnadi'r] *n* founder
հիմնադրել [himnadre'l] *v* found, establish
հիմնադրություն [himnadrutsyu'n] *n* foundation, establishment
հիմնական [himnacka'n] *a* fundamental
հիմնարկ [himna'rck] *n* institution
հիմնաքար [himnaka'r] *n* headstone
հիմնել [himne'l] *v* found, establish
հիմնվել [himnve'l] *v* be founded
հիմք [hi'mk] *n* foundation
հին [hin] *a* old
հինգ [hi'ng] *num* five
հինգերորդ [hingero'rth] *num* fifth
հինգշաբթի [hingshapthi] *n* Thursday
հիշել [hishe'l] *v* remember, recollect
հիշեցնել [hishetsne'l] *v* remind, resemble
հիվանդ [hiva'nd] *n* sick man
հիվանդագին [hivandagi'n] *a* unhealthy
հիվանդանալ [hivandana'l] *v* fall ill, sicken
հիվանդանոց [hivandano'ts] *n* hospital
հիվանդապահ [hivandapa'h] *n* nurse
հիվանդոտ [hivando't] *a* sickly
հիվանդություն [hivandutsyu'n] *n* sickness, illness
հլու [hlu] obedient
հղել [hghe'l] *v* send
հղի [hghi'] *a* pregnant
հղիություն [hghiutsyu'n] *n* pregnancy
հղկել [hghcke'l] *v* polish
հմայել [hmaye'l] *v* divine, charm
հմայիչ [hmayi'ch] *a* charming
հմայություն [hmayutsyu'n] *n* divination

հմայք [hma'yk] *n* charm

հմտալից [hmtali'ts] *a* skillful

հմտություն [hmututsyu'n] *n* experience, skill

հյութ [hyu'th] *n* juice

հյութալի [hyuthali'] *a* juicy

հյուլե [hyule'] *n* **atom**

հյուծել [hyutze'l] *v* exhaust, emaciate

հյուծվել [hyutzve'l] *v* grow emaciated

հյուղ [hyu'gh] *n* hut

հյուս [hyu's] *n* tress

հյուսել [hyuse'l] *v* braid, weave, knit

հյուսիս [hyusi's] *n* north

հյուսիսային [hyusisayi'n] *a* northern

հյուսն [hyu'sn] *n* carpenter

հյուսվածք [hyusva'tsk] *n* tissue, texture

հյուր [hyu'r] *n* guest, visitor

հյուրանոց [hyurano'ts] *n* hotel

հյուրասենյակ [hyurasenya'k] *n* living room

հյուրասեր [hyurase'r] *a* hospitable

հյուրասիրություն [hjurasirutsyu'n] *n* hospitality

հյուրընկալել [hyureonckale'l] *v* show hospitality

հյուրընկալություն [hyureonckalutsyu'n] *n* hospitality

հնադարյան [hnadarya'n] *a* ancient

հնազանդ [hnaza'nd] *a* obedient

հնազանդեցնել [hnazandetsne'l] *v* subordinate

հնազանդվել [hnazandve'l] *v* obey

հնազանդություն [hnazandutsyu'n] *n* obedience
հնանալ [hnana'l] *v* grow old
հնար [hna'r] *n* means
հնարամիտ [hnarami't] *a* industrious
հնարավոր [hnaravo'r] *a* possible
հնարավորություն [hnaravorutsyu'n] *n* possibility
հնարել [hnare'l] *v* invent
հնդուհավ [heonduha'v] *v* turkey
հնձել [heondze'l] *v* mow
հնչել [heonche'l] *v* sound
հնչուն [heonchu'n] *a* sounding
հոգ [hog] *n* care
հոգաբարձու [hogabardzu'] *n* trustee
հոգալ [hoka'l] *v* take care
հոգատար [hokata'r] *a* thoughtful
հոգեբան [hokeba'n] *n* psychologist
հոգեբանություն [hokebanutsyu'n] *n* psychology
հոգեզավակ [hokezava'ck] *n* adoptive
հոգեկան [hokecka'n] *a* mental, physical, spiritual
հոգեհանգիստ [hokehangi'st] *n* requiem
հոգեւոր [hokevo'r] *a* spiritual, clergyman
հոգեւորական [hokevoracka'n] *a* & *n* spiritual; clergyman
հոգի [hoki'] *n* soul
հոգնած [hokna'tz] *a* tired
հոգնել [hokne'l] *v* be tired
հոդված [hodva'tz] *n* article
հոկտեմբեր [hocktembe'r] *n* October

հող [hogh] *n* earth, ground

հողագետ [hoghage't] *n* agronomist

հողագործ [hoghago'rtz] *n* farmer, agriculturist

հողագործություն [hoghagortzutsyu'n] *n* agriculture

հողաթափ [hoghatha'ph] *n* slipper

հողային [hoghayi'n] *a* terrestrial, agrarian

հողմ [ho'ghm] *n* storm

հողմահար [hoghmaha'r] *a* weather-beaten

հողմահարել [hoghmahare'l] *v* expose to the wind

հոմանի [homani'] *n* lover, sweetheart

հոմանուհի [homanuhi'] *n* lover, mistress

հոյակապ [hoyacka'p] *a* grandiose

հոն [hon] *n* cornel

հոնք [honk] *n* eyebrow

հոշոտել [hoshote'l] *v* tear to pieces

հոսանք [hosa'nk] *n* stream, current

հոսել [hose'l] *v* run, leak

հով [hov] *a & n* cool; coolness

հովանալ [hovana'l] *v* get cold, cool down

հովանավորել [hovanavore'l] *v* patronize

հովանավորություն [hovanavorutsyu'n] *n* patronage

հովանոց [hovano'ts] *n* cover

հովանոցածաղիկ [hovanotsatzaghi'ck] *n* umbrella

հովացնել [hovatsne'l] *v* cool

հովիտ [hovi't] *n* valley

հոտ [hot] *n* smell, odor

հոտած [hota'ts] *a* stinked

հոտավետ [hotavet] *a* fragrant
հոտել [hotel] *v* rot
հոր [hor] *n* well
հորել [horel] *v* bury, fill up
հորթ [ho'rth] *n* calf
հորինել [horinel] *v* invent
հորինում [horinu'm] *n* composition
հորու [horu'] *n* stepfather
հպատակ [hpata'ck] *a* subject
հպատակություն [hpatackutsyu'n] *n* citizenship
հպարտ [hpa'rt] *a* proud
հպարտանալ [hpartanal] *v* be proud
հպարտություն [hpartutsyu'n] *n* pride
հպվել [hpvel] *v* touch
հպում [hpu'm] *n* touch
հռետոր [hrreto'r] *n* orator
հռչակ [hrrcha'k] *n* fame
հռչակավոր [hrrchackavo'r] *a* famous
հռչակել [hrrchackel] *v* praise
հռչակվել [hrrchackvel] *v* become famous
հսկա [hska'] *n & a* giant
հսկայական [hsckayacka'n] *a* gigantic
հսկել [hskel] *v* watch
հսկողություն [hsckoghutsyu'n] *n* watchfulness
հստակ [hsta'ck] *a* pure
հրաժարվել [hrazharvel] *v* deny
հրաժեշտ [hrazhe'sht] *n* leave, farewell
հրամայել [hramayel] *v* order
հրաման [hrama'n] *n* command
հրաշալի [hrashali'] *a* wonderful

հրաշք [hra'shk] *n* miracle
հրապաշտ [hrapa'sht] *n* fire–worshipper
հրապարակ [hrapara'ck] *n* place, square
հրապարակել [hraparackeʹl] *v* publish
հրապույր [hrapu'yr] *n* attraction
հրապուրել [hrapureʹl] *v* attract
հրապուրիչ [hrapuri'ch] *a* attractive
հրավառ [hrava'rr] *a* ardent, burning
հրավեր [hrave'r] *n* invitation
հրավիրել [hravireʹl] *v* invite
հրատապ [hrata'ph] *a* urgent
հրատարակել [hratarackeʹl] *v* publish
հրացան [hratsa'n] *n* rifle
հրդեհ [hrde'] *n* fire
հրդեհել [hrdeheʹl] *v* set fire
հրել [hreʹl] *v* push
հրեղեն [hreghe'n] *a* fiery
հրեշ [hre'sh] *n* monster
հրեշտակ [hreshta'ck] *n* angel
հրճվանք [hrtshva'nk] *n* joy
հրճվել [hrtshveʹl] *v* enjoy
հրշեջ [hrshe'j] *n* fireman
հրուշակ [hrusha'ck] *n* sweet paste
հուզիչ [huzi'ch] *a* touching
հուզմունք [huzmu'nk] *n* agitation, excitation
հուլիս [huli's] *n* July
հում [hum] *a* raw, crude
հույս [huys] *n* hope
հունիս [huni's] *n* June
հունվար [hunva'r] *n* January
հունցել [[huntseʹl] *v* knead

հուշ [hush] *n* recollection
հուշանվեր [hushanve'r] *n* souvenir
հուշել [hushe'l] *v* prompt
հուպ տալ [hup ta'l] *v* press (against)
հուսալ [husa'l] *v* hope
հուսալքվել [husalkve'l] *v* despair (of)
հուսախաբել [husakhaphe'l] *v* disappoint
հուսախաբվել [husakhaphve'l] *v* be disappoined
հուր [hur] *n* fire

Ձ

ձագ [dza'k] *n* the young of any animal
ձագար [dzaga'r] *n* funnel
ձախ [dza'kh] *a* left
ձախլիկ [dzakli'ck] *a* left–handed
ձախողվել [dzakhoghve'l] *v* fail
ձախողում [dzakhoghu'm] *n* failure
ձայն [dza'yn] *n* voice, sound
ձայնազուրկ [dzaynazu'rck]
ձայնական [dzaynacka'n] *a* vocal, phonetic
ձայնակցել [dzaynacktse'l] *v* join (in singing); echo
ձայնապնակ [dzaynapna'ck] *n* record
ձայնարկել [dzaynarcke'l] *v* exclaim
ձանձրանալ [dzandzrana'l] *v* grow tired
ձանձրանալի [dzandzranali'] *a* tiresome
ձավար [dzava'r] *n* cleansed and cracked wheat
ձգական [dzkacka'n] *a* elastic
ձգել [dzke'l] *v* pull

ձգձգել [dzkdzeokel] *v* drag
ձգողական [dzkoghacka'n] *a* attractive
ձգողականություն [dzkoghackanutsyu'n] *n* attraction
ձգվել [dzkvel] *v* stretch, extend, drag on
ձգտել [dzktel] *v* aim at, reach (for)
ձեթ [dze'th] *n* oil
ձեղնահարկ [dzeghnaha'rck] *n* attic
ձեղուն [dzeghu'n] *n* roof
ձեռագիր [dzerragi'r] *n* handwriting, manuscript
ձեռագործ [dzerrago'rts] *n* handiwork
ձեռնադրել [dzerrnadrel] *v* ordain
ձեռնապայուսակ [dzerrnapayusa'ck] *n* handbag
ձեռնարկ [dzerrna'rck] *n* undertaking
ձեռնարկել [dzerrnarckel] *v* undertake
ձեռնարկիչ [dzerrnarcki'ch] *n* owner, employer
ձեռնարկու [dzernarcku'] *n* owner
ձեռնարկություն [dzerrnarckutsyu'n] *n* enterprise
ձեռնափայտ [dzerrnapha'yt] *n* walking-stick
ձեռներեց [dzerrnere'ts] *a* initiative
ձեռներեցություն [dzerrneretsutsyu'n] *n* initiative
ձեռնաթափություն [dzerrnathaphutsyu'n] *n* abstention, repudiation
ձեռնահաս [dzerrnahas] *a* competent
ձեռնահասություն [dzerrnahasutsyu'n] *n* competence

ձեռնոց [dzerrno'ts] *n* glove
ձեռնպահ [dzernpa'h] *a* abstaining
ձեռնպահ մնալ [dzernpa'h mna'l] *v* to abstain(from)
ձեռնտու [dzerrntu'] *a* advantageous, profitable
ձեռք [dze'rk] *n* hand
ձեռք բերել [dzerk bere'l] *v* obtain
ձեւ [dzev] *n* form, shape
ձեւական [dzevacka'n] *a* formal
ձեւակերպել [dzevackerpe'l] *v* form
ձեւամոլություն [dzevamolutsyu'n] *n* formalism
ձեւանալ [dzevana'l] *v* pretend (to be)
ձեւարար [dzevara'r] *n* cutter
ձեւացնել [dzevatsne'l] *v* pretend
ձեւափոխել [dzevaphokhe'l] *v* transform
ձեւել [dzeve'l] *v* form, cut out
ձեր [dzer] *pron* your
ձերբակալել [dzerbackale'l] *v* arrest
ձերբակալություն [dzerbackalutsyu'n] *n* arrest
ձի [dzi] *n* horse
ձիապան [dziapa'n] *n* groom, horse–driver
ձիավոր [dziavo'r] *n* rider, jockey
ձիգ [dzik] *a* tight
ձիթապտուղ [dzithaptu'gh] *n* olive
ձիթենի [dzitheni'] *n* olive–tree
ձկնկուլ [dzckeonckul'] *n* heron
ձկնորս [dzckno'rs] *n* fisherman
ձմեռ [dzme'rr] *n* winter
ձմեռային [dzmerrayi'n] *a* wintery

ձմեռել [dzmerreľ] *v* winter
ձմերուկ [dzmeru'ck] *n* watermelon
ձյութ [dzyu'th] *n* pitch
ձյութել [dzyutheľ] *v* pitch
ձյուն [dzyu'n] *n* snow
ձյունել [dzyuneľ] *v* snow
ձնծաղիկ [dzntzaghi'ck] *n* snowdrop
ձյունագնդակ [dzyunagnda'ck] *n* snowball
ձյունակույտ [dzyunacku'yt] *n* drift
ձյունել [dzyuneľ] *v* snow
ձնհալք [dznha'lk] *n* thaw
ձող [dzo'gh] *n* rod
ձողաձուկ [dzoghadzu'ck] *n* codfish
ձոր [dzor] *n* vale, valley
ձվածեղ [dzvadze'gh] *n* omelet
ձրի [dzri] free of charge
ձրիաբար [dzriaba'r] *adv* gratis
ձրիակեր [dzriacke'r] *n* sinecure
ձու [dzu] *n* egg
ձուլարան [dzulara'n] *n* foundry
ձուլել [dzuleľ] *v* cast, found
ձուլիչ [dzuli'ch] *n* caster, founder
ձուկ [dzu'ck] *n* fish

Ղ

ղալմաղալ [ghalmaghaľ] *n* hubbub
ղարիբ [ghari'b] *n* wanderer
ղեկ [ghe'ck] *n* wheel
ղեկավար [gheckava'r] *n* director, chief
ղեկավարել [gheckavareľ] *v* steer, govern

ղեկավարություն [gheckavarutsyu'n] *n* management, direction
ղժժալ [gheozha'l] *v* hum
ղժժոց [gheozho'ts] *n* hubbub
ղողանջ [ghogha'nj] *n* peal, ringing
ղողանջել [ghoghanje'l] *v* ring
ղուրան [ghura'n] *n* Koran

Ճ

ճագար [tshaga'r] *n* rabbit
ճագարանոց [tshagarano'ts] *n* rabbit–hutch
ճախարակագործ [tshakharackago'rtz] *n* turner
ճախարակել [tshakharacke'l] *v* turn
ճախրել [tshakhre'l] *v* soar
ճակատ [tshacka't] *n* forehead
ճակատագիր [tshackatagi'r] *n* destiny
ճակատամարտ [tshackatama'rt] *n* battle
ճակնդեղ [tshacknde'gh] *n* beet
ճահիճ [tshahi'tsh] *n* bog
ճաղ [tsha'gh] *n* baluster; knitting needle
ճաղատ [tshagha't] *a* bold
ճաղատանալ [tshaghatana'l] *v* grow bold
ճաղատություն [tshaghatutsyu'n] *n* boldness
ճաճանչ [tshatsha'nch] *n* ray, beam
ճաճանչագեղ [tshatshanchage'gh] *a* radiant
ճաճանչավոր [tshatshanchavo'r] *a* radiant, effulgent
ճաճանչել [tshatshanche'l] *v* radiate, sparkle
ճաճանչոսկր [tshatshancho'skr] *n* radius

ճամբար [tshamba'r] *n* camp
ճամբել [tshamphe'l] *v* send away
ճամբորդ [tshampho'rth] *n* traveller
ճամպրուկ [tshampru'ck] *n* suitcase
ճամփա [tshampha'] *n* way, road
ճամփա ցնել [tshampha gtse'l] see off
ճամփել [tshamphe'l] *v* send away
ճամփորդ [tshampho'rth] *n* traveller
ճամփորդել [tshamphorthe'l] *v* travel
ճամփորդություն [tshamphorthutsyu'n] *n* travel, voyage
ճանաչել [tshanache'l] *v* know, recognize
ճանաչելի [tshanacheli'] *a* recognizable
ճանաչված [tshanachva'tz] *a* acknowledged
ճանապարհ [tshanapa'r] *n* way, road
բարի ճանապարհ [bari tshanapa'r] happy journey
ճանապարհ դնել [tshanama'r dne'l] see off
ճանապարհածախս [tshanaparatza'khs] *n* journey expenses
ճանապարհել [tshanapare'l] *v* see off
ճանապարհորդ [tshanaparo'rth] *n* traveller, passenger
ճանկ [tsha'nck] *n* claw
ճանկել [tshancke'l] *v* claw, scratch
ճանկռտել [tshanckeorrte'l] *v* claw, scratch
ճաշ [tsha'sh] *n* dinner, meal
ճաշակ [tshasha'ck] *n* taste, flavor
ճաշակել [tshashacke'l] *v* taste, savor
ճաշարան [tshashara'n] *n* dining room, dining hall, restaurant
ճաշացանկ [tshashatsa'nk] *n* menu

Ճաշել [tshashe'l] *v* have dinner

Ճառ [tsha'rr] *n* speech

Ճառագայթ [tsharraga'yth] *n* beam, ray

Ճառագայթել [tsharragaythe'l] *v* radiate

Ճառախոս [tsharrakho's] *n* orator

Ճառախոսել [tsharrakhose'l] *v* orate

Ճար [tsha'r] *n* means

Ճարահատյալ [tsharahatya'l] *a* forced

Ճարել [tshare'l] *v* obtain, get

Ճարպ [tsha'rp] *n* fat, grease

Ճարպազրկել [tsharpazrcke'l] *v* deprive of fat

Ճարպակալել [tsharpackale'l] *v* grow fat

Ճարպոտ [tsharpo't] *a* fat

Ճարպոտել [tsharpote'l] *v* grease

Ճարտար [tsharta'r] *a* adroit, skilful

Ճարտարագետ [tshartarage't] *n* engineer

Ճարտարապետ [tshartarape't] *n* architect

Ճարտարապետություն [tshartarapetutsyu'n] *n* architecture

Ճաք [tsha'k] *n* crack, split

Ճաքել [tshake'l] *v* crack

Ճգնաժամ [tshknazha'm] *n* crisis

Ճգնավոր [tshknavo'r] *n* hermit

Ճգնարան [tshknara'n] *n* hermitage

Ճգնել [tshkne'l] *v* endeavor

Ճգնություն [tshknutsyu'n] *n* toil, effort, ascetic life

Ճեղք [tshe'khk] *n* crack

Ճեղքել [tshekhke'l] *v* cleave, split

Ճեղքվածք [tshekhkva'tsk] *n* rift, fissure

Ճեղքվել [tshekhkve'l] *v* cleave, split

ճեմարան [tshemara'n] *n* academy

ճեմարանական [tshemaranacka'n] *a* academic

ճեմել [tsheme'l] *v* walk

ճենապակե [tshemapacke'] *a* china, porcelain

ճենապակի [tshemapacki'] *n* chinaware, porcelain

ճենճոտել [tshentshote'l] *v* get foul, greasy

ճերմակ [tsherma'ck] *a* white

ճերմակած [tshermacka'ts] *a* grey-haired

ճերմակել [tshermacke'l] *v* grow white

ճերմակեղեն [tshermackeghe'n] *n* linen

ճերմակություն [tshermackutsyu'n] *n* whiteness

ճզմել [tshzme'l] *v* press

ճրթալ [tshrtha'l] *v* crackle

ճիգ [tshi'k] *n* effort

ճիճու [tshitshu'] *n* worm

ճիշտ [tshi'sht] *a* exact

ճիչ [tshi'ch] *n* cry, scream

ճիրան [tshira'n] *n* claw

ճլորել [tshlore'l] *v* fade

ճլորթի [tshlorthi'] *n* swing

ճլվլալ [tshlveola'l] *v* twitter

ճխտել [tshkhte'l] *v* poke, thrust

ճկուն [tsheocku'n] *a* flexible

ճկունություն [tsheockunutsyu'n] *n* flexibility

ճղել [tsheoghe'l] *v* tear

ճղվել [tsheoghve'l] *v* break, tear

ճմլել [tsheomle'l] *v* squeeze

ճյուղ [tshyu'gh] *n* branch, line

ճյուղավոր [tshyughavo'r] *a* branchy
ճնշել [tsheonshe'l] *v* press, oppress
ճնշիչ [tsheonshi'ch] *a* depressing
ճնշում [tsheonshu'm] *n* pressure
ճշգրիտ [tsheoshgri'th] *a* exact
ճշմարիտ [tsheoshmari't] *a* true
ճշմարտախոս [tsheoshmartakho's] *a* truthful
ճշմարտություն [tsheoshmartutsyu'n] *n* truth
ճշտապահ [tsheoshtapa'h] *a* accurate
ճշտապահություն [tsheoshtapahutsyu'n] *n* accuracy
ճշտել [tsheoshte'l] *v* verify
ճշտորեն [tsheoshtore'n] *adv* exactly
ճշտություն [tsheoshtutsyu'n] *n* exactness, accuracy
ճոխ [tsho'kh] *a* luxurious
ճոխացնել [tshokatsne'l] *v* enrich
ճոխություն [tshokhutsyu'n] *n* richness
ճոճ [tsho'tsh] *n* hammock, cradle
ճոճել [tshotshe'l] *v* swing, dandle
ճոճվել [tshotshve'l] *v* rock, swing
ճոճուն [tshotshu'n] *a* unsteady
ճոռում [tshorru'm] *a* pompous,
ճորտ [tsho'rt] *n* serf
ճչալ [tsheocha'l] *v* scream, cry
ճչան [tsheocha'n] *a* screaming
ճչյուն [tsheochyu'n] *n* cry, shout
ճպպացնել [tsheophatsne'l] *v* champ, blink
ճպուռ [tsheopu'rr] *n* dragonfly
ճռեկ [tsheorre'k] *n* grasshopper
ճռռալ [tsheorra'l] *v* squeak
ճռռոց [tsheorro'ts] *n* squeak

ճվալ [tsheova'l] *v* utter *a* shriek
ճրագ [tsheora'k] *n* candle
ճրագալույս [tshragalu'ys] *n* Easter Eve
ճրագակալ [tshrakacka'l] *n* candlestick

Մ

մագաղաթ [magagha'th] *n* parchment
մագնիս [magni's] *n* magnet
մագնիսացնել [magnisatsne'l] *v* magnetize
մազ [maz] *n* hair
մազաբաժան [mazabazha'n] *n* parting
մազազուրկ [mazazu'rk] *a* hairless
մազախավ [mazakha'v] *n* nap, pile
մազափունջ [mazaphu'nj] *n* fringe, bang (of hair)
մազման [mazma'n] *n* spider
մաժել [mazhe'l] *v* massage
մախաթ [makha'th] *n* packing needle, awl
մախաղ [makha'gh] *n* bag, pouch
մախմուր [makhmu'r] *a* velvet
մածնաբրդոշ [matznapheortho'sh] *n* cold matzoon soap
մածուն [matzu'n] *n* curds, curdled milk
մակաբերել [mackabere'l] *v* deduce
մակաբերություն [mackaberutsyu'n] *n* deduction
մակաբուծական [mackabutzacka'n] *a* parasitic
մակաբուծություն [mackabutzutsyu'n] *n* sponging; parasitism

մակաբույծ [mackabu'ytz] *a & n* parasitic; parasite
մակագիր [mackagi'r] *n* inscription
մակագրել [mackagre'l] *v* inscribe
մակագրություն [mackagrutsyu'n] *n* inscription, resolution
մականուն [mackanu'n] *n* nickname
մակարդ [macka'rth] *n* ferment
մակարդակ [mackarda'ck] *n* level
մակարդել [mackarde'l] *v* ferment, leaven
մակարդվել [mackarthve'l] *v* be fermented, leaven
մակբայ [mackba'y] *n* abverb
մակբայական [mackbayacka'n] *a* abverbial
մակդիր [mackdi'r] *n* epithet
մակերես [mackere's] *n* surface
մակերեսային [mackeresayi'n] *a* superficial
մակերեսայնություն [mackeresaynutsyu'n] *n* superficiality
մակերեսորեն [mackeresore'n] *adv* superficially
մակերևութային [mackerevuthayu'n] *a* superficial
մակերևույթ [mackerevu'yth] *n* surface
մակուկավար [mackuckava'r] *n* boatman
մակույկ [macku'yk] *n* boat
մահ [mah] *n* death
մահվան դատավճիռ [mahva'n dataveotshi':r] *n* death sentence
մահաբեր [mahabe'r] *a* mortal
մահաճարակ [mahatshara'ck] *n* infection
մահամերձ [mahame'rdz] *a* dying

մահամնա [mahamna'] *a* posthumous
մահանա [mahana'] *n* pretext, pretence
մահանալ [mahana'l] *v* die
մահաշունչ [mahashu'nch] *a* mortal
մահապատիժ [mahapati'zh] *n* death penalty
մահապատիժ տալ [mahapati'zh tal] *v* execute
մահապարտ [mahapa'rt] *a & n* convicted; convict
մահաճառ [mahatsha'rr] *n* handrail; banister
մահավճիռ [mahaveotshi'rr] *n* death sentence
մահացնել [mahatsne'l] *v* kill
մահացող [mahatso'gh] *a* dying, moribund
մահափորձ [mahapho'rtz] *n* suicide attempt
մահկանացու [mahckanatsu'] *a* mortal
մահճակալ [mahchacka'l] *n* bedstead
մաղ [magh] *n* sieve
մաղադանոս [maghadano's] *n* parsley
մաղել [maghe'l] *v* sift
անձրեւ է մաղում [andzre'v e' maghu'm] it is drizzling
մաղթել [maghthe'l] *v* wish; wish smb well
մաղձ [maghts] *n* bile
մաղձային [maghtsayi'n] *a* bilious
մաղձապարկ [maghtsapa'rck] *n* gall–bladder
մաղձոտ [maghtzo't] *a* bilious; bitter
մաճառ [matsha'rr] *n* new wine
մամուլ [mamu'l] *n* press

մայթ [mayth] *n* sidewalk

մայիս [mayi's] *n* May

մայր [mayr] *n* mother

մայր ցամաք [mayr tsama'k] mainland

մայր երկիր [mayr yercki'r] *n* parent state, mother country

մայրական [mayracka'n] *a* motherly

մայրամուտ [mayramu't] *n* sunset

մայրապետ [mayrape't] *n* nun

մայրաքաղաք [mayrakagha'k] *n* capital

մայրենի [mayreni'] *a* vernacular

մայրի [mayri'] *n* forest

մայրիկ [mayri'ck] *n* mother, mamma

ման գալ [man gal] *v* walk

մանանեխ [manane'kh] *n* mustard

մանավանդ [manava'nd] *adv* especially

մանարան [manara'n] *n* spinning mill

մանել [mane'l] *n* spin

մանեկ [mane'ck] *n* seagull

մանկաբարձ [manckaba'rtz] *n*   midwife

մանկական [manckacka'n]   *a*   child's, children's; childish

մանկամիտ [manckami't]   *a*   childish; infantile

մանկավարժ [manckava'rzh] *n* educator

մանկավարժություն [manckavarzhutsyu'n] *n* pedagogy

մանկիկ [mancki'ck] *n* little child

մանկություն [manckutsyu'n] *n* childhood

մանյակ [manya'ck] *n* necklace

մանչուկ [manchu'ck] *n* boy

մանր [ma'nr] *a* small

մանրադիտակ [manradita'ck] *n* microscope
մանրադրամ [manradra'm] *n* small change
մանրածախ [manratza'kh] *n* retail
մանրածախ առևտուր [manratza'kh arrevtu'r] retail trade
մանրամաս [manrama's] *n* detail
մանրամասն [manrama'sn] *a* detailed
մանրանկար [manrancka'r] *n* miniature
մանրավաճառ [manravatsharr] *n* retailer
մանրացնել [manratsne'l] *v* make small change
մանրուք [manru'k] *n* small money
մանուկ [manu'ck] *n* child, boy
մանուշակ [manushack] *n* violet
հնգատերև մանուշակ [heongatere'v manusha'ck] *n* pansies
մանչ [manch] *n* boy
մաշ [mash] *n* bean
մաշել [mashe'l] *v* wear out
մաշկ [mashck] *n* skin
մաշկակար [mashckacka'r] *n* shoemaker
մաշկել [mashcke'l] *v* skin
մառախուղ [marrakhu'gh] *n* fog
մառան [marra'n] *n* cellar
մաս [mas] *n* part
մասամբ [masamb] *adv* partly
մասնագետ [masnage't] *n* specialist
մասնագիտություն [masnagitutsyu'n] *n* speciality
մասնակից [masnacki'ts] *a* participant
մասնակցել [masnacktse'l] *v* take part

մասնակցություն [masnacktsutsyu'n] *n* participation
մասնավոր [masnavo'r] *a* private
մասնիկ [masni'k] *n* particle
մասուր [masu'r] *n* sweetbrier
մատ [mat] *n* finger
մատակարարել [matackarare'l] *v* supply
մատակարարող [matackararo'gh] *v* supplier
մատաղ [matagh] *a* young
մատանի [matani] *n* ring
մատիտ [mati't] *n* pencil
մատղաշ [matgha'sh] *a* young
մատնանշել [matnanshe'l] *v* point
մատնել [matne'l] *v* betray
մատնեմատ [matnema't] *n* ring finger
մատնիչ [matni'ch] *n* betrayer
մատնոց [matno'ts] *n* thimble
մատնություն [matnutsyu'n] *n* betrayal
մատչելի [matcheli'] *a* accessible
մատուցանել [matutsane'l] *v* give, bring, present
մատուցարան [matutsara'n] *n* tray
մատուցող [matutso'gh] *n* waiter
մարած հրաբուխ [mara'tz hrabu'kh] extinct volcano
մարդ [marth] *n* man, husband
մարդաբնակ [marthabna'ck] *a* inhabited by man
մարդամոտ [marthamo't] *a* sociable
մարդասեր [marthase'r] *a* philanthropic
մարդասիրական [marthasiraka'n] *a* philanthropical

մարդասիրություն [marthasirutsyu'n] *n* philanthropy
մարդասպան [marthaspa'n] *n* homicide
մարդասպանություն [marthaspanutsyu'n] *n* murder
մարդավարի [marthavari'] *adv* humanly
մարդատար [marthata'r] *a* passenger
մարդատար գնացք [marthata'r gna'tsk] passenger train
մարդիկ [marthi'k] *n* people
մարդկային [marthckayi'n] *a* human
մարդկայնություն [marthckaynuthu'n] *n* humaneness
մարդկություն [marthckuthyu'n] *n* humankind
մարել [mare'l] *v* put out
մարզարան [marzara'n] *n* gymnasium
մարզել [marze'l] *v* train
մարզիկ [marzi'ck] *n* gymnast
մարզիչ [marzi'ch] *n* trainer
մարմանդ [marma'nd] *a* quiet, steel
մարմին [marmi'n] *n* body
մարմնավորել [marmnavore'l] *v* embody
մարմնեղ [marmne'gh] *a* corpulent
մարջան [mardja'n] *n* coral
մարսել [marse'l *v* digest
մարտ [mart] *n* March
մարտ [mart] *n* battle
մարտիկ [marti'ck] *n* warrior
մարտիրոս [martiro's] *n* martyr
մարտիրոսություն [martirosuthu'n] *n* martyrdom

մարտնչել [martnche'l] *v* fight
մարտունակ [martuna'ck] *n* efficient
մարում [maru'm] *n* putting out
մացառ [matsa'rr] *n* bush
մաքառել [makarre'l] *v* fight
մաքի [maki'] *n* sheep
մաքս [maks] *n* custom, duty
մաքսատուն [maksatu'n] *n* custom house
մաքսատուրք [maksatu'rk] *n* custom duty
մաքրասեր [makrase'r] *a* neat
մաքրել [makre'l] *v* clean
մաքրություն [makrutsyu'n] *n* cleanliness
մաքուր [maku'r] *a* clean
մգանալ [mkana'l] *v* become dark
մեզ [mez] *n* urine
մելամաղձոտ [melamaghdzo't] *a* melancholic
մեխ [mekh] *n* nail
մեխակ [mekha'ck] *n* carnation
մեխել [mekhe'l] *v* nail
մեծ [metz] *a* big
մեծաբանել [metzabane'l] *v* boast
մեծախոս [metzakho's] *a* swaggering
մեծածախ [metzatza'kh] *a* wholesale
մեծածախ առևտուր [metzatza'kh arevtu'r] *n* wholesale trade
մեծածախորդ [metzakho'rth] *n* wholesaler
մեծահոգի [metzahoki'] *a* generous
մեծամիտ [metzami't] *a* conceited
մեծամտել [metzamte'l] *v* plume oneself
մեծամուկ [metzamu'ck] *n* rat
մեծանալ [metzana'l] *v* increase, grow
մեծանուն [metzanu'n] *a* eminent

մեծաշուք [metzashuʻk] *a* solemn

մեծապես [metzapeʻs] *adv* greatly

մեծարել [metzareʻl] *v* glorify

մեծարելի [metzareliʻ] *a* respected

մեծացնել [metzatsneʻl] *v* increase, bring up, grow

մեծաքանակ [metzakanaʻck] *adj* wholesale

մեծաքանակ եւ հատով վաճառք *n* [metzakanaʻck ev hatoʻv vatshaʻrrk] wholesale and retail

մեծություն [metzutsyuʻn] *n* greatness

մեկ [meck] *num* one

մեկ անգամ [meck angaʻm] *adv* once

մեկնաբանել [mecknabaneʻl] *v* interpret

մեկնաբանություն [mecknabanutsyuʻn] *n* interpretation, commentary

մեկնել [meckneʻl] *v* leave for

մեկնիչ [meckniʻch] *n* explainer

մեկնություն [mecknutsyuʻn] *n* explanation

մեկնում [mecknuʻm] *n* departure

մեկուսանալ [meckusanaʻl] *v* keep aloof

մեկուսացած [meckusatsaʻtz] *a* solitary

մեկուսացնել [meckusatsneʻl] *v* isolate

մեղագրել [meghagreʻl] *v* incriminate

մեղադրանք [meghadraʻnk] *n* accusation

մեղադրել [meghadreʻl] *v* accuse

մեղադրյալ [meghadryaʻl] *n* the accused

մեղադրող [meghadroʻgh] *n* accuser

մեղադրություն [meghadrutsyuʻn] *n* accusation

մեղավոր [meghavoʻr] *a* guilty

մեղեդի [meghediʻ] *n* melody

մեղեսիկ [meghesi'ck] *n* amethyst
մեղմանալ [meghmana'l] *v* become soft
մեղմացնել [meghmatsne'l] *v* soften
մեղսագործ [meghsago'rtz] *a* sinful
մեղր [me'ghr] *n* honey
մեղրաճանճ [meghratsha'ntsh] *n* bee
մեղրամիս [meghrami's] *n* honeymoon
մեղու [meghu'] *n* bee
մեղք [meghk] *n* fault; sin
մեղքանալ [meghkana'l] *n* pity
մենագրություն [menagrutsyu'n] *n* monography
մենավոր [menavo'r] *a* alone
մեներգ [mene'rk] *n* solo
մենք [menk] *pron* we
մեջտեղ [mechte'gh] *a* middle
մեջք [mechk] *n* back
մեռած [merra'tz] *a & n* dead; the dead
մեռել [merre'l] *n* the deceased
մեռնել [merrne'l] *v* die
մետաղ [metagh] *n* metal
մետաքս [meta'ks] *n* silk
մեր [mer] *pron* our
մերան [mera'n] *n* ferment; leaven
մերել [mere'l] *v* ferment; leaven
մերթ [merth] *adv* sometimes
մերժել [merzhe'l] *v* refuse
մերժում [merzhu'm] *n* refusal
մերկ [merck] *a* naked, bare
մերկանալ [merckana'l] *v* undress
մերկացնել [merckatsne'l] *v* undress
մերկություն [merckutsyu'n] *n* nakedness

մերձակա [mertzacka'] *a* near; nearby
մեքենա [mekena'] *n* machine
մեքենագրել [mekenagre'l] *v* type
մզել [mze'l] *v* squeeze
մթացնել [mthatsne'l] *v* darken
մթերանոց [mtherano'ts] *n* storehouse
մթերել [mthere'l] *v* lay in; store up
մթերք [mthe'rk] *n* products; provisions
մթին [mthi'n] *a* dark
մթնել [mthne'l] *v* grow dark
մթնեցնել [mthnetsne'l] *v* darken
մթնշաղ [mtheonsha'gh] *n* twilight
մթնոլորտ [mthnolo'rth] *n* atmosphere
միաբան [miaba'n] *a* unanimous
միաբերան [miabera'n] *adv* unanimously
միաժամանակ [miazhamana'ck] *adv* at the same time
միախառնել [miakharrne'l] *v* mix
միակ [miack] *a* single
միակամ [miacka'm] *a* unanimous
միակերպ [miacke'rp] *a* monotonous
միակողմանի [miackoghmani'] *a* one sided
միահեծան [miahetza'n] *a* absolute
միաձայն [miadza'yn] *a* unanimous
միամիտ [miami't] *a* naive
միայն [mia'yn] *adv* only
միայնակ [miayna'ck] *a* alone
միանալ [miana'l] *v* join
միապաղաղ [miapagha'gh] *a* plain; united
միապետ [miapet] *n* monarch
միասին [miasi'n] *adv* together
միավորել [miavore'l] *v* unite

միացյալ [miatsyal] *a* united
Միացյալ Նահանգներ [miatsyal nahangne'r] *n* U.S.
միացնել [miatsnel] *v* connect; unite
միթե [mi'the] Is it possible?
մինչ [minch] conj while
մինչդեռ [minchderr] conj where as, while
մինչեւ [minche'v] *prep* till
միշտ [misht] *adv* always
միջադեպ [michade'ph] *n* incident
միջազգային [michazgayi'n] *a* international
միջակ [micha'ck] *a* middle; average
միջակետ [michacke't] *n* colon
միջամտել [michamtel] *v* interfere
միջանցք [micha'ntsk] *n* corridor
միջատ [micha't] *n* insect
միջեւ [miche'v] *prep* between
միջին [michi'n] *a* middle
միջոց [michots] *n* means, way
միջուկ [michu'ck] *n* kernel
միս [mis] *n* meat, flesh
միտք [mitk] *n* thought; intellect
միրգ [mirk] *n* fruit
միրուք [miru'k] *n* beard
մլավել [mlavel] *v* mew (cat)
մխել [mkhel] *v* drive in
մխիթարել [mkhitharel] *v* console
մխիթարություն [mkhitharutsyu'n] *n* consolation
մկան [mka'n] *n* muscle
մղել [mghel] *v* push
մղոն [mgho'n] *n* mile

մյուս [myu's] *a* other
մնալ [mna'l] *v* stay
մնայուն [mnayu'n] *a* permanent
մնացորդ [mnatso'rth] *n* remnant
մշակ [msha'ck] *n* toiler
մշակել [mshacke'l] *v* till
մշտադալար [mshadala'r] *a* evergreen
մշուշ [mshu'sh] *n* fog, mist
մշուշապատ [mshushapa't] *a* misty
մոգ [mog] *n* magician
մոգական [mogacka'n] *n* magician
մոգոնել [mogone'l] *v* invent, make up
մոլեգին [molegi'n] *a* furious
մոլեգնել [molegne'l] *v* become furious
մոլեռանդ [molerra'nd] *a* fanatic
մոլորակ [molora'ck] *n* planet
մոլորեցնել [moloretsne'l] *v* mislead
մո<B-խիր [mokhir] *n* ash
մոխրագույն [makhragu'yn] *a* ashy
մոմակալ [momacka'l] *n* candlestick
մոշ [mosh] *n* blackberries
մոռանալ [morrana'l] *v* forget
մոտ [mot] *adv & prep* near; close to
մոտակա [motacka'] *a* near
մոտավոր [motavo'r] *a* approximate
մոտավորապես [motavorape's] *adv* approximately
մոտավորություն [motavorutsyu'n] *n* vicinity; proximity
մոտենալ [motena'l] *v* approach
մոտիկ [moti'ck] *a & adv* very near, not far

մորաքույր [moraku'yr] *n* aunt
մորենի [moreni'] *n* raspberries
մորեղբայր [moreghba'yr] *n* uncle
մորթել [morthe'l] *v* cut
մռայլ [mrrayl] *a* obscure, gloomy
մռմռալ [meormeora'l] *v* murmur
մռնչալ [mrrncha'l] *v* roar
մռութ [mrru'th] *n* shout
մսագործ [msago'rtz] *n* butcher
մտաբերել [mtabere'l] *v* recollect
մտադրվել [mtadrve'l] *v* intend
մտադրություն [mtadrutsyu'n] *n* intention
մտածել [mtatze'l] *v* think
մտածմունք [mtatzmunk] *n* thought
մտահոգ [mtaho'g] *a* preoccupied
մտամոլ [mtamo'l] *n* maniac
մտավոր [mtavo'r] *a* mental, intellectual
մտավորական [mtavoracka'n] *n* intellectual
մտերիմ [mteri'm] *a* intimate
մտերմանալ [mtermana'l] *v* become intimate
մտերմություն [mtermutsyu'n] *n* intimacy
մտնել [mtne'l] *n* enter
մտրակ [mtrack] *n* whip
մտցնել [mteotsne'l] *v* bring in
մրգավաճառ [mrgavatsharr] *n* fruitseller
մրսել [mrse'l] *v* suffer from cold
մրցակից [mrtsacki'ts] *n* competitor
մրցակցել [mrtsacktse'l] *v* compete
մրցանակ [mrtsana'ck] *n* prize
մրցարան [mrtsara'n] *n* arena
մրցել [mrtse'l] *v* compete
մուգ [muk] *a* dark

մուխ [mukh] *n* smoke
մուծել [mutzeĺ] *v* pay
մուկ [muck] *n* mouse
մունջ [munch] *a* dump
մուշտակ [mushta'ck] *n* furcoat
մուր [mur] *n* soot
մուրճ [mu'rtsh] *n* hammer

Յ

յաբախտ [yaba'cht] *adv* at random
յաման [yama'n] *n* grief
յար [yar] *n* sweetheart, beloved
յարա [yara'] *n* wound
յոթ [yoth] *num* seven
յոթերորդ [yothyero'rth] *num* seventh
յուբկա [yubcka'] *n* skirt
յուղ [yugh] *n* butter; oil
յուղել [yugheĺ] *v* butter; oil
յուրժամանակյա [yurzhamanackya']
a timely
յուրացնել [yuratsneĺ] *v* appropriate

Ն

նա [na] *pron* he, she, it
նազանի [nazani'] *a* graceful
նազանք [naza'nk] *n* airs and graces
նազելի [nazeli'] *a* lovely
նազուկ [nazu'k] *a* tender, delicate
նալ [nal] *n* (horse) shoe
նալբանդ [nalba'nd] *n* (black) smith

Նալել [nalel] v shoe
Նախ [nakh] adv firstly
Նախաբան [nakhaba'n] n preface
Նախագահ [nakhaga'] n chairman
Նախագիծ [nakhagi'tz] n project, plan
Նախագծել [nakhagtze'l] v project
Նախագուշակ [nakhagusha'ck] n predictor
Նախագուշակել [nakhagushacke'l] v predict
Նախադաս [nakhada's] a preferable
Նախադասել [nakhadase'l] v prefer
Նախադասություն [nakhadasutsyu'n] n sentence
Նախազգալ [nakhazga'l] v have a presentiment
Նախակրթական [nakhackrthacka'n] a primary, elementary
Նախակրթարան [nakhackrthara'n] n preparatory school
Նախահայր [nakhaha'yr] n forefather
Նախահաշիվ [nakhahashi'v] n estimate
Նախաձեռնել [nakhadzerrne'l] v undertake
Նախաձեռնող [nakhadzerrnogh] n & a owner, employer; enterprising
Նախաձեռնություն [nakhadzerrnutsyu'n] n enterprise
Նախաճաշ [nakhatsha'sh] n breakfast
Նախաճաշել [nakhatshase'l] v have breakfast
Նախամայր [nakhama'yr] n the original mother
Նախանձ [nakha'ndz] n envy
Նախանձել [nakhandze'l] v envy

նախանձելի [nakhandzeli] *a* enviable
նախանձոտ [nakhandzo't] *a* envious
նախապահպանել [nakhapahpane'l] *v* protect
նախապայման [nakhapayma'n] *n* pre-condition
նախապաշարմունք [nakhapasharmu'nk] *n* prejudice
նախապապ [nakhapa'p] *n* great–grand-father
նախապատմական [nakhapatmacka'n] *a* prehistorical
նախապատրաստել [nakhapatraste'l] *v* make ready
նախատեսնել [nakhatesne'l] *v* foresee
նախդիր [nakhdi'r] *n* preposition
նախընթաց [nakheontha'ts] *a* previous
նախընտրել [nakheontre'l] *v* prefer
նախկին [nakhcki'n] *a* previous
նախշ [nakhsh] *n* adornment
նախշել [nakhshe'l] *v* adorn
նախշուն [nakhshu'n] *a* beautiful
նախորդ [nakho'rth] *a & n* former; predecessor
նահանգ [naha'ng] *n* province
նահանգապետ [nahangape't] *n* governor
նահանջ [naha'nj] *n* retreat
նահանջ տարի [naha'nch tari'] leap year
նահանջել [nahanje'l] *v* retreat
նահապետ [nahape't] *n* patriarch
նահատակ [nahata'ck] *n* martyr
նահատակել [nahatacke'l] *v* torment

նահատակվել [nahatackve'l] *v* torment oneself (over)
նամ [nam] *a* humid, damp
նամակ [nama'ck] *n* letter
նամակագրություն [namackagrutsyu'n] *n* correspodence
նամականիշ [namackani'sh] *n* stamp
նամարդ [nama'rth] *n* dishonest
նամարդություն [namardutsyu'n] *n* dishonesty
նամացնել [namatsne'l] moisten
նայել [nay'el] *v* look
նայվածք [nayva'tsk] *n* glance
նապաստակ [napasta'ck] *n* hare
նավ [nav] *n* ship
նավաբեկություն [navabeckutsyu'n] *n* shipwreck
նավահանգիստ [navahangi'st] *n* harbor
նավապետ [navape't] *n* captain
նավաստի [navasti'] *n* sailor
նավարկել [navarcke'l] *v* sail
նավթ [navth] *n* petroleum, mineral oil
նավորդ [navo'rth] *n* seaman
նարդոս [nardo's] *n* lavender
նարինջ [nari'nj] *n* orange
նարնջենի [narnjeni'] *n* orange tree
նեխած [nekhatz] *a* rotten
նեխածություն [nekhatzutsyu'n] *n* rottenness
նեխել [nekhe'l] *v* rot
նեղ [negh] *a* narrow

նեղանալ [neghanal] *v* get narrow; take offence
նեղացնել [neghatsnel] *v* narrow
նեղել [neghel] *v* oppress; squeeze; be too tight
նեղսիրտ [neghsi'rt] *a* impatient
նենգ [neng] *a* fraud
նենգել [nengel] *v* defraud, deceive
նենգություն [nengutsyu'n] *n* fraud, deceit
նետ [net] *n* arrow
նետել [netel] *v* throw, dart
ներածական [neratzacka'n] *a* introductory
ներառել [nerarrel] *v* include
ներգաղթ [nerga'ghth] *n* immigration
ներգաղթել [nergaghthel] *v* immigrate
ներգաղթիկ [nergaghthik] *n* immigrant
ներգործել [nergortzel] *v* act
ներդաշնակ [nerdashnack] *a* harmonious
ներդաշնակել [nerdashnackel] *v* harmonize
ներդաշնակություն [nerdashnackutsyu'n] *n* harmony
ներել [nerel] *v* forgive
ներխուժել [nerkhuzhel] *v* invade
ներծծել [nertzeotzel] *v* absorb
ներծծվել [nertzeotzvel] *v* be absorbed
ներկ [nerck] *n* paint
ներկա [nercka'] *a* present
ներկայանալ [nerckayanal] *v* present oneself
ներկայացնել [nerckayatsnel] *v* present
ներկայացում [nerckayatsnu'm] *n* presentation; play

Ներկել [nercke'l] *v* dye, paint
Ներկվել [nerckve'l] *v* be dyed, painted
Ներմուծել [nermutze'l] *v* import
Ներմուծվել [nermutzve'l] *v* be imported
Ներմուծում [nermutzu'm] *n* import
Ներշնչել [nershnche'l] *v* suggest, inspire
Ներողամտություն [neroghamtutsyu'n] *n* condescension
Ներողություն [neroghutsyu'n] *n* apology
Ներողություն խնդրել [neroghuthyu'n khnthre'l] beg pardon
Ներս [ne'rs] *adv* in, inside
Ներքեւ [nerke'v] *adv* under, below
Ներքին [nerki'n] *a* interior, internal
Նիհար [niha'r] *a* thin
Նիհարել [nihare'l] *v* become thin
Նիհարություն [niharutsyu'n] *n* leanness
Նինջ [ninj] *n* sleep
Նիշ [nish] *n* mark, sign
Նիստ [nist] *n* session
Նիրհել [nirhe'l] *n* slumber
Նկատել [nckate'l] *n* notice
Նկատի առնել [nckati'arrne'l] *v* take into consideration
Նկար [nckar] *n* picture
Նկարագրել [nckaragre'l] *v* describe
Նկարել [nckare'l] *v* paint
Նկարիչ [nckari'ch] *n* artist, painter
Նկուղ [ncku'gh] *n* cellar
Նկուն [ncku'n] *a* feeble
Նման [nman] *a* like, similar
Նմանակել [nmanacke'l] *v* imitate, resemble

նմանեցնել [nmanetsne'l] *v* liken
նմանվել [nmanve'l] *v* become like
նմանություն [nmanutsyu'n] *n* resemblance
նմուշ [nmu'sh] *n* sample
նյարդ [nya'rd] *n* nerve
նյութ [nyu'th] *n* material; matter, object
ննջասենյակ [neonjasenya'ck] *n* bedroom
ննջել [neonje'l] *v* sleep
նշան [nsha'n] *n* sign
նշանադրել [nshanadre'l] *v* betroth
նշանադրվել [nshanadrve'l] *v* become engaged
նշանադրություն [nshanadrutsyu'n] *n* betrothal
նշանած [nshana'tz] *n* betrothed; fiance, bride
նշանակել [nshanacke'l] *v* appoint; fix; mean
նշանակետ [nshanacke't] *n* goal
նշանավոր [nshanavo'r] *a* remarkable
նշանել [nshane'l] *v* betroth
նշել [nshe'l] *v* mark
նշենի [nsheni'] *n* almond tree
նոյեմբեր [noyembe'r] *n* November
նոսր [no'sr] *a* sparce
նոսրանալ [nosrana'l] *v* thin out
նոսրացնել [nosratsne'l] *v* thin out, dilute
նոպա [no'pa] *n* attack
նոր [nor] *a* new
նորացնել [noratsne'l] *v* renovate
նորացվել [noratsvel] *v* be renewed
նորից [norits] *adv* again

Նորոգել [noroke'l] *v* mend, repair
Նորություն [norutsyu'n] *n* news
Նպատակ [npata'ck] *n* aim
Նպաստ [npa'st] *n* help
Նպարավաճառ [nparavatsha'rr] *n* grocer
Նպարեղեն [npareghe'n] *n* grocery
Նռնաքար [nrrnaka'r] *n* garnet
Նսեմ [nse'm] *a* gloomy
Նսեմանալ [nsemana'l] *v* grow dim
Նստարան [nstara'n] *n* bench
Նստել [nste'l] *v* sit
Նստեցնել [nstetsne'l] *v* seat
Նվագ [nva'k] *n* music
Նվագածու [nvagatsu'] *n* musician
Նվազ [nva'z] *a* weak
Նվազել [nvaze'l] *v* lessen
Նվազեցնել [nvazetsne'l] *v* reduce, diminish
Նվազություն [nvazutsyu'n] *n* scarcity
Նվաճում [nvatshu'm] *n* achievement
Նվեր [nve'r] *n* present
Նվիրել [nvire'l] *v* present
Նրան [nra'n] *pron* her, him
Նրանք [nrank] *pron* they
Նու [nu] *n* daughter–in–law, sister–in–law
Նուշ [nush] *n* almond
Նուռ [nurr] *n* pomegranate
Նուրբ [nurph] *a* delicate, fine

Շ

Շաբաթ [shapha'th] *n* week; Saturday
Շաբաթաթերթ [shaphathathe'rth] *n* weekly

շագանակ [shagana'ck] *n* chestnut
շագանակագեղձ [shaganackage'ghts] *n* prostate gland
շահ [shah] *n* gain, profit
շահաբեր [shahabe'r] *a* productive
շահագործել [shahagortze'l] *v* exploit
շահագրգռել [shahagrgeorre'l] *v* interest
շահագրգռվել [shahagrgeorrve'l] *v* be interested
շահել [shahe'l] *v* win
շաղ [shagh] *n* dew
շաղակրատ [shaghackra't] *n* talkative
շաղակրատել [shaghackrate'l] *v* chatter
շաղգամ [shakhcka'm] *n* turnip
շաղկապ [shakhcka'p] *n* conjunction
շամի [shami'] *n* pinetree
շանթ [shanth] *n* lightning
շանթահարել [shanthahare'l] *v* strike with thunder
շապիկ [shapi'ck] *n* shirt
շառագունել [sharragune'l] *v* redden
շատ [shat] *adv & a* many, much
շատախոս [shatakho's] *a* talkative
շատակեր [shatacke'r] *n* great eater
շատանալ [shatana'l] *v* increase
շատացնել [shatatsne'l] *v* increase
շարադրել [sharadre'l] *v* compose
շարադրություն [sharadrutsyu'n] *n* composition
շարան [shara'n] *n* file, row
շարել [share'l] *v* arrange
շարժել [sharzhe'l] *v* move

շարժուձեւ [sharzhudze'v] *n* gesture
շարվել [sharve'l] *v* be put in ranks
շարունակ [sharuna'ck] *a* continuous
շարունակել [sharunacke'l] *v* continue
շաքար [shaka'r] *n* sugar
շաքարախտ [shakara'kht] *n* diabetes
շեկ [sheck] *a* fair–haired
շեղ [shegh] *a* oblique
շեղել [sheghe'l] *v* deviate
շեղություն [sheghutsyu'n] *n* deviation
շեմք [shemk] *n* threshold
շենք [shenk] *n* building
շեշտ [shesht] *n* accent
շեշտակի [sheshtacki'] *a* & *adv* straightforward; directly, to the point
շեշտել [sheshte'l] *v* accent
շերտ [shert] *n* layer; stripe
շիկահեր [shickahe'r] *a* light–haired
շիկանալ [shickana'l] *v* grow red
շինել [shine'l] *v* make, build
շինծու [shintzu'] *a* false
շինվածք [shinvatzk] *n* building
շիշ [shish] *n* bottle
շիտակ [shita'ck] *a* direct, just
շլանալ [shlana'l] *v* be fascinated
շլացնել [shlatsne'l] *v* fascinate
շլոր [shlo'r] *n* plum
շղթա [shghtha'] *n* chain
շնորհ [shno'rh] *n* grace
շնորհալի [shnorali'] *a* gifted
շնորհակալ [shnoracka'l] *a* thankful

շնորհակալություն [shnorackalutsyu´n]
n gratitude

շնորհավորել [shnoravore´l] *v* congratulate

շնորհել [shnore´l] *v* grant

շնորհիվ [shnori´v] *adv* thanks to

շնորհում [shnoru´m] *n* grant, act of gratitude

շնչառություն [shncharrutsyu´n] *n* respiration

շնչել [shnche´l] *v* breathe

շշուկ [sheoshu´k] *n* whisper

շոգ [shok] *n & a* heat; hot

շոգենավ [shokena´v] *n* steamboat

շոգի [shoki´] *n* steam

շող [shogh] *n* beam, ray

շողալ [shogha´l] *v* shine

շողակն [shogha´ckn] *a* brilliant

շողշողուն [shoghshoghu´n] *a* glittering

շոյանք [shoya´nk] *n* caress

շոյել [shoye´l] *n* caress

շոյիչ [shoyi´ch] *a* flattering

շոշափել [shoshaphe´l] *v* feet, touch

շոռ [shorr] *n* curds

շոր [shor] *n* dress, clothes

շպրտել [shpeorte´l] *v* throw away

շռայլ [shrra´yl] *a* wasteful

շռայլել [shrrayle´l] *v* waste

շվաք [shva´k] *n* shade; shadow

շվի [shvi´] *n* reed–pipe

շտապ [shta´p] *a & adv* urgent; in haste

շտապել [shtape´l] *v* hurry

շտկել [shtcke´l] *v* correct

շրթնաներկ [shrthnane'rck] *n* lipstick
շրթունք [shrthu'nk] *n* lip
շրջան [shrja'n] *n* district; period
շրջապատել [shrjapate'l] *v* surround
շրջել [sheorje'l] *v* go round; turn over
շունչ [shunch] *n* breath
շուշան [shusha'n] *n* lily
շուռ գալ [shu'rr ga'l] *v* turn (one's back on)
շուռ տալ [shu'rr ta'l] *v* turn
շուտ [shut] *a & adv* fast; quickly
շուտով [shuto'v] *adv* soon
շուրթ [shu'rth] *n* lip
շուրջ [shu'rj] *adv* round
շուք [shuk] *n* shade; luxury
շփել [shphe'l] *v* rub
շփոթ [shpho'th] *n* confusion
շփոթել [shphothe'l] *v* confuse
շփվել [shphve'l] *v* come into contact; rub shoulders with
շքեղ [shke'gh] *a* magnificent

Ո

ոգելից [vogeli'ts] *a & n* alcoholic; spirits
ոգելից ըմպելիքներ [vogeli'ts eompelikne'r] alcoholic drinks
ոգեշնչել [vogeshnche'l] *v* spiritualize, inspire
ոգեշնչված [vogeshnchva'tz] *a* inspired
ոգեշնչվել [vogeshnchve'l] *v* be inspired
ոգեւորել [vogevore'l] *v* inspire

ոգեւորութիւն [vogevorutsyu'n] *n* inspiration
ոգի [vogi] *n* spirit
ոզնի [vozni] *n* hedgehog
ոլոռն [volo'rrn] *n* bean; pea
ոլորան [volora'n] *n* bend, turning
ոլորապտոյտ [voloraptu'yth] *a* twisting
ոլորել [volore'l] *v* twirl, twist, roll up
ոլորվել [volorve'l] *v* turn, spin, coil
ոլորտ [volo'rth] *n* sphere, realm
ոլորտային [volortayi'n] *a* spherical
ոլորում [voloru'm] *n* twisting, spinning
ոլորուն [voloru'n] *a* twisted
ոխ [vokh] *n* spite, vengeance
ոխակալ [vokhacka'l] *a* rancorous, vindictive
ոխակալութիւն [vokhackalutsyu'n] *n* vindictiveness
ոխերիմ թշնամի [vokheri'm thshnami] *n* sworn enemy
ող [vogh] *n* vertebra
ողբ [voghph] *n* lamentation
ողբագին [voghphagi'n] *a* lamentable
ողբալ [voghpha'l] *v* lament
ողբալի [voghphali'] *a* lamentable, sad
ողբերգականութիւն [voghphergackanutsyu'n] *n* tragedy
ողնաշար [voghnasha'r] *n* back spine
ողողել [voghoghe'l] *v* wash, rinse, gargle
ողողվել [voghoghve'l] *v* be washed, be flooded
ողորմած [voghorma'tz] *a* merciful

ողորմածություն [voghormatzutsyu'n] *n* favor; mercy
ողորմելի [voghormeli'] *a* pitiful; wretched
ողջ [voghch] *a* alive, living; intact
ողջություն [voghjutsyu'n] *n* health; safety
ողջույն [voghju'yn] *n* regards, greetings
ողջունել [voghjune'l] *v* greet
ոճ [votsh] *n* style
ոճաբան [votshaba'n] *n* stylist
ոճիր [votshi'r] *n* crime
ոճրագործ [votshrago'rtz] *n* criminal
ոճրագործություն [votshragortzutsyu'n] *n* crime
ոչ [voch] no, not
ոչ երբեք [voch yerphe'k] *adv* never
ոչ մի կերպ [vo'ch mi ckerp] *adv* by no means
ոչինչ [vochi'nch] *pron* nothing
ոչխար [vochkhar] *n* sheep
ոչխարաբույծ [vochkharabu'ytz] *n* sheep-breeder
ոչնչացնել [vochnchatsne'l] *v* annihilate, destroy
ոչնչություն [vochnchutsyu'n] *n* smallness
ոչ-ոք [vochvo'k] *pron* nobody
ոջիլ [vochi'l] *n* louse
ոջլոտ [vochlo't] *a* lousy
ոռնալ [vorrna'l] *v* howl
ոռնոց [vorrno'ts] *n* howl
ոսկե [voscke'] *a* gold
ոսկեգույն [vosckegu'yn] *a* golden
ոսկեդրամ [vosckedra'm] *n* gold money

ոսկեծաղիկ [vosccketzaghi'k] *n* chrysanthemum
ոսկեջրել [vosckejre'l] *v* gild
ոսկերիչ [vosckerich] *n* jeweller
ոսկերչություն [vosckerchutsyu'n] *n* jeweller's art
ոսկի [voscki] *n* gold
ոսկոր [voscko'r] *n* bone
ոսկրային [vosckrayi'n] *a* osseous
ոսկրոտ [vosckro't] *a* bony
ոսպ [vo'sp] *n* lentil; lens
ոստիկան [vosticka'n] *n* policeman
ոստիկանատուն [vostickanatu'n] *n* police station
ոստիկանություն [vostickanutsyu'n] *n* police
ոստել [voste'l] *v* jump
ոստրե [vostre'] *n* oyster
ով [ov] *pron* who
ոտ [vot] *n* foot
ոտաշոր [votasho'r] *n* drawers
ոտնակ [votna'ck] *n* pedal
ոտնակը սեղմել [votna'ckeo seghme'l] *v* pedal
ոտնահարել [votnahare'l] *v* trample
իրավունքները ոտնահարել [iravunkne'reo votnahare'l] *v* violate the rights
որբ [vorph] *n* orphan
որբանոց [vorphano'ts] *n* orphanage
որբանալ [vorphana'l] *v* become an orphan
որդ [vorth] *n* worm
որդեգիր [vorthegi'r] *n* adopted child

որդեգրել [vorthegre՛l] *v* adopt
որդեգրվել [vorthegrve՛l] *v* be adopted
որդեգրում [vorthegru՛m] *n* adoption
որդի [vorthi՛] *n* son, child
որդնել [vorthne՛l] *v* become wormy
որևէ [voreve՛] *pron* any
որևէ տեղ [voreve՛ tegh] *adv* anywhere
որթ [vorth] *n* vine
որձաքար [vortsaka՛r] *n* quartz
որմնադիր [vormnadi՛r] *n* bricklayer
որոգայթ [vorogaith] *n* trap
որոճալ [vorotsha՛l] *v* chew
որոնել [vorone՛l] *v* seek
որոնող [vorono՛gh] *n* seeker
որոշ [voro՛sh] *a* certain
որոշակի [voroshacki՛] *a & adv* definite, certain; definitely
որոշել [voroshe՛l] *v* decide; resolve
որոշիչ [voroshi՛ch] *n & a* attribute; determinant; definite
որոշվել [voroshve՛l] *v* be defined, determined
որոշում [voroshu՛m] *n* decision, resolution
որովայն [vorova՛yin] *n* belly
որովհետև [vorovhete՛v] *conj* for, become
որոտ [vorot] *n* thunder
որոտալ [vorota՛l] *v* thunder
որոտմունք [vorotmu՛nk] *n* thunder
որոր [voro՛r] *n* eagle
որչափ [vorcha՛rp] how much, how many
որպես [vorpe՛s] *adv* how, as
որպիսի [vorpisi՛] *int* what kind, what

որպիսություն [vorpisutsyu'n] *n* quality
որս [vors] *n* hunting
որսալ [vorsa'l] *v* hunt
որսկան [vorscka'n] *n* hunter
որսկան շուն [vorscka'n shun] *n* hunting dog
որսորդ [vorso'rth] *n* hunter
որտեղ [vorte'gh] *pron* where
որքան [vorka'n] *int* how many, how much

Չ

չաղ [chagh] *a* fat, stout
չաղանալ [chaghana'l] *v* grow fat, stout
չաղացնել [chaghatsne'l] *v* fatten
չաղություն [chaghutsyu'n] *n* fattness, stoutness
չամ [cham] *n* pine
չամիչ [chamich] *n* raisins
չայ [cha'y] *n* tea
չանգռել [changrre'l] *v* scratch
չանչ [chanch] *n* claw
չար [char] *a* wicked
չարաբախտ [charaba'cht] *a* ill—fated
չարաբար [charaba'r] *adv* maliciously
չարագործ [charago'rtz] *n* malefactor
չարագործություն [charagortzutsyu'n] *n* evil deed
չարախոսել [charakhose'l] *v* talk scandal
չարախոսություն [charakhosutsyu'n] *n* slander
չարակամ [characka'm] *a* malevolent

չարաճճի [charatsheotshi'] *a & n* playful; playful boy

չարամտություն [charameotutsyu'n] *n* malignity

չարանալ [charana'l] *v* become embittered

չարաշահել [charashahe'l] *v* speculate

չարաշահություն [charashahutsyu'n] *n* speculation

չարաչար [characha'r] *a & adv* cruel; cruelly

չարասիրտ [charasi'rt] *a* malicious

չարարկել [chararcke'l] *v* abuse

չարացնել [charatsne'l] *v* anger

չարիք [chari'k] *n* evil

չարկամ [charcka'm] *a* ill–disposed

չարորակ [charora'ck] *a* malignant

չարչարանք [charchara'nk] *n* torture, suffering

չարչարել [charchare'l] *v* torment

չարչարվել [charcharve'l] *v* worry, torment oneself

չարչի [charchi] *n* tradesman; huckster

չարություն [charutsyu'n] *n* malice

չարքաշ [charka'sh] *a* difficult, hard

չափ [chaph] *n* measure; dose

չափազանց [chaphaza'nts] *adv* extremely; too

չափազանցնել [chaphazantsne'l] *v* exaggerate

չափազանցություն [chaphazantsutsyu'n] *n* exaggeration

չափահաս [chaphaha's] *a* adult

չափանիշ [chaphanish] *n* criterion
չափավոր [chaphavo'r] *a* moderate
չափավորել [chaphavorel] *v* moderate, limit
չափել [chaphel] *v* measure
չափս [chaphs] *n* measure
չբեր [cheobe'r] *a* barren
չեզոք [chezo'k] *a* neutral; neuter
չեզոք սեռ [chezo'k ser] *a* neutral; neuter
չեզոք երկիր [chezo'k yercki'r] *n* neutral country
չեզոքացնել [chezokatsnel] *v* neutralize
չեչոտ [checho't] *a* pitted
չէ [che] part no
չիթ [chith] *n* cotton; chintz
չինի [chini'] *n* porcelin
չինի աման [chini' ama'n] *n* chine
չիր [chir] *n* dried fruit
չխկացնել [chkhckatsnel] *v* knock; touch glasses
չխկոց [chkhcko'ts] *n* knock; noise
չկամություն [chckamutsyu'n] *n* unwillingness
չղջիկ [chkhchi'ck] *n* bat
չմուշկ [chmu'shck] *n* shoe; skates
չնաշխարհիկ [chnashkhari'ck] *a* marvelous
չնայած [chnaya'ts] despite
չնչին [chnchi'n] *a* of little value
չոբան [choba'n] *n* shepherd
չոլ [chol] *n* steppe
չոր [chor] *a* dry; stale
չորհաց [cho'r ha'ts] *n* stale bread
չորանալ [choranal] *v* get dry

չորացնել [choratsnel] *v* dry
չորեքշաբթի [chorekshaphthi']
n Wednesday
չորս [chors] *n* four
չորրորդ [chororth] *num* fourth
չորություն [chorutsyu'n] *n* dryness
չոփ [choph] *n* chip
չոքել [chokel] *v* kneel
չռել [chrrel] *v* stare
աչքերը չռել [achke'reo chrrel] *v* goggle at
չվել [chvel] *v* go; fly over
չվող թռչուններ [chvo'gh thrrchunne'r] *n* birds of passage
չու [chu'] *n* departure; flying away
չուքա [chuka'] *n* sterlet
չունեվոր [chunevo'r] *a* & *n* poor; the have–nots
չքանալ [chkanal] *v* evaporate; vanish
չքավոր [chkanavo'r] *a* needy
չքավորություն [chkanavorutsyu'n]
n poverty
չքնաղ [chkna'gh] *a* charming, ravishing
չքնաղություն [chknaghutsyu'n] *n* beauty

Պ

պագ [pak] *n* kiss
պագշոտ [paksho'th] *a* voluptuous
պագշոտություն [pakshotutsyu'n] *n* voluptuousness
պախարա [pakhara'] *n* deer
պակասել [packasel] *v* diminish; be missing

պակասեցնել [packasetsnel] *v* diminish, lessen
պահ [pah] *n* moment, time
պահածո [pahatzo'] *n* canned food
պահածոյել [pahatzoyel] *v* preserve; tin, can
պահակ [paha'ck] *n* guardian
պահականոց [pahackano'ts] *n* guardhouse
պահակետ [pahake't] *n* post
պահանջ [pahanj] *n* demand
ցպահանջ [tseopaha'nj] *n* poste restante
պահանջել [pahanjel] *v* demand
պահանջկոտ [pahanjcko't] *a* exacting, particular
պահապան [pahapa'n] *n* guard, keeper
պահել [pahel] *v* keep, preserve, take care of
պահեստ [pahe'st] *n* storehouse; store
պահպանել [pahpanel] *v* keep, protect
պահպանվել [pahpanvel] *v* be kept
պահվել [pahvel] *v* hide; hold on
պահք [pahk] *n* fasting
պաղ [pagh] *a* cold, cool
պաղատանք [paghata'nk] *n* entreaty
պաղել [paghel] *v* get cool
պաղեցնել [paghetsnel] *v* cool
պաղպաղակ [paghpagha'ck] *n* ice cream
պամիդոր [pamido'r] *n* tomato
պայթել [paythel] *v* burst
պայթեցնել [paythetsnel] *v* burst
պայթուն [paythu'n] *n* explosion
պայթուցիկ [paythutsi'k] *a* explosive

պայծառ [paytza'rr] *a* clear, bright

պայման [payma'n] *n* condition, terms

պայմանով [paymano'v] on condition that, provided that

պայմանագիր [paymanagi'r] *n* contract

պայմանագիր կնքել [paymanagi'r cknke'l] *n* conclude a treaty

պայմանական [paymanacka'n] *a* conditional

պայմանական դատավճիռ [paymanackan datavtshi'rr] *n* suspended sentence

պայմանավորել [paymanavore'l] *v* condition

պայմանավորվել [paymanavorve'l] *v* be conditioned; depend on

պայտ [payth] *n* horseshoe

պայտել [paythel] *v* shoe

պայուսակ [payusa'ck] *n* bag

պայքար [payka'r] *n* struggle

պայքարել [paykare'l] *v* struggle

պանդոկ [pando'k] *n* tavern, inn

պանդուխտ [pandu'kht] *n* stranger

պանիր [pani'r] *n* cheese

պանծալի [pantzali'] *a* glorious

պաշար [pasha'r] *n* provision

պաշարել [pashare'l] *v* besiege

պաշտամունք [pashtamu'nk] *v* worship

պաշտել [pashte'l] *v* worship

պաշտոն [pashto'n] *n* post; job

պաշտոնավարել [pashtonavare'l] *v* hold a post, act

պաշտոնյա [pashtonya'] *n* official

պաշտպան [pashtpa'n] *n* protector

պաշտպանել [pashtpaneʹl] *v* protect
պաշտպանյալ [pashtpanyaʹl] *n* client
պաշտում [pashtuʹm] *n* adoration
պաչ [pach] *n* kiss
պաչել [pacheʹl] *v* kiss
պապ [pap] *n* grandfather
պառավ [parrav] *a & n* old; old woman
պառավել [parraveʹl] *v* grow old
պառավեցնել [parravetsneʹl] *v* make old
պառավություն [parravutsyuʹn] *n* old age
պառկել [parrckeʹl] *v* lie, lie down (for a while)
պաստառ [pastaʹrr] *n* wallpaper; fine linen
պաստեղ [pasteʹgh] *n* pastila
պատ [pat] *n* wall
պատահաբար [patahabaʹr] *adv* accidentally
պատահական [patahackaʹn] *a* accidental, casual
պատահականություն [patahackanutsyuʹn] *n* chance
պատահար [patahaʹr] *n* event, accident
պատահել [pataneʹl] *v* happen
պատանդ [pataʹnth] *n* hostage
պատանի [pataniʹ] *a & n* youthful; young man
պատառ [pataʹr] *n* bit
պատառաքաղ [patarrakaʹgh] *n* fork
պատառել [patarreʹl] *v* tear
պատարագ [pataraʹk] *n* mass
պատգամ [patgaʹm] *n* precept
պատել [pateʹl] *v* surround
պատերազմ [pateraʹzm] *n* war

պատերազմել [paterazmel] *v* wage war
պատժել [patzhel] *v* punish
պատժվել [patzhvel] *v* be punished
պատժում [patzhu'm] *n* punishment
պատիվ [pati'v] *n* honor
ի պատիվ [i' pati'v] in honor of
պատկանել [patckanel] *v* belong
պատկառանք [patckarra'nk] *n* respect
պատկառել [patckarrel] *v* respect
պատկառելի [patckarreli'] *a* respectable
պատկառելիություն [patckarreliutsyu'n] *n* staidness
պատկեր [patcke'r] *n* image, picture
պատկերազարդ [patckeraza'rth] *a* illustrated
պատկերազարդել [patckerazarthel] *v* illustrate
պատկերահանդես [patckerahande's] *n* art exhibition
պատկերանալ [patckeranal] *v* introduce oneself
պատկերասրահ [patckerasra'h] *n* picture gallery
պատկերացնել [patckeratsnel] *v* describe
պատկերել [patckerel] *v* depict, picture
պատճառ [pattsha'rr] *n* cause, reason
պատճառաբանել [pattsharrabanel] *v* reason
պատճառել [pattsharrel] *v* cause
պատճեն [pattshe'n] *n* copy
պատմաբան [patmaba'n] *n* historian
պատմել [patmel] *v* tell, narrate

պատմություն [patmutsyu'n] *n* history
պատշգամբ [patshga'mph] *n* balcony
պատռել [patrre'l] *v* tear
պատվական [patvacka'n] *a* honorable
պատվամոլ [patvamo'l] *a* ambitious
պատվամոլություն [patvamolutsyu'n] *n* ambition
պատվասեր [patvase'r] *a* hospitable
պատվավոր [patvavo'r] *a* honorary
պատվավոր անդամ [patvavo'r antha'm] honorary member
պատվել [patve'l] *v* honor, respect; stand a treat to
պատվելի [patveli'] *a* respectable
պատվեր [patve'r] *n* order
պատվիրել [patvire'l] *v* order
պատրաստ [patra'st] *a* ready
պատրաստել [patraste'l] *v* prepare
պատրաստի [patrasti'] *a* ready; ready—made
պատրվակ [patrva'ck] *a* pretext; ground
պատուհան [patuha'n] *n* window
պատուհաս [patuha's] *n* penalty
պար [par] *n* dance
պարահանդես [parahande's] *n* ball, dance
պարան [para'n] *n* rope
պարանոց [parano'ts] *n* neck
պարապ [para'p] *a* empty; idle
պարարտանյութ [parartanyu'th] *n* fertilizer
պարբերական [parberacka'n] *a* periodic(al)
պարգեւ [parke'v] *n* present, grant
պարգեւել [parkeve'l] *v* present, grant

պարել [pare'l] *v* dance
պարզ [parz] *a* clear; simple
պարզաբանել [parzabane'l] *v* explain, clear up
պարզամիտ [parzami't] *a* simpleminded
պարզապես [parzape's] *adv* simply
պարզել [parze'l] *v* stretch; clear up
պարիսպ [pari'sp] *n* fence
պարծանք [partza'nk] *n* pride
պարծենալ [partzena'l] *v* be proud of
պարկ [parck] *n* sack
պարկեշտ [parcke'sht] *a* modest
պարկեշտություն [parckeshtutsyu'n] *n* modesty
պարող [paro'gh] *n* dancer
պարսպել [parsphe'l] *v* encircle with a wall
պարտադիր [partadi'r] *a* compulsory
պարտադրել [partadre'l] *v* oblige
պարտական [partacka'n] *a* obliged
պարտականություն [partackanutsyu'n] *n* responsibility
պարտեզ [parte'z] *n* garden
պարտք [partk] *n* debt
պարունակել [parunacke'l] *v* contain
պարուրել [parure'l] *v* wrap up
պեծ [petz] *n* spark
պեղել [peghe'l] *v* dig
պետ [pet] *n* chief, head
պետական գործիչ [petacka'n gortzi'ch] *n* statesman
պետք [petk] *n* need
պերկես [percke's] *n* perch

պինդ [pind] *a* firm
պիտակ [pita'k] *n* label
պլպլալ [plpeolal] *v* shine
պղծել [pghtzel] *v* defile
պղպեղ [pghpe'gh] *n* pepper
պղտորել [pkhtorel] *v* stir up
պղտորվել [pkhtorvel] *v* become turbid
պճնել [ptshckel] *v* peel
պնակ [pna'ck] *n* plate
պնդանալ [pndanal] *v* become hard
պնդացնել [pndatsnel] *v* harden
պնդել [pndel] *v* insist
պոզ [poz] *n* horn
պոկել [pockel] *v* tear off
պոկվել [pockvel] *v* come off
պոչ [poch] *n* tail
պոպոք [popo'k] *n* nut
պոռթկալ [porrthckal] *v* break out
պոռթկուն [porrthcku'n] *a* impetuous
պոռթկում [porrthcku'm] *n* outburst
պորտ [port] *n* navel
պորտաբույծ [portabu'ytz] *n* glutton; sponger
պպզել [peopeozel] *v* squat
պսակ [psak] *n* crown
պսակավոր [psackvo'r] *a* crowned
պսակել [psackel] *v* crown; marry
պսակվել [psackvel] *v* be crowned; get married
պստիկ [psti'ck] *a* small
պտղաբեր [ptghabe'r] *a* fertile
պտղատու [ptghatu'] *a* fruit–bearing

պտղատու ծառ [ptghatu'tzarr] *n* fruit tree
պտղատու այգի [ptghatu'aygi'] *n* orchard
պտուղ [ptu'gh] *n* fruit
պրծնել [peortzne'l] *v* end, finish
պուտ [put] *n* anemone
պուրակ [pura'ck] *n* park, grove

Ջ

ջախ [jakh] *n* brushwood
ջախջախել [jakhdjakhe'l] *v* raid
ջահել [jahe'l] *a* young
ջայլամ [jayla'm] *n* ostrich
ջաղաց [jagha'ts] *n* mill
ջան [jan] *n* body; my dear
ջանադիր [janadi'r] *a* diligent
ջանալ [jana'l] *v* endeavor
ջանասեր [janase'r] *a* industrious
ջանք [jank] *n* effort
ջարդ [jarth] *n* massacre
ջեռոց [jerro'ts] *n* oven
ջեռուցել [jerrutse'l] *v* heat
ջեռուցիչ [jerrutsi'ch] *n* heater
ջերմ [jerm] *a* warm
ջերմագին [jermagi'n] *a* ardent, heartly
ջերմանավ [jermana'v] *n* steamship
ջերմաչափ [jermacka'ph] *n* thermometer
ջերմացնել [jermatsne'l] *v* warm, heat up
ջերմացվել [jermatsve'l] *v* grow warm
ջերմել [jerme'l] *v* be in a fever
ջերմոց [jermo'ts] *n* hotbed
ջերմություն [jermutsyu'n] *n* temperature

ջինջ [jindj] *a* clear
ջղային [jghayi'n] *a* nervous
ջղայնանալ [jghaynanal] *v* be nervous
ջղայնացնել [jghaynatsnel] *v* irritate
ջնջել [jndjel] *v* wipe, erase
ջնջոց [jndjo'ts] *n* rag
ջնջվել [jndjvel] *v* be wiped, erased
ջնջում [jndju'm] *n* wiping; destruction
ջոկատ [jocka't] *n* troop
ջոկել [jockel] *v* choose, select
ջոկվել [jockvel] *v* be chosen, selected
ջորի [jori'] *n* mule
ջրածաղիկ [jratzaghi'ck] *n* chicken pox
ջրաման [jrama'n] *n* water bottle
ջրաներկ [jrane'rck] *n* watercolor
ջրանցք [jra'ntsk] *n* canal
ջրել [jrel] *v* water
ջրի [jri'] *a* watery
ջրիկանալ [jrickanal] *v* be diluted
ջրիկացնել [jrickatsnel] *v* dilute
ջրհոր [jrho'r] *n* well
ջրշուն [jrshu'n] *n* beaver
ջրվել [jrv'el] *v* be watered
ջութակ [jutha'ck] *v* violin
ջութակահար [juthackaha'r] *n* violinist
ջուր [jur] *n* water

Ռ

ռազմագետ [rrazmage't] *n* strategist
ռազմագերի [rrazmageri'] *n* prisoner of war

ռազմադաշտ [rrazmada'sht] *n* battle field
ռազմաճակատ [rrazmatshacka't] *n* front
ռազմիկ [rrazmi'ck] *n* warrior
ռելս [rrels] *n* rail
ռեհան [rreha'n] *n* basilica
ռետին [rreti'n] *n* rubber
ռըշտա [rreoshta'] *n* noodles
ռնգեղջյուր [rrngyeghjyu'r] *n* rhinoceros
ռուբլի [rrubli:] *n* rouble
ռումբ [rrumb] *n* bomb
ռունգ [rrung] *n* nostril

U

սա [sa] *pron* this
սագ [sag] *n* goose
սադափ [sada'ph] *n* mother–of–pearl
սադրել [sadre'l] *v* provoke
սազել [saze'l] *v* befit; fit, suit
սաթ [sath] *n* amber
սալահատակ [salahata'ck] *n* pavement
սալարկել [salarcke'l] *v* pave
սալոր [salo'r] *n* plum
սակադրել [sackadre'l] *v* tariff
սակայն [sacka'yn] conj but, however
սակառ [sacka'rr] *n* basket
սակավ [sacka'v] *a* few, little
սակավախոս [sackavakho's] *a* short in speaking
սակավություն [sackavutsyu'n] *n* smallness
սակր [sa'ckr] *n* axe
սահել [sahe'l] *v* slide

սահման [sahma'n] *n* frontier
սահմանագծել [sahmanagtze'l] *v* demarcate
սահմանադիր [sahmanadi'r]
  a constitutional
սահմանադրություն [sahmanadrutsyu'n]
  n constitution
սահմանել [sahmane'l] *v* define, limit
սահնակ [sahna'k] *n* sledge
սահուկ [sahu'k] *n* skate
սահուն [sahu'n] *a* slippery; fluent
սաղարթ [sagha'rth] *n* leaf
սաղմոն [saghmo'n] *n* salmon
սաղմոս [saghmo's] *n* psalm
սամիթ [sami'th] *n* dill
սամույր [samu'yr] *n* sable
սայթաքել [saythacke'l] *v* slip
սայլ [say'l] *n* cart
սայր [say'r] *n* edge
սան [san] *n* alumnus
սանահայր [sanaha'yr] *n* godfather
սանամայր [sanama'yr] *n* godmother
սանդուղք [sandu'khk] *n* ladder; stairs
սանձ [sandz] *n* bridle
սանձել [sandze'l] *v* bridle, repress
սանր [sanr] *n* comb
սանրել [sanre'l] *v* comb
սապնել [sapne'l] *v* lather
սապոն [sapo'n] *n* soap
սառած [sarra'tz] *a* frozen
սառել [sarre'l] *v* freeze, chill
սառեցնել [sarretsne'l] *v* freeze
սառնարան [sarrnara'n] *n* refrigerator

սառույց [sarru´yts] *n* ice
սասանել [sasane´l] *v* shake
սաստել [saste´l] *v* threaten
սաստիկ [sasti´k] *a* intense
սաստկանալ [sastckana´l] *v* grow severe
սար [sar] *n* mountain
սարդ [sarth] *n* spider
սարեկ [sare´k] *n* starling
սարսաղ [sarsa´gh] *a* foolish
սարսափ [sarsa´ph] *n* horror
սարսափել [sarsaphe´l] *v* fear
սարսափելի [sarsapheli´] *a* horrible
սարք [sark] *n* equipment
սարքել [sarke´l] *v* adjust, make
սափոր [sapho´r] *n* jar
սափրել [saphre´l] *v* shave
սափրիչ [saphri´ch] *n* barber
սափրվել [sapheorve´l] *v* shave oneself
սեխ [sekh] *n* melon
սեղան [segha´n] *n* table
սեղմ [seghm] *a* tight
սեղմել [seghme´l] *v* press
սենյակ [senya´k] *n* room
սեպտեմբեր [sephtembe´r] *a* September
սեռ [serr] *n* gender
սեւ [sev] *a* black
սեւագիր [sevagi´r] rough draft
սեւանալ [sevana´l] *v* grow black
սեւաչյա [sevachya´] *a* black—eyed
սեւացնել [sevatsne´l] *v* blacken
սեւորակ [sevora´k] *a* blackish
սեր [ser] *n* cream

սեր [ser] *n* love
սերկեւիլ [serckevi'l] *n* quince
սերմ [serm] *n* seed
սերմանել [sermane'l] *v* sow
սերտ [serth] *a* close, intimate
սերունդ [seru'nd] *n* generation
սերուցք [seru'tsk] *n* cream
սթափեցնել [sthaphetsne'l] *v* sober
սթափվել [sthaphve'l] *v* become sober
սիրամարգ [siramark] *n* peacock
սիմինդր [simi'ndr] *n* maize; corn
սիրաբանել [sirabane'l] *v* pay court
սիրալիր [sirali'r] *a* amenable
սիրահար [siraha'r] *n* lover
սիրավեպ [sirave'p] *n* romance novel
սիրատարփ [sirata'rph] *a* erotic; sensual
սիրել [sire'l] *v* love
սիրելի [sireli'] *a* beloved; favourate
սիրող [siro'gh] *a & n* loving; lover
սիրտ [sirt] *n* heart
սիրուն [siru'n] *a* lovely
սիրունություն [sirunutsyu'n] *n* loveliness
սլանալ [slana'l] *v* rush
սլացիկ [slatsi'k] *a* tall; slender
սլաք [slak] *n* pointer; hand
սլլալ [seola'l] *v* slide, slip
սխալ [skha'l] *n* mistake
սխալվել [skhalve'l] *n* make a mistake
սխտոր [skhto'r] *n* garlic
սխրագործություն [skhragortzutsyu'n] *n* heroic dead
սկավառակ [sckavarra'k] *n* disc

սկել [sckel] *v* dive
սկեսրայր [sckesra'yr] *n* father–in–law
սկեսուր [sckesu'r] *n* mother–in–law
սկզբնագիր [sckzbnagi'r] *n* original
սկզբնական [sckzbnacka'n] *a* original
սկզբնավորել [sckzbnavorel] *v* begin
սկզբունք [sckzbu'nk] *n* principle
սկիզբ [scki'zb] *n* beginning
սկզբից [sckzbi'tz] *adv* at, from the beginning
սկզբում [sckzbu'm] *adv* in the beginning
սկյուռ [sckyu'r] *n* squirrel
սկսել [scksel] *v* begin
սկուտեղ [sckute'gh] *n* plate, tray
սղել [sghel] *v* reduce
սղմել [sghmel] *v* press
սղոց [sgho'ts] *n* saw
սղոցել [sghotsel] *v* saw
սմբակ [smba'k] *n* hoof
սյամ [syam] *n* threshhold
սյուն [syu'n] *n* pole
սնանկ [sna'nk] *a* bankrupt
սնանկանալ [snanckanal] *v* become bankrupt
սնանկացած [snanckatsa'tz] *a* ruined
սնել [snel] *v* feed
սնձենի [sntzeni'] *n* mountain ash
սնձօղի [sntzoghi'] *n* ashberry brandy
սննդադուլ [sneondadul] *n* hunger strike
սննդարար [sneondara'r] *a* nourishing
սնվել [snvel] *v* feed on
սնունդ [snu'nd] *n* food

սոխ [sokh] *n* onion
սոխակ [sokha'k] *n* nightingale
սողալ [sogha'l] *v* crawl
սողուն [soghu'n] *n* reptile
սոճի [sotshi'] *n* pine
սոսինձ [sosi'ntz] *n* glue
սոսկ [sosk] *adv* only
սոսկալ [soscka'l] *v* dream
սոսկալի [sosckali'] *a* horrible
սով [sova'tz] *a* hunger
սոված [sova'tz] *a* hungry
սովածանալ [sovatzana'l] *v* get hungry
սովամահ [sovama'] *a* dying of hunger
սովոր [sovo'r] *a* used to
սովորաբար [sovoraba'r] *adv* usually
սովորական [sovoracka'n] *a* usual
սովորել [sovore'l] *v* study; learn; get used to
սովորություն [sovorutsyu'n] *n* habit
սպա [spa] *n* officer
սպանել [spane'l] *v* kill
սպանվել [spanve'l] *v* be killed
սպանություն [spanutsyu'n] *n* murder
սպառազինել [sparazine'l] *v* arm
սպառազինություն [sparazinutsyu'n] *n* armament
սպառել [sparre'l] *v* exhaust
սպառնալ [sparrna'l] *v* threaten
սպառնալիք [sparrnali'k] *n* threat
սպառում [sparru'm] *n* exhaustion
սպասավորել [spasavore'l] *v* serve

սպասավորություն [spasavorutsyu'n] *n* service

սպասարկել [spasarcke'l] *v* serve

սպասել [spase'l] *v* wait

սպիտակ [spitack] *a* white

սպիտակացնել [spitackatsne'l] *v* whiten

սպիտակել [spitacke'l] *v* grow white

սպունգ [spung] *n* sponge

ստախոս [stakho's] *n* liar

ստախոսություն [seotakhosutsyu'n] *n* lie

ստանալ [stana'l] *v* get

ստացագիր [statsagi'r] *n* receipt

ստել [seote'l] *v* lie

ստեղծագործել [steghtagortze'l] *v* create

ստեղծել [seghtze'l] *v* create

ստեղծիչ [seghtzi'ch] *n* creator

ստեղծում [seghtzu'm] *n* creation

ստեպղին [stepghi'n] *n* carrot

ստիպել [stipe'l] *v* force, urge

ստիպում [stipu'm] *n* urgency

ստոր [stor] *a* low

ստորագրել [storagre'l] *v* sign

ստորադաս [storada's] *a* subordinate

ստորադասել [storadase'l] *v* subordinate

ստորակետ [storacke't] *n* comma

ստորերկրյա [storyerckry'a] *a* underground

ստորոգյալ [storogya'l] *n* predicate

ստվեր [stver] *n* shade, shadow

ստրուկ [stru'k] *n* slave

ստուգել [stuge'l] *v* control

ստույգ [stuyk] *a* accurate

սրաբան [sra'ban] *n* wit

սրահ [sraʻh] *n* hall
սրամիտ [sramiʻt] *a* witted
սրբագրել [seorphagreʻl] *v* correct
սրբազան [seorphazaʻn] *a* holy
սրբան [seorphaʻn] *n* anus
սրբել [seorpheʻl] *v* clean
սրբիչ [seorphiʻch] *n* towel
սրել [seoreʻl] *v* sharpen
սրինգ [seoriʻnk] *n* flute
սրսկել [sreosckeʻl] *v* sprinkle
սուգ [suk] *n* mourning; grief
սուզել [suzeʻl] *v* dive
սուլել [suleʻl] *v* whistle
սուղ [sugh] *a* high-priced
սունկ [sunk] *n* mushroom
սուս [sus] *adv* silently
սուսեր [suseʻr] *v* sword
սուտ [sut] *n & a* lie; false
սուտակ [sutaʻk] *n* ruby
սուր [sur] *a* sharp
սուրբ [surph] *a* holy
սուրճ [surtsh] *n* coffee
սփոփել [sphopheʻl] *v* console
սփոփվել [sphophveʻl] *v* be consoled
սփռել [seophrreʻl] *v* spread, scatter
սփռոց [seophrroʻts] *n* tablecloth
սքանչանալ [skanchanaʻl] *v* admire
սքանչելի [skancheliʻ] *a* wonderful
սքողել [skogheʻl] *v* cover

Վ

վագր [vagr] *n* tiger
վազ [vaz] *n* vine
վազել [vaze'l] *v* run
վազվզել [vazveoze'l] *v* run here and there
վազք [vazk] *n* run; race
վաթան [vatha'n] *n* native land
վաթսուն [vatsu'n] *num* sixty
վախ [vakh] *n* fear
վախենալ [vakhena'l] *v* be afraid
վախեցնել [vakhetsne'l] *v* frighten
վախճան [vakhcha'n] *n* death
վախճանվել [vakhchanve'l] *v* die
վահան [vaha'n] *n* shield
վահանագեղձ [vahanageghdz] *n* thyroid gland
վաղ [vagh] *adv* early, soon
վաղաժամ [vaghazha'm] *a* untimely
վաղահաս [vaghaha's] *a* premature
վաղեմի [vaghemi'] *a* old
վաղը [va'gheo] *adv* tomorrow
վաղուց [vaghu'ts] *adv* long ago
վաճառ [vatsha'rr] *n* sale, market
վաճառական [vatsharracka'n] *n* trader
վաճառել [vatsharre'l] *v* sell
վաճառող [vatsharro'gh] *n* seller
վաճառվել [vatsharrve'l] *v* be on sale
վաճառք [vatsharrk] *n* sale
վայելել [vayele'l] *v* enjoy
վայելք [vaye'lk] *n* enjoyment
վայր [vayr] *n* place

վայրագ [vayra'g] *a* fierce
վայրենի [vayreni'] *a* wild, savage
վայրի [vayri'] *a* wild
վայրի խոզ [vayri' kho'z] *n* wild boar
վանել [vane'l] *v* expel
վանք [vank] *n* monastery
վաշտ [vasht] *n* battalion
վառ [varr] *a* bright
վառել [varre'l] *v* burn, light
վառվել [varrve'l] *v* be on fire; shine
վաստակ [vasta'k] *n* earning
վաստակել [vastacke'l] *v* earn
վատ [vat] *a* bad
վատաբախտ [vataba'kht] *a* unfortunate
վատնել [vatne'l] *v* spend, waste
վատորակ [vatora'k] *a* of low quality
վատություն [vatutsyu'n] *n* evil deed
վար [var] *n* ploughing
վարազ [vara'z] *n* wild boar
վարակ [vara'ck] *n* infection
վարակել [varacke'l] *v* infect
վարակվել [varackve'l] *v* be infected
վարանել [varane'l] *v* hesitate
վարգ [varg] *n* lynx
վարդ [varth] *n* rose
վարել [vare'l] *n* manage
վարել [vare'l] *v* plough
վարժ [vartz] *a* skilful
վարժապետ [vartzape't] *n* teacher
վարժարան [vartzaka'n] *n* school
վարժեցնել [vartzetsne'l] *v* teach, train

վարժվել [vartzveľ] *v* train; practice; get used to
վարժություն [vartzutsyu'n] *n* exercise
վարիչ [varich] *n* manager
վարկ [vark] *n* credit
վարկաբեկել [varkabeckeľ] *v* discredit
վարկաբեկվել [varkabeckveľ] *v* be discredited
վարկագիր [varkagi'r] *n* letter of credit
վարձ [vardz] *n* pay
վարձակալ [vardzackaľ] *n* tenant, leasee
վարձատրել [vardzatreľ] *v* reward
վարձատրվել [vardzateorveľ] *v* be rewarded
վարձել [vardzeľ] *v* hire, rent
վարմունք [varmu'nk] *n* behavior
վարչապետ [varchape't] *n* premier
վարպետ [varpe't] *n* master
վարվել [varveľ] *v* act, treat
վարտիկ [varti'k] *n* drawers
վարունգ [varu'ng] *n* cucumber
վարք [vark] *n* behavior
վեհ [ve'h] *a* imposing
վեհերոտ [vehero't] *a* timid
վեճ [vetsh] *n* argument, discussion
վեպ [vep] *n* novel
վեր [ver] *adv* above, upon, over
վերաբերյալ [veraberyaľ] *adv* relatively
վերագրել [veragreľ] *v* refer to
վերադարձ [verada'rdz] *n* return
վերադարձնել [veradardzneľ] *v* return
վերածել [veratzeľ] *v* convent
վերածնել [veratzeoneľ] *v* revive, regenerate

վերածնվել [veratzeonve'l] *v* revive, be restored

վերանալ [verana'l] *v* disappear

վերանորոգել [veranoroke'l] *v* renew

վերարկու [verarcku'] *n* coat

վերացնել [veratsne'l] *v* abolish

վերաքննել [verakeonne'l] *v* revise

վերեւ [vere'v] *adv* above, upwards

վերին [veri'n] *a* upper, highest

վերլուծել [verlutze'l] *v* analyze

վերմակ [verma'k] *n* blanket

վերջ [verch] *n* end, finish

վերջակետ [verchacke't] *n* full stop

վերջանալ [verchana'l] *v* be over, finish

վերջապես [verchape's] *adv* at last, finally

վերջացնել [verchatsne'l] *v* finish

վերջին [verchi'n] *a* last

վերսկսել [versckeose'l] *v* begin again

վերցնել [vertsne'l] *v* take

վերք [verk] *n* wound

վեց [vets] *num* six

վեցերորդ [vetsyerorth] *num* sixth

վթար [vtha'r] *n* accident, damage

վթարել [vthare'l] *v* damage, injure

վիզ [viz] *n* neck

վիժել [vitze'l] *v* have a miscarriage

վիճաբանել [vitshabane'l] *v* debate, dispute

վիճակ [vitsha'k] *n* state, condition

վիճել [vitshe'l] *v* debate, dispute

վիշտ [visht] *n* grief

վիրահատ [viraha't] *n* surgeon

վիրավոր [viravo'r] *a* wounded

վիրավորել [viravore'l] *v* wound
վիրավորվել [viravorve'l] *v* be wounded
վկա [vcka'] *n* witness
վկայել [vckaye'l] *v* witness
վճար [vtsha'r] *n* payment
վճարել [vtshare'l] *v* pay
վճարվել [vtsharve'l] *v* be paid
վճռել [veotshrre'l] *v* decide; resolve
վնաս [vna's] *n* damage, harm
վնասել [vnase'l] *v* damage, hurt
վնասվել [vnasve'l] *v* be hurt, injured
վռազել [vrraze'l] *v* hurry
վռնդել [vreonde'l] *v* expel
վսեմ [vse'm] *a* eminent
վստահ [veosta'h] *a* sure
վստահել [veostahe'l] *v* trust
վտանգ [vta'ng] *n* danger
վտարել [vtare'l] *v* expel
վտարվել [vtarve'l] *v* be expelled
վտիտ [vti't] *a* lean
վրա [vra] *adv* on, upon, over
վրեժ [vre'tz] *n* vengeance
վրիպել [vripe'l] *v* miss, fail, mistake
վրձին [veordzi'n] *n* brush
վուշ [vush] *n* flux

Տ

տաբատ [taba'th] *n* trousers, pants
տագնապել [tagnape'l] *v* be uneasy
տալ I [tal] *v* give
տալ II [tal] *n* sister–in–law

տալիք [talik] *n* debt
տախտակ [takhtaʻk] *n* board
տակ [tack] *adv* under
տաճար [tatshaʻr] *n* temple
տանել [taneʻl] *v* carry, bear
տանիք [taniʻk] *n* roof
տանձ [tandz] *n* pear
տանջել [tanjeʻl] *v* torture
տանջվել [tanjveʻl] *v* suffer
տաշել [tasheʻl] *v* chip
տապալել [tapaleʻl] *v* throw down
տապալվել [tapalveʻl] *v* be overthrown
տապակել [tapackeʻl] *v* roast
տապան [tapaʻn] *n* tomb, grave
տապար [tapaʻr] *n* axe
տառ [tarr] *n* letter
տառապել [tarrapeʻl] *v* suffer
տասը [taʻseo] *num* ten
տասներորդ [tasnerorth] *num* tenth
տավար [tavaʻr] *n* cattle
տավիղ [taviʻgh] *n* harp
տատ [tat] *n* grandmother
տատանել [tataneʻl] *v* shake
տատանվել [tatanveʻl] *v* fluctuate; hesitate
տարածել [taratzeʻl] *v* extend
տարածվել [taratzveʻl] *v* be extended
տարակուսել [tarackuseʻl] *v* doubt
տարափ [taraʻph] *n* shover
տարբեր [tarbeʻr] *a* different
տարբերել [tarbereʻl] *v* differentiate
տարբերվել [tarberveʻl] *v* differ
տարեկան [tareckaʻn] *a* yearly

տարեց [tarets] *a* old
տարի [tari] *n* year
տարիք [tarik] *n* age
տարմ [tarm] *n* flock of birds
տարվել [tarvel] *v* lose
տարօրինակ [tarorinack] *a* strange
տափակ [taphack] *a* flat
տափականալ [taphackanal] *v* become flat
տափակացնել [taphackatsnel] *v* flatten
տափաստան [taphastan] *n* steppe
տաք [tak] *a* warm
տաքանալ [takanal] *v* become warm
տաքացնել [takatsnel] *v* warm
տաքացվել [takatsvel] *v* get warm
տաքություն [takutsyun] *n* heat, fever
տգեղ [tgegh] *a* ugly
տգետ [tget] *a* ignorant
տեղ [tegh] *n* place
տեղադրել [teghadrel] *v* replace
տեղավորել [teghavorel] *v* place, locate
տեղեկանալ [tegheckanal] *v* be aware
տեղեկացնել [tegheckatsnel] *v* inform
տեղի ունենալ [teghi unenal] *v* take place
տենչ [tench] *n* desire
տենչալ [tenchal] *v* desire
տեսակ [tesack] *n* species, kind
տեսակետ [tesacket] *n* point of view
տեսակցել [tesacktsel] *v* meet
տեսակցություն [tesacktsutsyun] *n* appointment
տեսանելի [tesaneli] *a* visible
տեսիլ [tesil] *n* vision, sight

տեսնել [tesne'l] *v* see, look at
տեսնվել [tesneove'l] *v* see each other
տեսք [tesk] *n* appearance
տեւել [teve'l] *v* last
տերեւ [tere'v] *n* leaf
տիզ [tiz] *n* acarus
տիկին [ticki'n] *n* Madam, Mrs.
տիղմ [tighm] *n* mire
տիրապետել [tirapete'l] *v* master
տիրել [tire'l] *v* master; govern
տխմար [tkhma'r] *a & n* ignorant; idiot
տխրել [tkhre'l] *v* be sad
տխուր [tkhu'r] *a* sad
տկար [tcka'r] *a* weak
տկարանալ [tckarana'l] *v* become weak
տկլոր [tcklo'r] *a* bare, naked
տհաճ [tha'tsh] *a* unpleasant
տհաս [tha's] *a* raw
տղա [tgha'] *n* boy
տղամարդ [tghama'rth] *n* man
տնկել [tncke'l] *v* plant
տնտեսություն [teontesutsyu'n] *n* economy
տոթ [toth] *a & n* stuffy; intense heat
տոհմ [tohm] *n* family; stock
տոմս [toms] *n* ticket
տոն [ton] *n* holiday, feast
տոնածառ [tonatza'rr] *n* fir
տոնավաճառ [tonavatsha'rr] *n* fair
տոնել [tone'l] *v* celebrate
տպագրել [tpagre'l] *v* print, publish
տպագրվել [tpageorve'l] *v* be printed, published

տպագրություն [tpagrutsyu'n] *n* printing; edition
տպազիոն [tpazio'n] *n* topaz
տպավորել [tpavore'l] *v* imprint
տպաքանակ [tpakana'ck] *n* edition
տպել [tpe'l] *v* print, type
տպվել [teopve'l] *v* be printed
տվյալ [tvya'l] *a* given; present
տվյալներ [tvyalne'r] *n* data, fact
տրամադիր [tramadi'r] *a* disposed
տրամադրել [tramadre'l] *v* dispose
տրամադրվել [tramadeorve'l] *v* be disposed
տրամադրություն [tramadrutsyu'n] *n* disposition
տրոհել [trohe'l] *v* divide
տրորել [trore'l] *v* rub, grind
տրվել [trve'l] *v* be given; give oneself up to
տրտմել [trtme'l] *v* grieve
տուգանել [tugane'l] *v* penalize
տուգանք [tuga'nk] *n* penalty
տուն [tun] *n* house, home
տուփ [tuph] *n* box
տնքալ [tnka'l] *v* moan
տքնաջան [teoknadja'n] *a* laborious

Ր

րոպե [rope'] *n* minute; instant
րոպեական [ropeacka'n] *a* momentary
րոպե առ րոպե [rope' a'rr rope'] *adv* every minute

Ց

ցած [tsatz] *a & adv* low; mean; downward
ցածր [tsa'tzr] *a* low; mean
ցածրանալ [tsatzrana'l] *v* abase oneself
ցամաք [tsama'k] *n & a* land; dry
ցամաքել [tsamake'l] *v* dry up
ցամաքեցնել [tsamaketsne'l] *v* drain
ցայել [tsaye'l] *v* rinse out
ցայտել [tsayte'l] *v* splash
ցայտուն [tsaytu'n] *a* gushing out
ցան [tsan] *n* sowing
ցանել [tsane'l] *v* sow
ցանկ I [tsank] *n* list
ցանկ II [tsank] *n* fence
ցանկալ [tsanckal] *v* wish
ցանկալի [tsanckali'] *a* desirable
ցանկանալ [tsanckana'l] *v* wish
ցանկապատ [tsanckapa't] *n* fence
ցանց [tsants] *n* net
ցանցառ [tsantsa'rr] *a* rare
ցանցել [tsantse'l] *v* catch in net
ցասկոտ [tsascko't] *a* angry
ցասում [tsasu'm] *n* anger
ցավ [tsav] *n* pain, ache
ցավալի [tsavali'] *a* painful, sad
ցավակցություն [tsavacktsuthu'n] *n* condolence
ցավացնել [tsavatsne'l] *v* give pain
ցավել [tsave'l] *v* have a pain; be sorry
ցատկել [tsatcke'l] *v* jump
ցարասի [tsarasi'] *n* birch
ցեխ I [tsekh] *n* mud

ցեխ II [tsekh] *n* shop
ցեխոտել [tsekhoteľ] *v* dirt
ցեխոտվել [tsekhotveľ] *v* get dirty
ցեղ [tsegh] *n* race; tribe; caste
ցերեկ [tsere'ck] *n* daytime
ցեց [tsets] *n* moth
ցին [tsin] *n* kite
ցմահ [tsma'h] *a* life; life long
ցնծալ [tseontzaľ] *v* rejoice
ցնորել [tsnoreľ] *v* rave
ցնորք [tsno'rk] *n* raving
ցնցել [tseontseľ] *v* shake
ցնցվել [tseontsveľ] *v* start, flinch
ցնցում [tseontsu'm] *n* shake, jerk
ցոլք [tsolk] *n* flash, reflection
ցող [tsogh] *n* dew
ցորեն [tsore'n] *n* wheat
ցտեսություն [tstesutsyu'n] good-bye
ցրել [tsreľ] *v* scatter
ցրիվ [teosri'v] *adv* scattered, here and there
ցրվել [tseorveľ] *v* dispel
ցրտանալ [tseortanaľ] *v* grow cool
ցրտել [tsrteľ] *v* grow cold
ցուլ [tsuľ] *n* bull
ցուրտ [tsurt] *a* cold, cool; indifferent
ցուցադրել [tsutsadreľ] *v* expose
ցուցադրվել [tsutsadrveľ] *v* be exposed
ցուցադրություն [tsutsadrutsyu'n] *n* exposition
ցուցական [tsutsacka'n] *a* demonstrative
ցուցանակ [tsutsana'ck] *n* signboard

ցուցանիշ [tsutsani'sh] *n* index
ցուցափեղկ [tsutsaphekhck] *n* shop—window

ՈՒ

ուզել [uze'l] *v* want
ութ [uth] *n* eight
ութերորդ [utyerorth] *num* eighth
ուժաբեկել [uzhabercke'l] *v* break, subdue
ուժասպառ [uzhaspa'rr] *a* wasted; famished
ուժասպառել [uzhasparre'l] *v* exhaust
ուժասպառվել [uzhasparrve'l] *v* be
    exhausted
ուժգին [uzhgi'n] *a* strong, biting
ուժեղ [uzhe'gh] *a* strong
ուժեղանալ [uzheghana'l] *v* become stronger
ուժեղացնել [uzheghatsne'l] *v* strengthen
ուլ [ul] *n* kid
ուխտ [ukht] *n* vow
ուխտել [ukhte'l] *v* make a promise
ուղարկել [ugharcke'l] *v* send
ուղեկապել [ugheckape'l] *v* blockade
ուղեկից [ughecki'ts] *n* fellow—traveller
ուղեկցել [ughecktse'l] *v* accompany
ուղեղ [ughe'gh] *n* brain
ուղեպայուսակ [ughepayusa'ck] *n* handbag
ուղեւոր [ughevo'r] *n* passenger
ուղեցույց [ughetsu'yts] *n* guidebook
ուղի [ughi'] *n* road, way
ուղիղ [ughi'gh] *a & adv* straight
ուղղաթիռ [ughathi'rr] *n* helicopter

ուղղակի [ughacki'] *a & adv* direct; directly
ուղղել [ughe'l] *v* correct
ուղտ [ukht] *n* camel
ուղտայծ [ukhtaytz] *n* lame
ունայն [una'yn] *a* vain
ունենալ [unena'l] *v* have, possess
ունեւոր [unevo'r] *a* propertied
ունկնդրել [unckeondre'l] *v* listen to
ուշ [ush] *a* late
ուշ երեկոյան [ush yereckoya'n] *adv* late in the evening
ուշադիր [ushadi'r] *a* attentive, careful
ուշադրություն [ushadrutsyu'n] *n* attention, care
ուշաթափվել [ushathaphve'l] *v* faint away
ուշանալ [ushana'l] *v* be late
ուշացնել [ushatsne'l] *v* delay
ուշք [ushk] *n* attention
ուռ [urr] *n* willow
ուռած [urra'tz] *a* bulbous
ուռել [urrel] *v* swell
ուռենի [urreni'] *n* willow
ուռչել [urrche'l] *v* swell
ուռցնել [urrtsne'l] *v* blow out; swell
ուս [us] *n* shoulder
ուսանել [usane'l] *v* study
ուսանող [usano'gh] *n* student
ուսում [usu'm] *n* studies
ուսուցանել [usutsane'l] *v* teach
ուսուցիչ [usutsich] *n* teacher
ուտել [ute'l] *v* eat
ուտելիք [utelik] *n* food, dish

ուր [ur] *adv* where
ուրախ [ura'kh] *a* happy
ուրախանալ [urakhana'l] *v* be happy
ուրախացնել [urakhatsne'l] *v* make happy
ուրախություն [urakhutsyu'n] *v* happiness
ուրանալ [urana'l] *v* renounce
ուրբաթ [urpha'th] *n* Friday
ուրիշ [uri'sh] *a* other, another
ուրիշ կերպ [uri'sh cke'rp] *a* in a different way
ուրիշ ոչինչ [uri'sh vochi'nch] nothing else
ուրջու [urju'] *n* stepson
ուրջուհի [urjuhi'] *n* stepdaughter
ուրց [urts] *n* thyme

Փ

փաթաթել [phathathe'l] *v* wrap up
փաթիլ [phathi'l] *n* snowdrop
փախչել [phakhche'l] *v* flee
փախստական [phakheostacka'n] *n* deserter
փախցնել [phakhtsne'l] *v* force to flee
փակ [phack] *a* shut
փական [phacka'n] *n* lock
փակել [phacke'l] *v* close
փաղաքշել [phaghakshe'l] *v* caress, fondle
փայլ [phayl] *n* brightness
փայլատակել [phaylatacke'l] *v* sparkle
փայլել [phayle'l] *v* shine
փայտ [phait] *n* stick, wood
փայփայել [phayphaye'l] *v* cherish
փառաբանել [pharrabane'l] *v* praise

փառահեղ [pharrahe'gh] *a* splendid
փառասեր [pharrase'r] *a* ambitious
փառավոր [pharravo'r] *a* glorious
փառավորել [pharravore'l] *v* glorify
փառք [pharrk] *n* glory, honor
փաստ [phast] *n* proof
փաստաբան [phastaban] *n* lawyer, attorney
փաստաթուղթ [phastathu'ghth] *n* document
փարել [phare'l] *v* cling to
փարոս [pharo's] *n* lighthouse
փափագ [phapha'g] *n* wish
փափագել [phaphage'l] *v* long for
փափկել [phaphcke'l] *v* soften
փափուկ [phaphu'ck] *a* soft
փեթակ [phetha'k] *n* beehive
փեկոն [phecko'n] *n* beech
փեղկ [pheghk] *n* windowshutter
փեննա [phenna'] *n* peony
փեսա [phesa']*n* son–in–law; bride groom
փեսացու [phesatsu'] *n* future husband, fiance
փետել [phete'l] *v* pull out
փետրվար [pheteorva'r] *n* February
փթթել [pheothe'l] *v* blossom
փիղ [phigh] *n* elephant
փլավ [phlav] *n* stewed rice
փլչել [pheolche'l] *v* fall in
փլցնել [pheoltsne'l] *v* destroy
փխրուն [phkhru'n] *a* friable
փղոսկր [phgho'sckr] *n* ivory
փնթի [phnthi'] *a* sordid

փնտրել [phntrel] *v* seek

փշրել [phshrel] *v* grind

փոթորիկ [phothori'ck] *n* storm

փոխ [phokh] *n* loan

փոխ տալ [phokh tal] *v* lend

փոխ առնել [pho'kh arrnel] *v* borrow

փոխադարձ [phokhada'rdz] *a* mutual

փոխադրել [phokhadrel] *v* transport; transfer

փոխանակել [phokhanackel] *v* exchange

փոխանցել [phokhantsel] *v* transmit

փոխարինել [phokharinel] *v* substitute

փոխել [phokhel] *v* change

փող [phogh] *n* money

փողոց [phogho'ts] *n* street

փողկապ [phoghcka'p] *n* tie

փոս [phos] *n* pit

փոր [phor] *n* belly

փորագրել [phoragrel] *v* engrave

փորել [phorel] *v* dig

փորձ [phorts] *n* experience; effort

փորձանք [phortsa'nk] *n* accident

փորձառու [phortsarru'] *n* experienced

փորձել [phortsel] *v* try; taste

փոքր [pho'kr] *a* small, little

փչանալ [phchanal] *v* deteriorate

փչացնել [phchatsnel] *v* spoil

փչել [phchel] *v* blow out

փռել [phrrel] *v* spread; lay

փսփսալ [pheosphsa'l] *v* whisper

փտած [phtha'tz] *a* rotten

փտել [phthel] *v* turn rotten

փրկել [phrckel] *v* save
փրփրել [pheorphrel] *v* foam
փրփուր [phrphu'r] *n* foam
փունջ [phunj] *n* bunch
փուշ [phush] *n* thorn
փուչ [phuch] *a* empty; vain

Ք

քաղաք [kagha'k] *n* city, town
քաղաքական [kaghakacka'n] *a* political
քաղաքականություն [kaghakackanutsyu'n] *n* politics
քաղաքապետ [kaghakape't] *n* major
քաղաքավարի [kaghakavari'] *a* polite
քաղաքացի [kaghakatsi'] *n* citizen
քաղց [kaghts] *a* hunger
քաղցած [kaghtsa'tz] *a* hungry
քաղցր [ka'ghtsr] *a* sweet
քաղցրահամ [kaghtsraha'm] *a* sweet–tasting
քամակ [kama'ck] *n* back
քամահրել [kamahrel] *n* contempt
քամել [kamel] *v* squeeze
քամի [kami'] *n* wind
քայլ [kayl] step
քայլել [kaylel] *v* walk
քայքայել [kaykayel] *v* dissolve, destroy, wreck
քան [kan] conj than
քանդակ [kanda'ck] *n* sculpture
քանդակել [kandackel] *v* carve

քանդել [kandeʹl] *v* destroy, demolish
քանի [kaniʹ] how much, how many
քանքար [kankaʹr] *n* talent
քաշել [kasheʹl] *v* draw, pull
քաչալ [kachaʹl] *a* bald
քաջ [kaj] *a* brave
քաջալերել [kajalereʹl] *v* encourage
քաջարի [kajariʹ] *a* brave, spirited
քավել [kaveʹl] *v* expiate
քար [kar] *n* stone
քարաղ [karaʹgh] *n* rocksalt
քարայծ [karaʹytz] *n* wildgoat
քարոզ [karoʹz] *n* sermon
քարոզել [karozeʹl] *v* preach
քարշել [karsheʹl] *v* draw, drag
քարտեզ [karteʹz] *n* map
քարտուղար [kartughaʹr] *n* secretary
քացախ [katsaʹkh] *n* vinegar
քացախել [katsakheʹl] *v* turn sour
քեն [ken] *n* vengeance
քենի [keniʹ] *n* sister–in–law
քերել [kereʹl] scratch
քերթել [kertheʹl] *v* skin, strip off
քերծել [kertzeʹl] *v* scratch
քթոց [kthots] *n* basket
քիչ [kich] *a* few, little, some
քիփ [kiph] *a* tight
քծնել [keotzneʹl] *v* make up to smb
քնաբեր [knabeʹr] *a* narcotic
քնար [knaʹr] *n* lyre
քնացնել [knatsneʹl] *v* lull to sleep
քնել [kneʹl] *v* go to bed

քննադատել [keonnadatel] *v* criticize
քննել [keonnel] *v* examine
քնքուշ [knku'sh] *a* delicate
քշել [kshel] *v* drive away
քող [koghl] *n* veil
քողարկել [kogharckell] *n* veil, mask
քողարկվել [kogharckvel] *v* put on a mask
քորել [korell] *v* scratch
քչանալ [kchanall] *v* diminish, be reduced
քչացնել [kchatsnell] *v* diminish, reduce
քսակ [ksa'kl] *n* purse
քսան [ksa'nl] *n* twenty
քսել [ksell] *v* rub, touch, slander
քսվել [ksvell] *v* be rubbed, be touched
քրտինք [keorti'nkl] *n* sweat
քրքջալ [keorkchal] *v* burst into laughter
քուն [kun] *n* sleep
քունք [ku'nk] *n* temple

O

օգնական [oknacka'n] *n* helper
օգնել [oknel] *v* help
օգնություն [oknutsyu'n] *n* help
օգոստոս [ogosto's] *n* August
օգտագործել [oktagortzel] *v* use
օգտակար [oktacka'r] *a* useful
օգտվել [oktvel] *v* make use of
օդ [oth] *n* air
օդահարել [othaharel] *v* air
օդանավ [othana'v] *n* airplane
օդաչու [ozhachu'] *n* aviator

օժանդակել [ozhandacke'l] *v* aid
օժանդակություն [ozhandackutsyu'n] *n* aid
օժիտ [ozhi'th] *n* dowry
օժտել [ozhte'l] *v* give a dowry
օժտված [ozhtva'tz] *a* gifted
օծանելիք [otzaneli'k] *n* ointment
օծել [otze'l] *v* anoint
օձ [ots] *n* snake
օձիք [odzi'k] *n* collar
օղ [ogh] *n* earring
օղի [oghi'] *n* brandy
օճառ [otsharr] *n* soap
օճառել [otsharre'l] *v* soap
օսլա [osla'] *n* starch
օտար [ota'r] *a* strange, foreign
օտարական [otaracka'n] *n* foreigner, stranger
օտարանալ [otarana'l] *v* be alienated
օտարացնել [otaratsne'l] *v* alienate
օր [or] day; 24 hours
օրագիր [oragi'r] *n* diary, journal
օրական [oracka'n] *a* daily
օրացույց [oratsu'yts] *n* calendar
օրենք [ore'nk] *n* law, rule
օրինակ [orina'k] *n* example, sample
օրհնել [orhne'l] *v* bless
օրհնություն [orhnutsyu'n] *n* blessing
օրոր [oro'r] *n* lullaby
օրորել [orore'l] *v* lull
օրորոց [oro'rots] *n* cradle

Ֆ

ֆշշալ [feosha'l] *v* hiss
ֆշշոց [feosho'ts] *n* hissing
ֆռիկ [frri'k] *n* top (a toy)
ֆսսալ [feosa'l] *v* puff

ENGLISH-
ARMENIAN
DICTIONARY

A

abandon [ըբէ՛նդըն] *v* թողնել, լքել, հրաժարվել
abide [ըբա՛յդ] *v* մնալ, ապրել; սպասել; համբերել
able [է՛յբլ] *a* ընդունակ, կարող, to be ~ կարողանալ
aboard [ըբո՛:դ] *adv* նավի վրա, երկայնությամբ
about [ըբա՛ութ] *adv* մոտավորապես, մոտ *prep* շուրջը, մասին, մոտակայքում
above [ըբա՛վ] *adv* վերևում *prep* վրա, ավելի քան, վեր
abroad [ըբրո՛:դ] *adv* արտասահման(ում), տնից դուրս
absent [է՛բսընթ] *a* բացակա *v* բացակայել
absolute [է՛բսըլու:թ] *a* բացարձակ; անսահման (իշխանություն)
absorb [ըբսո՛:բ] *v* կլանել, ներծծել
abundant [ըբա՛նդընթ] *a* առատ, լի, հարուստ
abuse [ըբյու՛:ս] *n* չարաշահում *v* վիրավորել, չարաշահել
accelerate [էքսե՛լըրեյթ] *v* արագացնել, արագանալ
accept [ըքսե՛փթ] *v* ընդունել, համաձայնել, բարյացակամ լինել
accident [է՛քսիդընթ] *n* դժբախտ պատահար, պատահականություն, վթար, դեպք

accompany [ըքա՛մփընի] *v* ուղեկցել, նվագակցել
accomplish [ըքո՛մփլիշ] *v* կատարել, լրացնել, ավարտել
according [ըքո՛։դինճ] *adv* ~ as համապատասխանաբար, ~ to համաձայն
account [ըքա՛ունթ] *n* հաշիվ, հաշվետվություն, գնահատական, պատճառ, *v* համարել; on ~ of պատճառով
accumulate [ըքյումյուլե՛յթ] *v* կուտակել, հավաքել
accuse [ըքյու՛զ] *v* մեղադրել
accustom [ըքա՛սթըմ] *v* սովորեցնել, վարժեցնել, be ~ ed to վարժվել, սովորել
ache [է՛յք] *n* ցավ *v* ցավել
achieve [ըչի՛վ] *v* հասնել մի բանի, ձեռք բերել, նվաճել
achievement [ըչի՛վմընթ] *n* նվաճում
acid [է՛սիդ] *n* թթվուտ *a* թթու
acknowledge [ըքնո՛լիջ] *v* ճանաչել, հաստատել ստացումը, երախտապարտ լինել
acquaint [ըքվե՛յնթ] *v* ծանոթացնել, տեղեկացնել, հաղորդել
acquaintance [ըքվե՛յնթընս] *n* ծանոթություն, ծանոթ
acquire [ըքվա՛յը] *v* ձեռք բերել, ստանալ
acre [է՛յքը] *n* ակր
across [ըքրո՛ս] *adv* լայնակի, խաչաձև, մյուս կողմում *prep* վրայով, միջով, մի կողմից մյուսը
act [էքթ] *n* գործ, վարմունք, ակտ *v* վարվել, գործել, կատարել (դերը)

action [էքշն] *n* գործողություն, վարմունք, աշխատանք, կռիվ
active [էքթիվ] *a* ակտիվ, գործունյա, գործող
activity [էքթի՛վիթի] *a* գործունեություն
actor [է՛քթը] *n* դերասան
actual [է՛քթյուըլ] *a* իրական, իսկական, ընթացիկ, ժամանակակից
actually [է՛քթյուըլի] *adv* փաստորեն, իրականում, ներկայումս
adapt [ըդէ՛փթ] *v* հարմարեցնել, փոփոխել
add [էդ] *v* գումարել, ավելացնել, to ~ in ներառնել
addict [է՛դիքթ] *n* թմրամոլ
[ըդի՛քթ] *v* անձնատուր լինել
addition [ըդի՛շն] *n* հավելում, լրացում
address [ըդրե՛ս] *n* հասցե, դիմում, իրեն պահելու կարողություն *v* հասցեագրել, դիմել մեկին (խոսքով)
adjacent [ըջե՛յսընթ] *a* հարևան, մոտ, կից
adjust [ըջա՛սթ] *v* հարմարեցնել, հարթել (կռիվը), սարքավորել, կարգի բերել
administration [ըդմինիսթրե՛յշն] *n* գործերի կառավարչություն, կառավարություն, ադմինիստրացիա
admiration [էդմըրե՛յշն] *n* հիացմունք, հիացմունքի առարկա
admire [ըդմա՛յը] *v* հիանալ, փափագել
admission [ըդմի՛շն] *n* թույլատրելը, ընդունելը, մուտք
admit [ըդմի՛թ] *v* ընդունել, ներս թողնել, թույլ տալ

admonish [ըդմո՛նիշ] *v* հորդորել, համոզել, նախազգուշացնել

adopt [ըդո՛փթ] *v* որդեգրել, յուրացնել, փոխառնել, ընդունել

adore [ըդո՛:] *v* պաշտել

adult [էդա՛լթ] *n* չափահաս մարդ

advance [ըդվա՛նս] *n* առաջխաղացում, հարձակում, in ~ նախօրոք, հաջողություն *v* առաջ շարժվել

advantage [ըդվա՛:նթիջ] *n* առավելություն, to take ~ of something օգտվել որեւէ բանից *v* նպաստել, օգնել

adventure [ըդվե՛նչը] *n* արկած, համարձակ ձեռնարկում

advertisement [ըդվը:թա՛յսմընթ] *n* հայտարարություն, ռեկլամ

advice [ըդվա՛յս] *n* խորհուրդ, ծանուցում

advise [ըդվա՛յզ] *v* խորհուրդ տալ, ծանուցել

advocate [է՛դվըքիթ] *n* պաշտպան, կողմնակից, փաստաբան *v* պաշտպանել

affair [ըֆե՛ը] *n* գործ, զբաղմունք; կռիվ, ընդհարում

affect [ըֆե՛քթ] *v* ներգործել, ազդել, հուզել; ձեւանալ

affection [ըֆե՛քշն] *n* կապվածություն, մտերմություն

affirm [ըֆը՛:մ] *v* հաստատել, պնդել

afflict [ըֆլի՛քթ] *v* վշտացնել, տանջանք պատճառել

affluence [է՛ֆլուընս] *n* զեղում, հոսանք, հորդում

afford [ըֆո՛:դ] *v* ի վիճակի լինել որեւէ բան անելու, միջոցներ ունենալ, տալ
afraid [ըֆրե՛յդ] *a* վախեցած, to be ~ of վախենալ
after [ա՛:ֆթը] *a* հաջորդ *adv* հետեւում, հետո *prep* ետեւից
afternoon [աֆթընու՛:ն] *n* կեսօրից հետո, good~! բարի օր
afterwards [ա՛:ֆթըվըդզ] *adv* հետո, ապա, հետագայում
again [ըգե՛յն] *adv* նորից, դարձյալ, կրկին
against [ըգե՛նսթ] *prep* հակառակ, դեմ, ընդդեմ
age [էյջ] *n* հասակ, դարաշրջան, սերունդ, *v* ծերանալ
agency [է՛յջընսի] *n* գործակալություն, միջոց, գործոն, ուժ, the ~ of միջոցով
agent [է՛յջընթ] *n* ագենտ, գործակալ
aggression [ըգրե՛շն] *n* հարձակում, ագրեսիա
ago [ըգո՛ու] *adv* առաջ long~ վաղուց
agony [է՛գընի] *n* չարչարանք, հոգեւարք, տագնապ
agree [ըգրի՛:] *v* համաձայնվել, պայմանավորվել; հարմարվել, համապատասխանել
agreement [ըգրի՛:մընթ] *n* պայմանագիր, համաձայնություն
agriculture [էգրիքա՛լչը] *n* գյուղատնտեսություն
ahead [ըհե՛դ] *adv* առաջ, առջեւում
aid [էյդ] *n* օգնություն *v* աջակցել, օգնել

aim [էյմ] *n* նպատակ, մտադրություն, *v* ուղղել, նշան բռնել, ձգտել
air [էը] *n* օդ, մթնոլորտ; կերպարանք, մեղեդի, արիա *a* օդային *v* օդափոխել
airline [է՛ըլայն] *n* ավիագիծ
airmail [է՛ըմեյլ] *n* ավիափոստ
airplane [է՛ըփլեյն] *n* ինքնաթիռ
alarm [ըլա՛:մ] *n* խուճապ, տագնապ, վախ *v* տագնապ բարձրացնել
alcohol [է՛լքըհոլ] *n* ալկոհոլ, սպիրտ
alien [է՛յլըն] *n* օտարերկրացի *a* օտար, խորթ, օտարերկրյա
alight [ըլա՛յթ] *v* ցած իջնել (թռչունի մասին), իջնել (ձիուց), վայրէջք կատարել *a* վառած
alike [ըլա՛յք] *a* նման *adv* նույն ձեւով
alive [ըլա՛յվ] *a* կենդանի, ողջ, արթուն
all [օ:լ] *n* բոլորը, ամենը, at~ ընդհանրապես *a* ամբողջ, ամենի *adv* լրիվ ~ right շատ լավ
allow [ըլա՛ու] *v* թույլ տալ, ընդունել; հայտարարել, հաստատել
allowance [ըլա՛ուընս] *n* թույլատրում; ապրուստ, օդաբաժին
allusion [ըլու՛:ժն] *n* ակնարկ
ally [է՛լայ] *n* դաշնակից [ըլա՛յ] *v* միացնել
almost [օ՛:լմոուսթ] *adv* գրեթե, համարյա
alms [ա:մզ] *n* ողորմություն
alone [ըլո՛ուն] *a* մենակ, let ~մի կողմ թողնել *adv* միայն
along [ըլո՛:ն] *adv* երկարությամբ, ծայրից ծայր; առաջ

aloof [ըլու՛:ֆ] *a, adv* հեռու, հեռվում, մի կողմում

aloud [ըլա՛ուդ] *adv* բարձր, բարձրաձայն

alphabet [էլֆըբիթ] *n* այբուբեն, այբբենարան

already [օ:լրե՛դի] *adv* արդեն

also [օ՛:լսոու] *adv* նույնպես, նաեւ

altar [օ՛:լթը] *n* զոհասեղան, եկեղեցու բեմ

alter [օ՛:լթը] *v* փոխ(վ)ել, վերափոխել

alternative [օլթը՛:նըթիվ] *n* ընտրություն, *a* երկընտրական

although [օլդո՛ու] *conj* թեեւ, չնայած որ

altitude [էլթիթյուդ] *n* բարձրություն, խորություն

altogether [օլթըգե՛դը] *adv* ընդհանրապես, ամբողջությամբ *n* ամբողջություն

always [օ՛:լվըզ] *adv* միշտ

amaze [ըմե՛յզ] *v* զարմացնել, ապշեցնել

amazement [ըմե՛յզմընթ] *n* զարմանք, ապշանք

ambassador [էմբէ՛սըդը] *n* դեսպան

ambition [էմբի՛շն] *n* փառասիրություն, ձգտում, տենչ

ambulance [է՛մբյուլընս] *n* շտապ օգնության մեքենա

ambush [է՛մբուշ] *n* դարան. *v* հարձակվել դարանից

amendment [ըմե՛նդմընթ] *n* ուղղում, բարելավում

American [ըմե՛րիքըն] *n* ամերիկացի *a* ամերիկյան

amiable [է՛յմյըբլ] *a* սիրալիր, բարյացակամ

amid [ըմի՛դ] *prep* մեջ, մեջտեղ, միջով
amiss [ըմի՛ս] a, *adv* անկարգ վիճակում, վատ, անժամանակ, անտեղի
ammunition [էմյունի՛շն] *n* ռազմամթերք
among [ըմա՛ն:] *prep* մեջ, միջեւ, թվից, միջից
amount [ըմա՛ունթ] *n* գումար, քանակ, հանրագումար *v* հավասարվել, հասնել
ample [է՛մփլ] *a* միանգամայն բավարար, ընդարձակ
amuse [ըմյու՛:զ] *v* զվարճացնել, զբաղեցնել
amusement [ըմյու՛:զմընթ] *n* զվարճանք
analyse [է՛նըլայզ] *v* վերլուծել, անալիզի ենթարկել
anatomy [ընէ՛թըմի] *n* անատոմիա, դիահատում
ancestor [էնսի՛սթը] *n* նախահայր
anchor [է՛ն:քը] *n* խարիսխ
ancient [է՛յնշընթ] *a* հին *n* հնադարյան ժողովուրդներ
and [էնդ] *conj* եւ, իսկ
anew [ընյու՛:] *adv* նորից, նոր, ձեւով
angel [է՛յնջըլ] *n* հրեշտակ
anger [է՛նգը] *n* բարկություն *v* զայրացնել
angle [էնգլ] *n* անկյուն, տեսանկյուն
angry [է՛նգրի] *a* զայրացած, to get~ at զայրանալ
anguish [էնգվիշ] *n* տառապանք, տանջանք
animal [է՛նիմըլ] *n* կենդանի *a* անասնական
annex [ընէ՛քս] *v* միացնել, կցել
[էնեքս] *n* լրացում, կցում, թեւաշենք
annihilate [ընա՛յըլեյթ] *v* ոչնչացնել

anniversary [էնիվը՛:սըրի] *n* տարեդարձ *a* տարեկան

announce [ընա՛ունս] *v* հայտարարել

announcement [ընա՛ունսմընթ] *n* հայտարարություն

annual [է՛նյուըլ] *a* տարեկան *n* տարեգիրք

annul [ընա՛լ] *v* ոչնչացնել, չեղյալ դարձնել

another [ընա՛դը] *a* ուրիշ, one˝ միմյանց

answer [ա՛:նսը] *n* պատասխան *v* պատասխանել

ant [էնթ] *n* մրջյուն

anthem [է՛նթըմ] *n* հիմն

anticipate [էնթի՛սիփեյթ] *v* նախատեսել, կանխատեսել, նախազգալ

anxious [է՛նքշըս] *a* մտահոգ, անհանգիստ, բուռն ցանկություն ունեցող

any [է՛նի] *pron* որեւէ, ամեն մի *adv* մի քիչ, որոշ չափով

anybody [է՛նիբոդի] *pron* որեւէ մեկը, ամեն մեկը

anyhow [է՛նիհաու] *adv* այսպես թե այնպես, համենայն դեպս

anyone [է՛նիվան] *pron* որեւէ մեկը, յուրաքանչյուրը

anything [է՛նիթին:] *pron* որեւէ բան, ամեն ինչ

anyway [է՛նիվեյ] *adv* համենայն դեպս, ինչպես էլ որ լինի

anywhere [էնիվեը] *adv* որեւէ տեղ,ամենուրեք

apart [ըփա՛:թ] *adv* առանձին, հեռու, բացի, ~ from չհաշված, բացի

apartment [ըփա՛։թմընթ] *n* սենյակ, բնակարան
apologize [ըփո՛լըջայզ] *v* ներողություն խնդրել, արդարանալ
apparently [ըփէ՛րընթլի] *adv* ըստ երևույթին
appeal [ըփի՛։լ] *v* դիմել, բողոքարկել *n* կոչ, խնդրանք
appear [ըփի՛ը] *v* երևալ, ելույթ ունենալ, թվալ, լույս տեսնել
appetite [է՛փիթայթ] *n* ախորժակ, հակում, ճաշակ
applaud [ըփլո՛։դ] *v* ծափահարել
apple [էփլ] *n* խնձոր
appliance [ըփլա՛յընս] *n* հարմարանք, կիրառում
application [էփլիքե՛յշն] *n* դիմում, խնդրանք, կիրառություն
apply [ըփլա՛յ] *v* դիմել օգնության, գործադրել, վերաբերել
appoint [ըփո՛յնթ] *v* նշանակել
appointment [ըփո՛յնթմընթ] *n* նշանակում, ժամադրություն; պաշտոն
appreciate [ըփրի՛։շիէյթ] *v* գնահատել, բարձր գնահատական տալ
apprentice [ըփրե՛նթիս] *n* աշակերտ, սկսնակ *v* աշակերտության տալ
approach [ըփրո՛ուչ] *n* մոտենալը, *v* մոտենալ, դիմել մեկին
approbation [էփրոբե՛յշն] *n* հավանություն, սանկցիա

appropriate [ը՛փրոուփրի:թ] *a* համապատասխան, հատուկ *v* հատկացնել գումար, յուրացնել
approve [ըփրու՛:վ] *v* հավանություն տալ, վավերացնել
apricot [է՛յփրիքոթ] *n* ծիրան
April [է՛յփրըլ] *n* ապրիլ
apron [է՛յփրըն] *n* գոգնոց
apt [էփթ] *a* ընդունակ, հակված; հարմար
arbitrary [ա՛:բիթրըրի] *a* ինքնակամ
architect [ա՛:քիթեքթ] *n* ճարտարապետ
ardour [ա՛:դը] *n* եռանդ, ջերմություն
area [է՛ըրիը] *n* տարածություն, մակերես; շրջան
argue [ա՛:գյու:] *v* քննարկել, վիճել; ապացուցել
arid [է՛րիդ] *a* չոր, անբերրի
arise [ըրա՛յզ] *v* ծագել, առաջանալ, բարձրանալ, հարություն առնել
arm [ա:մ] *n* բազուկ, թեւ; զենք *v* զին(վ)ել
arm–chair [ա:մչե՛ը] *n* բազկաթոռ
Armenian [ա:մի՛նյըն] *n* հայ, հայոց լեզու, *a* հայկական
armistice [ա՛:միսթիս] *n* զինադադար
armoury [ա՛:մըրի] *n* զինանոց, զինագործարան
army [ա՛:մի] *n* բանակ
around [ըրա՛ունդ] *adv* շուրջը, ամենուրեք, մոտավորապես *prep* մոտ
arouse [ըրա՛ուզ] *v* արթնացնել; առաջացնել
arrange [ըրե՛յնջ] *v* կարգավորել, հարթել

arrangement [ըրեՙնջմընթ] *n* կարգավորում, հարմարեցում; պատրաստություններ, համաձայնում
arrest [ըրեՙսթ] *n* ձերբակալություն, արգելում; կանգ առնելը *v* ձերբակալել
arrival [ըրաՙյվըլ] *n* ժամանում
arrive [ըրաՙյվ] *v* գալ, ժամանել
arrogance [էՙրըգընս] *n* գոռոզություն
arrow [էՙրոու] *n* նետ
art [ա:թ] *n* արվեստ, արհեստ; հմտություն
article [աՙ:թիքըլ] *n* հոդված, առարկա, բաժին. *v* բացատրել կետ առ կետ
artificial [ա:թիֆիՙշըլ] *a* արհեստական, անբնական
artist [աՙ:թիսթ] *n* նկարիչ, վարպետ, արտիստ
as [էզ] *adv* ինչպես, այնպես, as ~ as այնպես ինչպես *pron* որը, ինչ որ, *conj* երբ, as well as նաեւ, նույնպես
ash [էշ] *n* մոխիր; հացենի
aside [ըսաՙյդ] *adv* մի կողմ, առանձին
ask [ա:սք] *v* հարցնել, խնդրել, պահանջել
aspiration [էսփըրեՙյշն] *n* ձգտում, ցանկություն
ass [էս] *n* էշ
assassin [ըսէՙսին] *n* մարդասպան
assault [ըսոՙ:լթ] *n* հարձակում *v* հարձակվել
assemble [ըսեՙմբլ] *v* հավաք(վ)ել, գումարել (ժողով եւ այլն)
assembly [ըսեՙմբլի] *n* ժողով, ասամբլեա, օրենսդրական ժողով

assent [ըսե՛նթ] *n* համաձայնություն *v* համաձայնվել
assert [ըսը՛:թ] *v* հաստատել, պաշտպանել
assign [ըսա՛յն] *v* նշանակել, գումար հատկացնել
assignment [ըսա՛յնմընթ] *n* նշանակում, փոխանցում(գույքի)
assimilate [ըսի՛միլեյթ] *v* նմանեցնել, ձուլ-(վ)ել, յուրացնել, յուրացվել, ասիմիլացիայի ենթարկել
assist [ըսի՛սթ] *v* օգնել, աջակցել
assistance [ըսի՛սթընս] *n* օգնություն
associate [ըսոու՛շիէյթ] *n* ընկեր, գործակից, *a* միացյալ, *v* միացնել, հաղորդակցվել
association [ըսոուսիէ՛յշն] *n* ասոցիացիա, ընկերություն ; զուգորդում
assume [ըսյու՛:մ] *v* հանձն առնել, ստանձնել ; ենթադրել
assure [ըշու՛ը] *v* հավաստիացնել, երաշխավորել, ապահովագրել
astonish [ըսթո՛նիշ] *v* զարմացնել
astonishment [ըսթո՛նիշմընթ] *n* զարմանք
at [էթ] *prep* մոտ, վրա ցույց է տալիս գործողության ուղղություն, վիճակ, որոշակի ժամանակամիջոց, չափ, գին he looked at me նա նայեց ինձ, at noon կեսօրին, at first սկզբում, at last վերջապես, he is at work նա աշխատում է
atmosphere [է՛թմըսֆիը] *n* մթնոլորտ
atrocious [ըթրո՛ուշըս] *a* դաժան, զարշելի, գազանային

attach [ըթէչ] *v* ամրացնել, փակցնել, կապել, տալ(նշանակություն), ձերբակալել
attack [ըթէ՛ք] *n* գրոհ *v* հարձակվել
attain [ըթե՛յն] *v* հասնել; ձեռք բերել
attempt [ըթե՛մփթ] *n* փորձ, ձեռնարկում, մահափորձ *v* փորձել
attend [ըթենդ] *v* հաճախել, ուշադիր լինել, խնամել, սպասարկել
attendant [ըթե՛նդընթ] *n* ուղեկցող, սպասավոր *a* սպասարկվող
attention [ըթե՛նշն] *n* ուշադրություն
attentive [ըթե՛նթիվ] *a* ուշադիր, սիրալիր
attic [է՛թիք] *n* վերնահարկ, ձեղնահարկ
attitude [է՛թիթյուդ] *n* դիրք, վերաբերմունք
attorney [ըթը՛:նի] *n* հավատարմատար, իրավաբան, ~ General արդարադատության մինիստր
attract [ըթրէ՛քթ] *v* ձգտել, գրավել, հրապուրել
attractive [ըթրէ՛քթիվ] *a* գրավիչ
attribute [է՛թրիբյու:թ] *n* հատկություն, [ըթրի՛բյու:թ] *v* վերագրել
audience [օ՛:դյընս] *n* ունկնդիրներ, ընդունելություն
August [օ՛:գըսթ] *n* օգոստոս
aunt [ա:նթ] *n* մորաքույր, հորաքույր
author [օ՛:թը] *n* հեղինակ, գրող
authority [օ:թո՛րիթի] *n* իշխանություն, հեղինակություն, լիազորություն, ղեկավարություն
automatic [օ:թըմէ՛թիք] *a* ավտոմատ *n* ավտոմատ զենք

autonomous [o:թո՛նըմըս] *a* ինքնավար
autumn [o՛:թըմ] *n* աշուն
available [ըվե՛յլըբը] *a* առկա, մատչելի, օգտակար
avenge [ըվե՛նջ] *v* վրեժ առնել
avenue [է՛վինյու:] *n* պողոտա, լայն ճանապարհ
average [է՛վըրիջ] *n* միջին թիվ, *a* միջին, *v* միջին թիվը դուրս բերել
averse [էվը:՛ս] *a* անտրամադիր to be ~ խորշել, հակված չլինել
avert [ըվը՛:թ] *v* մի կողմ դարձնել, կասեցնել
avoid [ըվո՛յդ] *v* խուսափել, չեղյալ համարել
await [ըվե՛յթ] *v* սպասել
awake [ըվե՛յք] *a* արթուն, զգոն
awaken [ըվե՛յքըն] *v* արթնացնել (զգացմունքը), արթնանալ
award [ըվո՛:դ] *v* պարգևատրել
away [ըվե՛յ] *a* բացակա, հեռավորության վրա
awe [o:] *n* ակնածանք *v* ներշնչել վախ, ակնածանք
awful [o՛:ֆուլ] *a* սարսափելի
awhile [ըվա՛յլ] *adv* կարճ ժամանակով
awkward [o՛:քվըդ] *a* անշնորհք, անհարմար
axe [էքս] *n* կացին

B

baby [բէյբի] *n* մանկիկ, երեխա
bachelor [բէչըլը] *n* ամուրի; բակալավր
back [բէք] *n* մեջք, թիկունք *a* ետևի *adv* ետ, հետ *v* աջակցել
background [բէքգրոունդ] *n* ետին պլան, ֆոն
backward [բէքվըրդ] *adv* ետ, թարս *a* ետադարձ, հետամնաց
bad [բէդ] *a* վատ, փչացած *n* ձախորդու-թյուն
bag [բէգ] *n* պարկ, պայուսակ *v* տոպրակի մեջ դնել
baggage [բէգիջ] *n* բագաժ, ուղեբեռ
bake [բեյք] *v* թխ(վ)ել, թրծել
bakery [բէյքըրի] *n* հացի փուռ
balance [բէլընս] *n* կշեռք, հավասարակըշ-ռություն
bald [բո:լդ] *a* ճաղատ, մերկացած, անգույն
ball [բո:լ] *n* գունդ, գնդակ *v* կծկ(վ)ել
ban [բէն] *v* արգելել *n* արգելք
band [բէնդ] *n* ջոկատ; նվագախումբ; ժապավեն *v* կապել
bandage [բէնդիջ] *n* վիրակապ, բինտ
bang [բէն:] *v* խփ(վ)ել *n* հարված
bank [բէնք] *n* բանկ, թումբ *v* պատնեշ շինել
bankrupt [բէն:քրափթ] *n* սնանկ *v* սնանկացնել

banner [բէ՛նը] *n* դրոշ *a* լավագույն, օրինակելի
bar [բա:] *n* ձող, ուղեփակ, խոչընդոտ; բար; արգելապատ *prep* բացառյալ *v* դռան սողնակը գցել, արգելք լինել
barbecue [բա՛:բիքյու:] *n* խորոված (մսեղիք)
barber [բա՛:բը] *n* սափրիչ
bare [բեը] *a* մերկ *v* մերկացնել
barefooted [բե՛ըֆուտիդ] *a* բոբիկ
bargain [բա՛:գին] *n* գործարք *v* սակարկել
bark [բա:ք] *n* կեղեւ, հաչոց *v* կեղեւը հանել, հաչել
barn [բա:ն] *n* ամբար, ախոռ; տրամվայի պարկ
barrel [բէ՛րըլ] *n* տակառ; փող՛ քաղաքական կամպանիայի ֆինանսավորման համար
barren [բէ՛րըն] *a* չբեր; անբովանդակ
barrier [բէ՛րիը] *n* արգելապատ, խոչընդոտ
base [բեյս] *n* հիմք, հենակետ *v* հիմնել *a* ցածր, ստոր
basic [բե՛յսիք] *a* հիմնական
basin [բեյսն] *n* լագան, աման; ավազան
basket [բա՛:սքիթ] *n* կողով, զամբյուղ
bath [բա:թ] *n* լոգարան, վաննա
bathe [բեյդ] *v* լողանալ, ընկղմ(վ)ել *n* լողացում
bathroom [բա՛:թրում] *n* վաննայի սենյակ
battle [բէթլ] *n* մարտ *v* մարտնչել
bay [բեյ] *n* ծովածոց; դափնի *v* հաչել
be [բի:] *v* լինել, գտնվել, գոյություն ունենալ, տեղի ունենալ

beach [բի:չ] *n* ծովափ, լողափ
beam [բի:մ] *n* ճառագայթ; հեծան *v* շողալ, փայլել
bean [բի:ն] *n* բակլա, լոբի
bear[բեը] *n* արջ *v* կրել, դիմանալ, ծնել
beard [բիըդ] *n* մորուք
beast [բի:սթ] *n* գազան, կենդանի
beat [բի:թ] *v* խփել, ծեծել, բաբախել, հաղթել *n* զարկ
beaten [բի':թն] *a* պարտված
beautiful [բյու':թըֆուլ] *a* գեղեցիկ
because [բիքո'զ] *conj* որովհետեւ, ~ of պատճառով
become [բիքա'մ] *v* դառնալ; սազել
bed [բեդ] *n* մահճակալ; մարգ; հատակ(ծովի)
bedroom [բե'դրում] *n* ննջասենյակ
bee [բի:] *n* մեղու; համատեղ աշխատանքի համար հավաքված մարդկանց խումբ
beef [բի:ֆ] *n* տավարի միս
beer [բիը] *n* գարեջուր
befall [բիֆո':լ] *v* պատահել, տեղի ունենալ
before [բիֆո':] *adv* առաջ, անցյալում *prep* նախքան, առջեւում, *conj* քանի դեռ, մինչեւ
beforehand [բիֆո':հէնդ] *adv* նախօրոք
beg [բեգ] *v* խնդրել, մուրալ
beggar [բե'գը] *n* մուրացկան *v* աղքատացնել
begin [բիգի'ն] *v* սկս(վ)ել
beginning [բիգի'նինն] *n* սկիզբ
behave [բիհե'յվ] *v* իրեն պահել, վարվել

behavior [բիհեյ՛վյր] *n* վարք, վարքագիծ
behind [բիհայ՛նդ] *prep* ետևը, ետևից
being [բի՛:ին] *n* գոյություն *a* ներկա
believe [բիլի՛:վ] *v* հավատալ
bell [բել] *n* զանգ(ակ); զոռոց *v* զոռալ
belong [բիլո՛ն] *v* պատկանել, վերաբերել
belongings [բիլո՛նինգ] *n* պատկանելիք, տան իրեղեններ
below [բիլո՛ու] *adv* ներքևում *prep* տակ, ցած
belt [բելթ] *n* գոտի; զոնա *v* գոտի կապել
bench [բենչ] *n* նստարան, տեղ պառլամենտում
bend [բենդ] *n* թեքում, պտույտ *v* թեք(վ)ել, ծռ(վ)ել
beneath [բինի՛:թ] *prep* տակ, ցած *adv* ներքևում
benediction [բենիդի՛քշն] *n* Օրհնություն
beneficial [բենիֆի՛շըլ] *a* բարեբեր, օգտակար
benefit [բե՛նիֆիթ] *n* օգուտ, շահ, նպաստ,կենսաթոշակ
bent [բենթ] *n* հակում, թեքություն
berry [բե՛րի] *n* հատապտուղ
beside [բիսայ՛դ] *prep* կողքին, մոտ, համեմատած, դուրս
besides [բիսայ՛դզ] *adv* բացի այդ *prep* բացի
best [բեսթ] *a* ամենալավ, մեծագույն *adv* լավագույն կերպով
bestow [բիսթո՛ու] *v* պարգևել, շնորհել
bet [բեթ] *n* գրազ *v* գրազ գալ

betray [բիթրե՛յ] *v* մատնել
betrayal [բի՛թրեյըլ] *n* մատնություն
between [բիթվի՛:ն] *prep, adv* միջեւ
beware [բիվե՛ը] *v* զգուշանալ
bewilder [բիվի՛լդը] *v* շփոթեցնել, շվարեցնել
beyond [բիյո՛նդ] *prep* այն կողմը,ուշ, վեր *adv* հեռվում
Bible [բայբլ] *n* Աստվածաշունչ
bicycle [բա՛յսիքլ] *n* հեծանիվ
bid [բիդ] *v* հրամայել, գին առաջարկել, հրավիրել. n հրավեր
big [բիգ] *a* մեծ, խոշոր, չափահաս, կարեւոր
bill [բիլ] *n* հաշիվ; թղթադրամ, բանկնոտ;ցուցակ, օրինագիծ; կտուց *v* խոստանալ, ազդարարել
bind [բայնդ] *v* կապել; պարտավորեցնել
bird [բը:դ] *n* թռչուն
birth [բը:թ] *n* ծնունդ, ծագում
biscuit [բի՛սքիթ] *n* տափակ, չոր թխվածք
bishop [բի՛շըփ] *n* եպիսկոպոս
bit [բիթ] *n* կտոր, փշուր, մանր դրամ, լկամ, a ~ մի քիչ
bite [բայթ] *n* խայթվածք; պատառ, *v* կծել
bitter [բի՛թը] *n* դառնություն *a* կծու, չար
black [բլէք] *a* սեւ, մութ *n* սեւություն *v* սեւացնել
blacksmith [բլէ՛քսմիթ] *n* դարբին
blade [բլեյդ] *n* ծիղ, տերեւ,թիակաբերան
blame [բլեյմ] *n* մեղադրանք *v* մեղադրել

blank [բլէնք] *n* դատարկ տեղ, բլանկ *a* մաքուր, չլրացված
blanket [բլէ՛նքիթ] *n* վերմակ
blaze [բլեյզ] *n* բոց, բռնկում *v* վառվել
bleak [բլի:ք] *a* մերկ, ցուրտ, անգույն
blend [բլենդ] *n* խառնուրդ *v* խառնել
bless [բլես] *v* օրհնել, երջանկացնել
blind [բլայնդ] *a* կույր *v* մթագնել
blink [բլինք] *n* առկայծում *v* աչքերը թարթել
block [բլոք] *n* կոճղ; թաղամաս *v* խոչընդոտել
blood [բլադ] *n* արյուն
bloodshed [բլա՛դշեդ] *n* արյունահեղություն
bloom [բլու:մ] *n* ծաղկում *v* ծաղկել
blossom [բլո՛սըմ] *n* ծաղիկ, ծաղկում *v* փթթել
blow [բլո՛ու] *n* հարված *v* փչել, փողերը շռայլել; ծաղկել
blue [բլու:] *a* կապույտ, երկնագույն, ընկճված
blush [բլաշ] *v* կարմրել *n* կարմրություն (ամոթից)
board [բո:դ] *n* տախտակ; սեղան, ուտելիք; վարչություն *v* գնացք, տրամվայ նստել; սնվել
boast [բոուսթ] *n* սնապարծություն, պարծանքի առարկա *v* պարծենալ
boat [բոութ] *n* նավակ, *v* նավակով զբոսնել

body [բո՛դի] *n* մարմին, իրան, դիակ, զո-րամաս *v* ձեւ տալ, մարմնավորել
boil [բոյլ] *v* եռալ, եփացնել; բարկանալ
bold [բոուլդ] *a* համարձակ; պարզ; լկտի
bolt [բոուլթ] *n* կայծակ; նիզ, մաղ
bondage [բո՛նդիջ] *n* ճորտություն, կախվա-ծություն
bone [բոուն] *n* ոսկոր *v* to ~ up սերտել, անգիր անել; ոսկորները մսից բաժանել
book [բուք] *n* գիրք *v* գրանցել, պատվիրել տոմս
boom [բու:մ] *n* թնդյուն, բում; աղմուկ; սենսացիա *v* աղմուկ առաջացնել
boot [բու:թ] *n* կոշիկ; երկարաճիթ կոշիկ; նորակոչիկ *v* արձակել
booth [բու:դ] *n* կրպակ
border [բո՛:դը] *n* սահման, եզր *v* սահմա-նակից լինել
bore [բո:] *v* հորատել, ծակել; ձանձրացնել *n* հորատած անցք; ձանձրույթ
born [բո:ն] *a* ծնված
borrow [բո՛րոու] *v* փոխ առնել, պարտք վերցնել
bosom [բուզըմ] *n* կուրծք, ծոց, ընդերք, խորք
boss [բոս] *n* տեր, բոս, կուսակցության պարագլուխ
both [բոութ] *a* երկուսն էլ, թե՛ մեկը, թե՛ մյուսը
bother [բո՛դը] *n* անհանգստություն *v* ան-հանգստացնել, ձանձրացնել
bottle [բո:թլ] *n* շիշ

bottom [բո՛թըմ] *n* հատակ, հիմք, տակ *a* ստորին, ներքևի
boundary [բա՛ունդըրի] *n* սահման
bow [բոու] *n* աղեղ; կամար; ծիածան
bow [բաու] *v* ծռ(վ)ել, խոնարհվել
bowl [բոուլ] *n* գավաթ, թաս, ծաղկաման; գունդ
box [բոքս] *n* արկղ, տուփ *v* բռունցքով ծեծել
boy [բոյ] *n* տղա, պատանի
brag [բրէգ] *v* պարծենալ *a* առաջնակարգ, բարձրորակ
brain [բրեյն] *n* ուղեղ, խելք, միտք
brake [բրեյք] *n* արգելակ *v* արգելակել
branch [բրա:նչ] *n* ճյուղ; բնագավառ; մասնաճյուղ; բազուկ (գետի)
brand [բրէնդ] *n* խանձող; դրոշմ; տեսակ *v* դրոշմ դնել, խայտառակել
brass [բրա:ս] *n* արույր, դեղին պղինձ, փողային գործիքներ
brave [բրեյվ] *a* քաջ; հիանալի *v* խիզախ դիմավորել վտանգը
bread [բրեդ] *n* հաց
breadth [բրեդթ] *n* լայնություն
break [բրեյք] *v* կոտր(վ)ել, խախտել (օրենքը), խզել *n* ճեղք, պառակտում, ընդմիջում
breakfast [բրե՛քֆըսթ] *n* նախաճաշ *v* նախաճաշել
breast [բրեսթ] *n* կուրծք
breath [բրեթ] *n* շունչ, հոգոց
breathe [բրի:դ] *v* շնչել

breathing [բրի՛։դիՆ] *n* շնչառություն
breed [բրի։դ] *v* աճեցնել, բուծել *n* ցեղ, տեսակ
breeze [բրի։զ] *n* թեթեւ քամի; վեճ; բոռ
brevity [բրեւ՛իթի] *n* կարճություն, համառոտություն
bribe [բրայբ] *n* կաշառք *v* կաշառել
brick [բրիք] *n* աղյուս *a* աղյուսե
bride [բրայդ] *n* հարսնացու
bridegroom [բրա՛յդգրում] *n* փեսացու
bridge [բրիջ] *n* կամուրջ; քթի վերին մասը
bridle [բրա՛յդլ] *n* սանձ *v* սանձել
brief [բրի։ֆ] *a* կարճ *n* համառոտագիր *v* ամփոփել
bright [բրայթ] *a* պայծառ, պսպղացող, պարզ, խելամիտ
brighten [բրայթն] *v* լուսավորել, փայլեցնել, պարզել
brilliant [բրի՛լըՆթ] *a* փայլուն, կարկառուն *n* գոհար
bring [բրիՆ] *v* բերել, հասցնել որեւէ բանի
bristle [բրիսլ] *n* կոշտ մազ *v* փշաքաղել, բիզ-բիզ կանգնել(մազերի մասին)
British [բրի՛թիշ] *a* բրիտանական *n* the ~ անգլիացիներ
brittle [բրիթլ] *a* փխրուն, դյուրաբեկ
broad [բրո։դ] *a* լայն *adv* լայնորեն
broadcast [բրո՛։դքա։սթ] *v* ռադիոյով հաղորդել, տարածել
broken [բրո՛ուքըն] *a* կոտր(վ)ած; խախտված

brood [բրու:դ] *v* թուխս նստել, խորհրդածել

brook [բրուք] *n* առու, վտակ *v* կրել, դիմանալ

broom [բրու:մ] *n* ավել *v* ավլել

brother [բրա'դը] *n* եղբայր

brother–in–law [բրա'դըրինլո:] *n* փեսա, աներձագ, տեգր

brow [բրաու] *n* ունք

brown [բրաուն] *a* դարչնագույն, թուխ

bruise [բրու:զ] *n* կապտած տեղ *v* ծեծելով մարմինը կապտացնել

brush [բրաշ] *n* խոզանակ *v* խոզանակով մաքրել, սանրել

brute [բրու:ր] *n* անասուն, անխելք մարդ

bubble [բաբլ] *n* պղպջակ, *v* պղպջալ, եռալ

bucket [բա'քիթ] *n* դույլ

bud [բադ] *n* բողբոջ, կոկոն *v* ծիլ տալ

budget [բա'ջիթ] *n* բյուջե *v* բյուջեով նախատեսել

buffalo [բա'ֆըլոու] *n* գոմեշ, ամերիկյան վայրի ցուլ

bug [բագ] *n* փայտոջիլ, միջատ; տեխնիկական թերություն, խելագնորություն

bugle [բյու':գլ] *n* փող *v* շեփոր փչել

build [բիլդ] *v* շինել, կառուցել *n* ձև, կերպարանք

builder [բի'լդը] *n* շինարար

building [բի'լդինԳ:] *n* շենք, կառուցում

bulk [բալք] *n* ծավալ, զանգված, մեծ քանակություն *v* մեծ երևալ, դիզել

bull [բալ] *n* ցուլ; անհեթեթություն

bullet [բուլիթ] *n* գնդակ (հրազենի)
bully [բուլի] *n* կռվարար *v* կռիվ փնտրել *a* ընտիր, հիանալի
bump [բամփ] *n* ընդհարում, հարված, ուռուցք *v* զարկ(վ)ել
bunch [բանչ] *n* փունջ *v* փունջ կազմել
bundle [բանդլ] *n* կապոց *v* շտապ կապկպել
burden [բը:դն] *n* բեռ *v* բեռնել
bureau [բյուըրո'ու] *n* բյուրո; գրասենյակ; գրասեղան; շիֆոներկա
burial [բե'րիըլ] *n* թաղում
burn [բը:ն] *v* այր(վ)ել, վառ(վ)ել *n* այրվածք
burst [բը:սթ] *v* տրաք(վ)ել, պայթեցնել *n* պայթյուն
bury [բե'րի] *v* թաղել, թաքցնել
bus [բաս] *n* ավտոբուս
bush [բուշ] *n* թուփ, *v* թփերով շրջապատել
business [բի'զնիս] *n* գործ, աշխատանք
busy [բի'զի] *a* զբաղված *v* աշխատանք տալ մեկին
but [բաթ] *adv* միայն, լոկ, *prep* բացի, բացառությամբ *conj* բայց, այլ, եթե
butcher [բու'չը] *n* մսագործ
butter [բա'թը] *n* կարագ
butterfly [բա'թըֆլայ] *n* թիթեռ
button [բաթն] *n* կոճակ *v* կոճակ կարել, կոճկվել
buy [բայ] *v* գնել
buzz [բազ] *v* բզզալ, փսփսալ *n* բզզոց
by [բայ] *prep* մոտ, կից, միջոցով *adv* կողքին, մոտով

C

cab [քէբ] *n* երկանիվ կառք, կառապան, տաքսի
cabbage [քէ՛բիջ] *n* կաղամբ
cabin [քէ՛բին] *n* խրճիթ, նավախուց, խցիկ
cabinet [քէ՛բինիթ] *n* պահարան, մինիստրների կաբինետ *a* կաբինետային
cable [քե՛յբըլ] *n* կաբել, պարան, հեռագիր *v* հեռագրել
cage [քեյջ] *n* վանդակ, վերելակ
cake [քեյք] *n* տորթ; կտոր
calamity [քըլէ՛միթի] *n* աղետ
calculate [քէ՛լքյուլեյթ] *v* հաշվել, հաշվարկել, ենթադրել
calendar [քէ՛լինդը] *n* օրացույց, օրակարգ
calf [քա:ֆ] *n* հորթ
call [քո:լ] *n* կոչ, կանչ, (հեռախոսային) ազդանշան, այցելություն *v* կանչել, անվանել, արթնացնել
calm [քա:մ] *n* անդորրություն *a* հանդարտ, հանգիստ *v* հանգստացնել
camel [քէ՛մըլ] *n* ուղտ
camera [քէ՛մըրը] *n* լուսանկարչական ապարատ
camp [քէմփ] *n* ճամբար, տնակ անտառում *v* ճամբար դնել
campaign [քէմփե՛յն] *n* կամպանիա; արշավ
can [քէն] *v* կարողանալ; պահածո պատրաստել *n* պահածոյի տուփ
cancel [քէ՛նսըլ] *v* վերացնել, անվավեր համարել, ջնջել

candid [քէ՛նդիդ] *a* անկեղծ
candidate [քէ՛նդիդիթ] *n* թեկնածու
candle [քէ՛նդլ] *n* մոմ
candy [քէ՛նդի] *n* նաբաթ, կոնֆետ *v* շաքարի մեջ եփել
cane [քեյն] *n* եղեգ, ձեռնափայտ *v* փայտով խփել
canned [քէնդ] *a* պահածոյած
cannon [քէ՛նըն] *n* հրանոթ, թնդանոթ
canoe [քէնու՛:] *n* նավակ *v* նավարկել մակույկով
canvas [քէ՛նվըս] *n* կտավ, քաթան; կանվա, հենք
cap [քէփ] *n* կեպի, գլխարկ
capable [քե՛յփըբլ] *a* ընդունակ
capacity [քըփէ՛սիթի] *n* ընդունակություն, տարողություն
cape [քեյփ] *n* հրվանդան, թիկնոց
capital [քէ՛փիթլ] *n* կապիտալ; մայրաքաղաք *a* հիմնական *v* ղեկավարել
captain [քէ՛փթին] *n* սպա, նավապետ
captive [քէ՛փթիվ] *n* գերի, կալանավոր
capture [՛քէփչը] *n* գրավում *v* գրավել, գերել
car [քա:] *n* վագոն, ավտոմեքենա
card [քա:դ] *n* խաղաթուղթ, քարտ, տոմս, հայտարարություն (թերթում)
cardinal [քա՛:դինըլ] *n* կարդինալ *a* գլխավոր, հիմնական
care [քեը] *n* խնամք, հոգատարություն, հսկողություն, ուշադրություն *v* հոգալ, ցանկանալ, սիրել

career [քըրի՛ը] *n* կարիերա, դիվանագետի պրոֆեսիա
careful [քե՛ըֆուլ] *a* հոգատար, ուշադիր, զգույշ
careless [քե՛ըլիս] *a* անհոգ, թեթևամիտ, անփույթ
caress [քըրե՛ս] *n* փաղաքշանք *v* փաղաքշել
cargo [քա՛:գոու] *n* բեռ (նավի)
carpenter [քա՛:փինթը] *n* ատաղձագործ, հյուսն
carpet [քա՛:փիթ] *n* գորգ *v* ծածկել գորգով
carriage [քէ՛րիջ] *n* կառք, վագոն, փոխադրում
carrier [քէ՛րիը] *n* բեռնակիր
carrot [քէ՛րըթ] *n* գազար
carry [քէ՛րի] *v* կրել, տանել, առևտուր անել, ~ on շարունակել
cart [քա:թ] *n* սայլ
carve [քա:վ] *v* փորագրել, քանդակել
case [քեյս] *n* դեպք, դրություն; արկղ, ուղեպայուսակ in any~ ամեն դեպքում
cash [քէշ] *n* փող, կանխիկ դրամ *v* փող ստանալ դրամաչեկով
cashier [քէ՛շի՛ը] *n* գանձապահ
castle [քա:սլ] *n* ամրոց, ամրություն
casual [քէ՛ժյուըլ] *a* պատահական
casualty [քէ՛ժյուըլթի] *n* դժբախտ պատահար
cat [քէթ] *n* կատու
catch [քէչ] *n* բռնելը, ձեռբակալելը; որս, ավար, շահ; փական *v* բռնել, ձեռբակալել, ~ cold մրսել

caterpillar [քէ՛թըփիլը] *n* թրթուր
cathedral [քըթի:՛դրըլ] *n* մայր տաճար
catholic [քէ՛թըլիք] *n* կաթոլիկ *a* կաթոլիկական
cattle [քէ՛թլ] *n* խոշոր եղջյուրավոր անասուն
cause [քո:զ] *n* պատճառ, հիմք *v* պատճառել, ստիպել
cautious [քո՛շըս] *a* զգույշ, շրջահայաց
cave [քեյվ] *n* քարայր, խոռոչ *v* փորել
caviar(e) [քէ՛վիա:] *n* ձկնկիթ, խավիար
cease [սի:ս] *v* դադարել, դադարեցնել
ceaseless [սի՛:սլիս] *a* անդադար
ceiling [սի՛:լին] *n* առաստաղ
celebrate [սե՛լիբրեյթ] *v* տոնել, հռչակել
celebrated [սե՛լիբրեյթիդ] *a* հռչակավոր, նշանավոր
cell [սել] *n* խուց, բջիջ
cellar [սե՛լը] *n* նկուղ, մառան
cemetery [սե՛միթրի] *n* գերեզմանատուն
censure [սե՛նշը] *n* պախարակում *v* կշտամբել, պախարակել
cent [սենթ] *n* ցենտ
center [սե՛նթը] *n* կենտրոն *v* կենտրոնացնել
central [սե՛նթրըլ] *a* կենտրոնական, հիմնական
century [սե՛նչըրի] *n* դար, հարյուրակ
cereal [սի՛րիըլ] *n* հացահատիկ, շիլա *a* հացահատիկային
ceremony [սե՛րիմընի] *n* արարողություն

certain [սը:թն] *a* որոշակի, վստահելի, հավաստացած
certainly [սը՛:թնլի] *adv* անշուշտ
certificate [սը:թի՛ֆիքիթ] *n* վկայական, ատեստատ
cessation [սեսե՛յշն] *n* դադարում, ընդմիջում
chain [չեյն] *n* շղթա *v* շղթայել
chair [չեը] *n* աթոռ, ամբիոն, նախագահի տեղ
chairman [չե՛ըմըն] *n* նախագահ *v* նախագահել
challenge [չէ՛լինջ] *n* կանչ *v* կանչել
chalk [չո:ք] *n* կավիճ . *v* կավճով նկարել
chamber [չե՛յմբը] պալատ
champion [չէ՛մփյըն] հաղթող, չեմպիոն *a* առաջնակարգ
chance [չա:նս] *n* դեպք, առիթ, պատահականություն *a* պատահական
change [չեյնջ] *n* փոփոխություն, փոխարինում; մանր դրամ *v* փոխ(վ)ել
channel [չէնլ] *n* ջրանցք, նեղուց; հուն
chapel [չէփլ] *n* մատուռ, աղոթարան
chapter [չէփթը] *n* գլուխ (գրքի), թեմա
character [քէ՛րիքթը] *n* բնավորություն, բնույթ *v* տպավորել, բնութագրել
characteristic [քէրիքթըրի՛սթիք] *n* բնորոշ գիծ *a* հատկանշական
charge [չա:ջ] *n* լիցք, բեռնավորում; խընամք; գին free of ~ ձրի *v* հանձնարարել, լիցք տալ, մեղադրել

charity [չէ՛րիթի] *n* ողորմածություն, բարեգործություն
charm [չա:մ] *n* հմայք *v* հմայել
charming [չա՛:մինг] *a* սքանչելի
charter [չա՛:թը] *n* հրովարտակ, խարտիա, կանոնադրություն, արտոնություն
chatter [չէ՛թը] *n* շատախոսություն *v* շատախոսել
cheap [չի:փ] *a* էժանագին *adv* էժան
cheat [չի:թ] *n* խաբեբայություն, սրիկա *v* խաբել
check [չեք] *n* դադարում; չեկ; անդորրագիր; համար (հանդերձարանի); ստուգում *v* կանգնեցնել; ստուգել
cheek [չի:ք] *n* այտ, թուշ, անամոթություն
cheer [չիը] *n* հավանության բացականչություն *v* քաջալերել
cheerful [չի՛ըֆուլ] *a* ուրախ, զվարթ
cheese [չի:զ] *n* պանիր
chest [չեսթ] *n* մեծ արկղ; գանձարան; կրծքավանդակ
chemical [քե՛միքլ] *a* քիմիական
cherry [չե՛րի] *n* բալ, կեռաս
chew [չու:] *n* ծամոն *v* ծամել
chicken [չի՛քին] *n* ճուտ, հավի միս
chief [չի:ֆ] *n* պետ *a* գլխավոր
chiefly [չի՛:ֆլի] *adv* գլխավորապես
child [չայլդ] *n* երեխա, զավակ
childhood [չա՛յլդհուդ] *n* մանկություն
chill [չիլ] *n* ցուրտ, դող *a* սառը *v* սառեցնել
chimney [չի՛մնի] *n* ծխնելույզ

chin [չին] *n* կզակ
chocolate [չո՛քըլիթ] *n* շոկոլադ *a* շոկոլադային
choice [չոյս] *n* ընտրություն *a* ընտիր
choke [չոուք] *v* խեղ(վ)ել, շնչասպառ լինել
choose [չու։զ] *v* ընտրել, գերադասել
chop [չոփ] *n* հարված, թակածո կոտլետ, փոփոխում *v* կոտորել, փոխել
Christ [Քրայսթ] *n* ՔՐԻՍՏՈՍ
christen [քրիսն] *v* կնքել, մկրտել
christian [քրի՛սթյըն] *n* քրիստոնյա *a* քրիստոնեական
Christmas [քրի՛սմըս] *n* Ծնունդ, ՔՐԻՍՏՈՍԻ ծննդյան եկեղեցական տոն
chronicle [քրո՛նիքլ] *n* ժամանակագրություն *v* գրանցել
church [չը։չ] *n* եկեղեցի
cigarette [սիգըրե՛թ] *n* սիգարետ
cinema [սի՛նիմը] *n* կինոթատրոն, կինոֆիլմ
circle [սը։քլ] *n* շրջանակ *v* պտտվել
circuit [սը՛։քիթ] *n* շրջապտույտ, շրջուղի, շրջագայություն
circular [սը՚։քյուլը] *n* շրջաբերական *a* կլոր, շրջանաձեւ
circumstance [սը՛։քըմսթընս] *n* հանգամանք
circus [սը՛։քըս] *n* կրկես
citizen [սի՛թիզն] *n* քաղաքացի
city [սի՛թի] *n* քաղաք
civil [սի՛վիլ] *a* քաղաքացիական; բարեկիրթ

claim [քլեյմ] *n* պահանջ, պնդում *v* պահանջել, պնդել
clap [քլէփ] *n* որոտ(կայծակի), ծափ *v* ծափահարել
clash [քլէշ] *n* բախում, զենքի շաչյուն *v* բախվել
clasp [քլէսփ] *n* ճարմանդ; ձեռք սեղմել; գիրկ *v* կոճկել, գրկել
class [քլա:ս] *n* դասակարգ, կարգ, դասարան *a* դասակարգային
claw [քլո:] *n* ճանկ, չանչ *v* ճանկոտել
clay [քլեյ] *n* կավ, հող, աճյուն
clean [քլի:ն] *a* մաքուր, մաքրասեր *v* հավաքել, սրբել
clear [քլիը] *a* պարզ, ջինջ *v* մաքրել, պարզ դառնալ
clearly [քլի՛ըլի] *adv* պարզորեն, որոշակիորեն
clergy [քլը՛:ջի] *n* հոգեւորականություն
clerk [քլը:ք] *n* գրասենյակային ծառայող, քարտուղար, կլերկ
clever [քլե՛վը] *a* խելոք, ընդունակ, բարեհոգի
client [քլա՛յընթ] *n* հաճախորդ, գնորդ
cliff [քլիֆ] *n* քարափ, ժայռ
climate [քլա՛յմիթ] *n* կլիմա
climb [քլայմ] *v* մագլցել, բարձրանալ
cling [քլին:] *v* կառչել, փաթաթվել
clip [քլիփ] *n* խուզում; սեղմիչ *v* կտրել, խուզել; ամրացնել
cloak [քլո՛ուք] *n* թիկնոց, ծածկոց
clock [քլոք] *a* ժամացույց

close [քլոուզ] *n* վերջ, ավարտ *v* փակ(վ)ել, վերջացնել *a* փակ; մոտիկ
closely [քլոուսլի] *adv* մոտիկ, սերտորեն, ուշադրությամբ
closet [քլո՛զիթ] *n* առանձնասենյակ, զուգարան, պատի պահարան
cloth [քլոթ] *n* գործվածք, սփռոց
clothe [քլոուդ] *v* հագցնել, ծածկել
clothing [քլո՛ուդին:] *n* հագուստ, զգեստ
cloud [քլա՛ուդ] *n* ամպ, քուլա (ծխի) *v* մըթագն(վ)ել
club [քլաբ] *n* ակումբ; մահակ *v* հավաքվել; մահակով ծեծել
cluster [քլա՛սթը] *n* փունջ, ողկույզ *v* խմբվել
coach [քոուչ] *n* վագոն, ծածկակառք; մարզիչ *v* գնալ(գնացքով, կառքով), վարժեցնել
coal [քոուլ] *n* քարածուխ
coarse [քո:ս] *a* կոպիտ, չմշակված
coast [քոուսթ] *n* ափ, ծովափ, ձյան բլուրներ
coat [քոութ] *n* պիջակ, վերարկու, վերնազգեստ *v* ներկել
cock [քոք] *n* աքաղաղ; ծորակ; հրահան *v* երեւակայել
cockroach [քո՛քրոուչ] *n* ուտիճ
cocktail [քո՛քթեյլ] *n* կոկտեյլ, ցուցամոլ
cocoa [քոուքոու] *n* կակաո
code [քոուդ] *n* օրենսգիրք, ծածկագրի բանալի *v* ծածկագրել
coffee [քո՛ֆի] *n* սուրճ

coffee bean [քոֆիբի:՛ն] *n* սուրճի հատիկ
coffee pot [քո՛ֆիփոթ] *n* սրճաման
coffin [քո՛ֆին] *n* դագաղ
coin [քոյն] *n* դրամ *v* դրամ կտրել
coincidence [քոուի՛նսիդընս] *n* համընկ-նում, համապատասխանում
cold [քոուլդ] *n* ցուրտ, մրսելը *a* սառը; մրսած
collaboration [քըլէբըրէ՛յշն] *n* գործակցու-թյուն, աշխատակցություն
collapse [քըլէ՛փս] *n* փլուզում *v* փլչել, ձա-խողվել, ուժասպառ լինել
collar [քո՛լը] *n* օձիք, մանյակ
collect [քըլե՛քթ] *v* հավաք(վ)ել, իր վրա իշ-խել
collection [քըլե՛քթշն] *n* հավաքածու, ժո-ղովածու, ժողովում
collective [քըլե՛քիվ] *n* կոլեկտիվ *a* միաց-յալ
college [քո՛լիջ] *n* կոլեջ, միջնակարգ դըպ-րոց
collusion [քըլու՛:ժն] *n* գաղտնի համաձայ-նություն
colonel [քը՛:նըլ] *n* գնդապետ
colonial [քըլո՛ունյըլ] *n* գաղութաբնակ *a* գաղութային
colony [քո՛լընի] *n* գաղութ
color [քա՛լը] *n* գույն, դեմքի գույն *v* ներկ(վ)ել
colt [քոուլթ] *n* մտրուկ, քուռակ; սկսնակ
column [քո՛լըմ] *n* սյուն, զորասյուն

comb [քոում] *n* սանր, կատար (աքաղաղի) *v* սանրել

combination [քոմբինե՛յշն] *n* կապակցություն, միացություն

combine [քըմբա՛յն] *v* միացնել, միավոր(վ)ել, համակցել

come [քամ] *v* գալ, պատահել, ստացվել, վրա հասնել, ծագել

comfort [քա՛մֆըրթ] *n* սփոփանք; կոմֆորտ, հանգիստ *v* սփոփել

comfortable [քա՛մֆըրթըբլ] *a* հարմար, սփոփիչ, հանգիստ, բավարար

coming [քամին:] *n* ժամանում *a* գալիք; խոստումնալից

command [քըմա՛:նդ] *n* հրաման, հրամանատարություն *v* հրամայել, իշխել

commander [քըմա՛:նդը] *n* հրամանատար, պետ

commence [քըմե՛նս] *v* սկս(վ)ել

commend [քըմե՛նդ] *v* գովել, հանձնարարել, երաշխավորել

comment [քո՛մենթ] *n* մեկնաբանություն, դիտողություն *v* մեկնաբանել

commerce [քո՛մը:ս] *n* առեւտուր, շփում

commission [քըմի՛շն] *n* կոմիտե, լիազորություն *v* լիազորել

commit [քըմի՛թ] *v* հանձնարարել; ձերբակալել, կատարել(ոճիր)

committee [քըմի՛թի] *n* կոմիտե, հանձնաժողով

common [քո՛մըն] *n* համայնական հող *a* ընդհանուր, հասարակ

commonly [քո՛մընլի] *adv* սովորաբար
communication [քըմյունիքե՛յշն] *n* հաղորդում, հաղորդակցություն, հաղորդակցության միջոցներ
community [քըմյու՛նիթի] *n* համայնք, ընդհանրություն, հասարակություն
compact [քըմփէ՛քթ] *n* համաձայնություն; սամլած դիմափոշի *a* խիտ, սեղմ
v խտացնել
companion [քըմփէ՛նյըն] *n* ընկերակից, ուղեկից
company [քա՛մփընի] *n* ընկերություն, միություն, հյուրեր
comparative [քըմփէ՛րըթիվ] *a* համեմատական, հարաբերական
compare [քըմփե՛ը] *v* համեմատել, ստուգել
n համեմատում
comparison [քըմփէ՛րիսն] *n* համեմատություն, in ~ with համեմատած
compartment [քըմփա՛:թմընթ] *n* բաժանմունք; կուպե
compel [քըմփե՛լ] *v* ստիպել
competition [քոմփիթի՛շն] *n* մրցում, մըրցույթ
compile [քըմփա՛յլ] *v* կազմել(բառարան), հավաքել(փաստեր)
complain [քըմփլե՛յն] *v* գանգատվել
complete [քըմփլի՛:թ] *a* լրիվ, ամբողջ
v վերջացնել
completely [քըմփլի՛:թլի] *adv* կատարելապես, լիովին

complicate [քո՛մփլիքեյթ] *v* բարդացնել, դժվարացնել
compliment [քո՛մփլիմընթ] *n* հաճոյախոսություն *v* ողջունել
comply [քըմփլա՛յ] *v* ենթարկվել, կատարել, համաձայնվել
compose [քըմփո՛ուզ] *v* կազմել, հորինել, հանգստացնել
composition [քոմփըզի՛շն] *n* երկ, կոմպոզիցիա, բաղադրում, շարադրություն
compound [քոմփա՛ունդ] *n* բաղադրություն, միացություն *a* բաղադրյալ, *v* խառնել
comprehensive [քոմփրիհե՛նսիվ] *a* հասկացող, բազմակողմանի
compress [քըմփրե՛ս] *v* սեղմել, ճզմել
comrade [քո՛մրիդ] *n* ընկեր
conceal [քընսի՛:լ] *v* թաքցնել
concede [քընսի՛:դ] *v* զիջել, ընդունել
conceited [քընսի:՛թիդ] *a* սնապարծ, ինքնահավան
conceive [քընսի՛:վ] *v* միտք հղանալ, գլխի ընկնել
concentrate [քո՛նսենթրեյթ] *v* կենտրոնացնել, կենտրոնանալ
conception [քընսե՛փշն] *n* ըմբռնում, գաղափար, մտահղացում
concern [քընսը՛:ն] *n* գործ, մասնակցություն, շահագրգռություն, վրդովմունք, հոգս, նշանակություն, գործեր *v* վերաբերել, հետաքրքրել

concerned [քընսը:՚նդ] *a* վերաբերող, մըտահոգված
concerning [քընսը՛:նինւ] *prep* վերաբերյալ
concert [քո՛նսըթ] *n* համերգ, համաձայնություն
conclude [քընքլու՛:դ] *v* եզրափակել, եզրակացնել
conclusion [քընքլու՛:ժն] *n* եզրափակում, ավարտում; եզրակացություն
condemn [քընդե՛մ] *v* դատապարտել; մատնել; դատավճիռ կայացնել
condense [քընդե՛նս] *v* թանձրանալ, խըտացնել, կրճատել
condition [քընդի՛շն] *n* պայման; հանգամանքներ; վիճակ, դրություն
conduct [քո՛նդըքթ] *n* վարք, ղեկավարում *v* վարել
conference [քո՛նֆըրընս] *n* կոնֆերանս, համագումար
confess [քընֆե՛ս] *v* խոստովան(վ)ել
confession [քընֆե՛շն] *n* խոստովանություն, դավանանք
confidence [քո՛նֆիդընս] *n* վստահություն, համարձակություն
confine [քո՛նֆայն] *v* սահմանափակ(վ)ել, բանտարկել
confirm [քընֆը՛:մ] *v* հաստատել, վավերացնել
conflict [քո՛նֆլիքթ] *n* ընդհարում, հակասություն
confront [քընֆրա՛նթ] *v* դեմառդեմ կանգնել, դիմադրել

confusion [քընֆյու:ժն] *n* անկարգություն, խճճվածություն; շփոթություն
congratulations [քընգրէթյուլե՛յշն] *n* շնորհավորանք
congress [քո՛ն:գրես] *n* համագումար, կոնգրես
conjecture [քընջե՛քչը] *n* ենթադրություն *v* կռահել
connect [քընե՛քթ] *v* միացնել, կապակց(վ)ել
connection [քընե՛քշն] *n* կապ, միացում
conquer [քո՛ն:քը] *v* նվաճել, հաղթել
conquest [քո՛ն:քվըսթ] *n* նվաճում
conscience [քո՛նշընս] *n* խիղճ
conscious [քո՛նշըս] *a* գիտակցող, գիտակից
consequence [քո՛նսիքվընս] *n* հետեւանք, նշանակություն as a ~ of շնորհիվ,
consequently [քո՛նսիքվընթլի] *adv* հետեւաբար, ուստի
conservation [քոնսը:վե՛յշն] *n* պահպանում
conservative [քընսը՛:վըթիվ] *a* պահպանողական
consider [քընսի՛դը] *v* համարել, մտածել, քննարկել
considerable [քընսի՛դըրըբլ] *a* զգալի, կարեւոր, մեծ
consideration [քընսիդըրե՛յշն] *n* քննում, քննարկում, նկատառում
consist [քընսի՛սթ] *v* բաղկանալ, կայանալ
consistent [քընսի՛սթընթ] *a* հետեւողական, ամուր
console [քընսո՛ուլ] *v* սփոփել

consolidate [քընսոՙլիդեյթ] *v* ամրացնել, միացնել
constancy [քոՙնսթընսի] *n* կայունություն, հաստատունություն
constant [քոՙնսթընթ] *a* հաստատուն, մնայուն, հավատարիմ
constantly [քոՙնսթընթլի] *adv* մշտապես, հաճախակի, շարունակ
constitution [քոնսթիթյուՙ:շն] *n* սահմանադրություն, հիմնում
construct [քընսթրաՙքթ] *v* կառուցել, ստեղծել
construction [քընսթրաՙքշն] *n* շինարարություն, շենք; կազմվածք
consult [քընսաՙլթ] *v* խորհրդակցել, տեղեկանալ
consume [քընսյուՙ:մ] *v* սպառել, կլանել, շռայլել
contact [քոՙնթէքթ] *n* շփում, հպում; բարեկամություն *v* շփվել
contain [քընթեՙյն] *v* պարունակել, բովանդակել
content [քոՙնթենթ] *n* գոհունակություն, բովանդակություն *a* գոհ *v* բավարարել
contest [քոՙնթեսթ] *n* մրցում, վիճաբանություն *v* մրցել, առարկել
continent [քոՙնթինընթ] *n* մայր ցամաք, կոնտինենտ *a* զուսպ, անարատ
continually [քընթիՙնյուըլի] *adv* շարունակ, մշտապես
continue [քընթիՙնյու:] *v* շարունակ(վ)ել

continuous [քընթի՛նյուըս] *a* անընդհատ, միապաղաղ

contract [քո՛նթրէքթ] *n* պայմանագիր *v* պայմանագիր կնքել

contrary [քո՛նթրըրի] *n* հակադրություն on the ~ ընդհակառակն *a* հակադիր, աններհնպատ

contrast [քո՛նթրէսթ] *n* հակապատկեր, հակադրություն; երանգ

contribute [քընթրի՛բյու:թ] *v* աջակցել, նվիրաբերել , ներդրում անել

contribution [քոնթրիբյու՛:շն] *n* աջակցություն, ներդրում, մուծում

control [քընթրո՛ուլ] *n* կառավարում, վերահսկում, ստուգում. v կառավարել

convenient [քընվի՛:նյընթ] *a* հարմար, պիտանի, պատշաճ

convention [քընվե՛նշն] *n* պայմանագիր, համաժողով

conversation [քոնվըսե՛յշն] *n* խոսակցություն, զրույց

convert [քո՛նվը:թ] *v* փոխել, նոր կրոնի դարձնել

convey [քընվե՛ր] *v* տեղափոխել, հաղորդել(ձայն)

conviction [քընվի՛քշն] *n* համոզմունք, դատապարտում

convince [քընվի՛նս] *v* համոզել, հանցանքը գիտակցել տալ

cook [քուք] *n* խոհարար *v* եփ(վ)ել

cool [քու:լ] *n* զովություն *a* հով, պաղ հանդարտ, սառնարյուն *v* հովանալ

cooperation [քոուփըրե՛յշն] *n* համագործակցություն, կոոպերացիա
cope [քոուփ] *v* գլուխ բերել, հաղթահարել, փարաջա
copy [քո՛փի] *n* օրինակ(գրքի), ձեռագիր, պատճեն *v* արտագրել
coral [քո՛րըլ] *n* մարջան *a* մարջանե
cord [քո:դ] *n* պարան, լար *v* պարանով կապել
cork [քո:ք] *n* խցան *v* խցանել
corn [քո:ն] *n* հատիկ, եգիպտացորեն; կոշտակ *v* հատիկավորվել, միսը աղել
corner [քո՛:նը] *n* անկյուն *v* նեղը գցել
corporation [քոփըրե՛յշն] *n* ընկերություն, կորպորացիա, բաժնետիրական ընկերություն
correct [ ]քըրե՛քթ] *a* ճիշտ, լավ, քաղաքավարի *v* ուղղել
cost [քոսթ] *n* արժեք, հաշիվ *v* արժենալ, գնահատել
costly [քո՛սթլի] *a* թանկ, շքեղ, փարթամ
costume [քո՛սթյու:մ] *n* կոստյում, զգեստ
cottage [քո՛թիջ] *n* խրճիթ, կոտեջ, ամառանոցի տուն
cotton [քոթն] *n* բամբակ, թել *a* բամբակե *v* հարմարվել
couch [քաուչ] *n* թախտ *v* պառկել
cough [քոֆ] *n* հազ *v* հազալ
council [քա՛ունսլ] *n* խորհուրդ (կազմակերպություն), խորհրդակցություն
counsel [քա՛ունսըլ] *n* քննարկում, խորհուրդ(խրատ) *v* խրատել

count [քաունթ] *n* հաշիվ *v* հաշվել, թվել
~ on հույս դնել

countenance [քա՛ունթինընս] *n* դեմքի արտահայտություն, դեմք, աջակցություն
v աջակցել

country [քա՛նթրի] *n* երկիր, հայրենիք, գյուղ *a* գյուղական

county [քա՛ունթի] *n* կոմսություն, օկրուգ

coup [քու:] *n* հաջող, քայլ

couple [քափլ] *n* զույգ *v* միացնել

courage [քա՛րիջ] *n* քաջություն, խիզախություն

course [քո:ս] *n* կուրս, ընթացք of ~ անշուշտ *v* հետապնդել

court [քո:թ] *n* բակ, խաղահրապարակ, դատարան *v* սիրատածել

courtesy [քը՛:թիսի] *n* քաղաքավարություն

cousin [քազն] *n* մորաքրոջ(քեռու) տղա (աղջիկ), հորեղբոյր(հորաքրոջ) տղա(աղջիկ)

cover [քա՛վը] *n* ծածկոց, ծրար, կափարիչ
v ծածկել, թաքցնել

cow [քաու] *n* կով

coward [քա՛վըդ] *n* վախկոտ, երկչոտ մարդ

crack [քրէք] *n* ճայթյուն, ճեղք *v* շրխկացնել, ճթթալ

cradle [քրեյդը] *n* օրորոց *v* օրորել

craft [քրա:ֆթ] *n* արհեստ, հմտություն

crash [քրէշ] *n* դղրդյուն, շառաչյուն, կրախ, սնանկացում, վթար *v* ջախջախվել
adv աղմուկով

crawl [քրո:լ] *n* սողում *v* սողալ

crazy [քրեյ՛զի] *a* խելագար, խախուտ
cream [քրի:մ] *n* սերուցք, կրեմ *a* բաց դեղնագույն
create [քրի:էյ՛թ] *v* ստեղծել, կոչում տալ
creation [քրի:էյ՛շն] *n* ստեղծում, ստեղծագործություն
creature [քրի՛:չը] *n* արարած, էակ
credit [քրե՛դիթ] *n* վստահություն, լավ համբավ, պատիվ; վարկ
creed [քրի:դ] *n* հավատ, դավանանք
creek [քրի:ք] *n* ծովախորշիկ, գետակ
creep [քրի:փ] *v* սողալ, փռվել, գաղտագողի մոտենալ
crew [քրու:] *n* նավակազմ, հրոսակախումբ
crime [քրայմ] *n* հանցանք, չարագործություն
criminal [քրի՛մինըլ] *n* հանցագործ *a* հանցավոր, քրեական
crimson [քրիմզն] *a* մուգ կարմիր *v* շիկնել
cripple [քրիփլ] *n* հաշմանդամ *v* խեղել, վնասել
crisis [քրա՛յսիս] *n* ճգնաժամ, կրիզիս
critical [քրի՛թիքըլ] *a* քննադատական, ճըգնաժամային
criticism [քրի՛թիսիզմ] *n* քննադատություն
crocodile [քրո՛քըդայլ] *n* կոկորդիլոս
crop [քրոփ] *n* բերք, հունձք *v* բերք տալ, կտրել, պոկոտել
cross [քրոս] *n* խաչ, խաչելություն *a* լայնակի, հակառակ, խաչաձեւ, չար *v* հատել-անցնել ~ out ջնջել

crow [քրո՛ու] *n* ագռավ *v* կանչել(աքլորի մասին)
crowd [քրա՛ուդ] *n* ամբոխ *v* խմբվել
crown [քրաուն] *n* թագ, ծաղկեպսակ, գագաթ *v* թագադրել
crucify [քրու:սիֆայ] v խաչել
cruel [քրո՛ըլ] *a* դաժան, անգութ, տանջալից
crush [քրաշ] *n* հրհրոց *v* ճնշել, տրորել
cry [քրայ] *n* ճիչ, լաց *v* գոռալ, բացականչել, լալ
crystal [քրիսթլ] *n* բյուրեղապակի *a* թափանցիկ, պարզ, բյուրեղային
cultivate [քա՛լթիվեյթ] *v* մշակել, աճեցնել, զարգացնել
culture [քա՛լչը] *n* մշակույթ, գյուղատնտեսական կուլտուրա
cunning [քա՛նին:] *n* ճարպկություն *a* խորամանկ, սքանչելի, նրբագեղ
cup [քափ] *n* գավաթ, թաս
cure [քյուը] *n* դեղ, բուժում *v* բուժել, պահածո պատրաստել
curiosity [քյուըրիո՛սիթի] *n* հետաքրքրասիրություն, հազվագյուտ բան
curious [քյո՛ըրիըս] *a* հետաքրքրվող, տարօրինակ
curl [քը:լ] *n* խոպոպ *v* գանգրացնել, ոլորվել
current [քա՛րընթ] *n* հոսանք, ընթացք *a* ընթացող, լայն տարածում ունեցող
curse [քը:ս] *n* անեծք, հայհոյանք *v* անիծել, տանջել

curtain [քը:թն] *n* վարագույր *v* վարագույրով ծածկել
curve [քը:վ] *n* կոր գիծ, թեքություն *v* ծռ(վ)ել
cushion [քա՛շըն] *n* բարձ(բազմոցի)
custom [քա՛սթըմ] *n* սովորություն; կլիենտուրա
customer [քա՛սթըմը] *n* գնորդ, հաճախորդ
cut [քաթ] *n* կտրվածք *v* կտրել, վիրավորել(դանակով), հնձել

D

dad [դէդ] *n* հայրիկ
daily [դե՛յլի] *adv* ամեն օր *a* ամենօրյա *n* ամենօրյա լրագիր
dainty [դե՛յնթի] *n* դելիկատես *a* նուրբ, համեղ
dam [դէմ] *n* ամբարտակ, թումբ *v* ջրի առաջը կապել
damage [դէ՛միջ] *n* վնաս *v* վնասել, փարկաբեկել
dame [դեյմ] *n* տիկին, հասակն առած կին
damp [դէմփ] *n* խոնավություն, ընկճվածություն *v* խոնավացնել
dance [դա:նս] *n* պար, պարահանդես *v* պարել
danger [դե՛յնջը] *n* վտանգ, սպառնալիք
dangerous [դե՛յնջրըս] *a* վտանգավոր
dare [դեը] *v* համարձակվել, դրդել
dark [դա:ք] *a* մութ, թուխ, տգետ *n* խավար

darkness [դա՛:քնիս] *n* մթություն, խավարություն

darling [դա՛:լին:] *n* սիրելի *a* թանկագին

darn [դա:ն] *v* կարկատել

dash [դէշ] *v* գցել, նետել; սլանալ *n* սրընթաց շարժում, պոռթկում; գծիկ

date [դեյթ] *n* թվական, ամսաթիվ, ժամադրություն, ժամանակամիջոց *v* թվագրել

daughter [դո՛:թը] դուստր, աղջիկ

daugther-in-law [դո՛:թըր ին լո:] *n* հարս

dawn [դո:ն] *n* լուսաբաց *v* լուսանալ, սկիզբ առնել

day [դեյ] *n* օր, վճռական օր

dazzle [դէզլ] *v* շլացնել, ապշեցնել

dead [դեդ] *a* մեռած, ամայի, հանգած *adv* բոլորովին, կատարելապես

deadly [դե՛դլի] *a* մահացու, անողոք *adv* չափազանց

deaf [դեֆ] *a* խուլ

deal [դի:լ] *n* քանակ, մաս, գործարք *v* բաժանել, առևտրով զբաղվել

dealer [դի՛:լը] *n* առևտրական, խաղաթուղթ բաժանող

dear [դիը] *n* սիրելի, թանկագին *n* սիրեցյալ

death [դեթ] *n* մահ *a* մահացու

debate [դիբե՛յթ] *v* քննարկել, վիճարկել *n* վիճաբանություն

debt [դեթ] *n* պարտք

decay [դիքե՛յ] *v* փտել, անկման հասնել *n* հոտում, քայքայում, ավերում

deceive [դիսի՛:վ] *v* խաբել, մոլորության մեջ գցել
December [դիսե՛մբը] *n* դեկտեմբեր
decent [դի՛:սնթ] *a* պատշաճ, վայելուչ, պարկեշտ, համեստ
decide [դիսա՛յդ] *v* որոշել
decision [դիսի՛ժն] *n* որոշում, վճռականություն
deck [դեք] *n* տախտակամած, խաղաթղթերի կապուկ
declare [դիքլե՛ը] *v* հայտարարել, հռչակել
decline [դիքլա՛յն] *v* թեք(վ)ել, վատանալ, մերժել *n* անկում, իջեցում(գների)
decoration [դեքըրե՛յշն] *v* զարդարանք, շքանշան
decrease [դիքրի՛:ս] *n* պակասեցնել, փոքրանալ *n* նվազեցում
decree [դիքրի՛:] *n* հրամանագիր, դեկրետ, վճիռ(դատարանի) *v* հրամանագրել
deed [դի:դ] *n* գործ, արարք, փաստաթուղթ *v* վավերագրով հանձնել
deem [դի:մ] *v* ենթադրել, կարծել
deep [դի:փ] *a* խոր *n* խորություն *adv* խոր, խորապես
deer [դիը] *n* եղջերու, եղնիկ
defeat [դիֆի՛:թ] *v* հաղթել *n* պարտություն
defend [դիֆե՛նդ] *n* պաշտպան(վ)ել
defense [դիֆե՛նս] *v* պաշտպանություն, արգելում(որսի)
define [դիֆա՛յն] *a* սահմանել, սահմանում տալ

definite [դե'ֆինիթ] *n* որոշակի, պարզ, հստակ
definition [դեֆինի'շն] *a* սահմանում, հըստակություն
degree [դիգրի':] *n* աստիճան, դիրք, գիտական աստիճան
delegate [դե'լիգիթ] *a* պատգամավոր, դեպուտատ [դելի'գեյթ] *v* պատգամավոր ուղարկել
delicate [դե'լիքիթ] *a* նուրբ, քնքուշ, նըրբազգաց, թույլ, հիվանդոտ
delicious [դիլի'շըս] *a* հիանալի, սքանչելի, համեղ, ընտիր
delight [դիլա'յթ] *a* հիացնել, սքանչանալ, զմայլվել *n* հաճույք
delightful [դիլա'յթֆուլ] *a* հիանալի, հմայիչ, սքանչելի
deliver [դիլի'վը] *v* հանձնել, ներկայացնել, առաքել, ազատել, կարդալ (զեկուցում)
demand [դիմա':նդ] *v* պահանջել, հարցնել *n* պահանջ, կարիք, պահանջարկ
democracy [դիմո'քրըսի] *n* դեմոկրատիա, դեմոկրատական կուսակցություն
democrat [դեմըքրէ'թ] *n* դեմոկրատիա, դեմոկրատական կուսակցության
demolish [դիմո'լիշ] *v* քանդել, ավերել
demonstrate [դե'մընսթրեյթ] *v* ցուցադրել, ապացուցել, ցույցի մասնակցել
den [դեն] *n* քարայր, գողերի որջ, խցիկ
dense [դենս] *a* խիտ, թանձր, ծայրահեղ
deny [դինա'յ] *v* հերքել, մերժել, ուրանալ

depart [դիփա։թ] *v* հեռանալ, մեռնել, հրաժարվել
department [դիփա։թմընթ] *n* բաժին, ֆակուլտետ, բնագավառ, մինիստրություն
departure [դիփա՛։չը] *n* մեկնում; մահ; շեղում
depend [դիփե՛նթ] *v* կախված լինել, խնամքի տակ լինել, վստահել
deposit [դիփո՛զիթ] *v* նստվածք առաջացնել, ավանդ դնել, կանխավճար տալ *n* ներդրում, նստվածք, հանքատեղ
depression [դիփրե՛շն] *n* ճնշվածություն, անկում
depth [դեփթ] *n* խորություն, խորք
derive [դիրա՛յվ] *v* ծագել, սկիզբ առնել, բխեցնել
descend [դիսե՛նդ] *v* իջնել, սերվել, ժառանգաբար անցնել
describe [դիսքրա՛յբ] *v* նկարագրել, պատկերել
description [դիսքրի՛փշն] *n* նկարագրություն
desert [դե՛զըթ] *n* անապատ; արժանիք, վաստակ *a* ամայի. [դիզը՛։թ] *v* լքել, թողնել
deserve [դիզը՛։վ] *v* արժանանալ
design [դիզա՛յն] *v* մտադրվել, նախագծել *n* մտադրություն, պլան; զարդանկար
desirable [դիզա՛յըրըբլ] *a* ցանկալի
desire [դիզա՛յը] *n* ցանկություն, փափագ, իղձ *v* ցանկանալ

desk [դեսք] *n* գրասեղան, նստարան(աշակերտական)
despair [դիսփե'ը] *n* հուսահատություն *v* հուսահատվել
desperate [դե'սփըրիթ] *a* հուսահատ, հանդուգն
despise [դիսփա'յզ] *v* արհամարհել
despite [դիսփա'յթ] *prep* չնայած, հակառակ
destiny [դե'սթինի] *n* բախտ, ճակատագիր
destroy [դիսթրո'յ] *v* քանդել, կործանել
destruction [դիսթրա'քշն] *n* կործանում, ավերածություն
detail [դի':թեյլ] *n* մանրամասնություն, դետալ
determination [դիթը:մինեյշն] *n* որոշում, վճիռ, սահմանում
develop [դիվե'լոփ] *v* զարգանալ, կատարելագործել, երեւան գալ
development [դիվե'լըփմընթ] *n* զարգացում, աճ, կատարելագործում
device [դիվա'յս] *n* հարմարանք, պլան, միջոց, նշանաբան, նախագիծ
devil [դեվլ] *n* դեւ, սատանա
devote [դիվո'ութ] *v* անձնատուր լինել, նվիրվել
devotion [դիվո'ուշն] *n* նվիրվածություն, բարեպաշտություն
dew [դյու:] *n* ցող, կաթիլ *v* թրջել, ցողել
diamond [դա'յըմընդ] *n* ադամանդ, ալմաստ, հրապարակ(բեյսբոլ խաղի համար)
die [դայ] *v* մեռնել, վախճանվել

diet [դա՛յըթ] *n* կերակուր, դիետա *v* դիետա պահել
differ [դի՛ֆը] *v* տարբերվել, չհամաձայնվել
difference [դի՛ֆրընս] *n* տարբերություն, տարաձայնություն *v* տարբերել
different [դի՛ֆրընթ] *a* տարբեր, ոչ նման, զանազան
difficult [դի՛ֆիքըլթ] *a* դժվար, ծանր
difficulty [դի՛ֆիքըլթի] *n* դժվարություն, խոչընդոտ
dig [դիգ] *v* փորել, հրել, եռանդով աշխատել, պեղել
digest [դիջե՛սթ] *v* մարս(վ)ել, յուրացնել [դա՛յջեսթ] *n* ժողովածու, տեղեկատու
dignity [դի՛գնիթի] *n* արժանապատվություն, բարձր կոչում, տիտղոս
dim [դիմ] *a* աղոտ, պղտոր, թույլ *v* մթագնել
diminish [դիմի՛նիշ] *v* պակասել, թուլացնել
dine [դայն] *v* ճաշել, ճաշկերույթ տալ
dinner [դի՛նը] *n* ճաշ
dip [դիփ] *n* սուզ(վ)ել, թաթախել *n* սուզում
direct [դիրե՛քթ] *a* ուղիղ, անմիջական *v* ղեկավարել, ուղղություն տալ
direction [դիրե՛քշն] *n* ղեկավարություն, կարգադրություն, ուղղություն
directly [դիրե՛քթլի] *adv* ուղիղ, անմիջապես *conj* հենց որ
director [դիրե՛քթը] *n* ղեկավար, ռեժիսոր
dirt [դը:թ] *n* կեղտ, ստորություն, հող
dirty [դը՛:թի] *a* կեղտոտ, վատ *v* կեղտոտել

disappear [դիսըփի՛ը] *v* անհետանալ, կորչել
disappoint [դիսըփո՛յնթ] *v* հիասթափեցնել, հուսախաբել
disappointment [դիսըփո՛յնթմընթ] *n* հիասթափություն, վրդովմունք
disaster [դիզա՛:սթը] *n* աղետ, դժբախտություն
discharge [դիսչա՛:ջ] *v* բեռնաթափ(վ)ել, դուրս գրել, արձակել(ծառայությունից) *n* բեռնաթափում, լիցքահանում
discipline [դի՛սիփլին]] *n* կարգապահություն
discontent [դիսքընթե՛նթ] *n* դժգոհություն
discourage [դիսքա՛րիջ] *v* վհատեցնել, հուսալքել
discover [դիսքա՛վը] *v* հայտնաբերել, բաց անել
discovery [դիսքա՛վըրի] *n* հայտնագործություն
discuss [դիսքա՛ս] *v* քննարկել, վիճարկել
discussion [դիսքա՛շն] *n* քննարկում, բանակցություններ
disease [դիզի՛:զ] *n* հիվանդություն, ախտ
disgrace [դիսգրե՛յս] *n* շնորհազրկություն, խայտառակություն, անպատվություն
disguise [դիսգա՛յզ] *v* քողարկ(վ)ել, թաքցնել *n* քողարկում, դիմակ
disgust [դիսգա՛սթ] *n* զզվանք *v* զզվանք առաջացնել
dish [դիշ] *n* պնակ, կերակուր
dislike [դիսլա՛յք] *v* չսիրել *n* ատելություն

dismay [դիսմեյ՛] *v* սարսափեցնել, վհատեցնել *n* սարսափ, վհատություն
dismiss [դիսմի՛ս] բաց թողնել, հեռացնել
display [դիսփլեյ՛] *v* ցուցադրել, դրսեւորել *n* ցուցադրում, ցուցահանդես
dispose [դիսփո՛ուզ] *v* տեղավորել, տնօրինել, լավ տրամադրել(մեկի նկատմամբ)
disposition [դիսփըզի՛շն] *n* դասավորություն, կարգ, հակում, տեղադրում(զորքերի), խառնվածք
dispute [դիսփյո՛ւ:թ] *v* վիճել, քննարկել *n* բանավեճ, կռիվ
dissolve [դիզո՛լվ] *v* արձակել, չեղյալ համարել, հալ(վ)ել, քանդել
distance [դի՛սթընս] *n* տարածություն, հեռավորություն
distant [դի՛սթընթ] *a* հեռավոր, պաղ, զսպված
distinct [դիսթի՛ն:քթ] *a* անջատ, տարբեր, պարզ, հստակ, որոշակի
distinction [դիսթի՛ն:քշն] *n* տարբերություն, զանազանում, առանձնահատկություն, շքանշան
distinctly [դիսթի՛ն:քթլի] *adv* որոշակի, պարզորեն, նկատելի կերպով
distinguish [դիսթի՛ն:գվիշ] *v* տարբեր(վ)ել, ջոկել, նկատի առնել
distress [դիսթրե՛ս] *n* վիշտ, դժբախտություն, աղետ *v* վիշտ պատճառել
distribute [դիսթրի՛բյու:թ] *v* բաշխել, ցրել, տարածել

distribution [դիսթրիբյու՛:շն] *n* բաշխում, տարածում
district [դի՛սթրիքթ] *n* շրջան, մարզ
disturb [դիսթը՛:բ] *n* անհանգստացնել, խանգարել, հուզել
ditch [դիչ] *n* առու, փոս *v* առու փորել
dive [դայվ] *v* սուզ(վ)ել, խոյընթաց թռիչք կատարել *n* սուզում, որջ
divide [դիվա՛յդ] *v* բաժան(վ)ել, անջատ(վ)ել *n* ջրաբաժան
divine [դիվա՛յն] *a* աստվածային *n* հոգևորական *v* գուշակել
division [դիվի՛ժն] *n* բաժանում, բաժին, մաս, սահմանագիծ, դիվիզիա
divorce [դիվո՛:ս] *n* ամուսնալուծություն, անջատում *v* բաժանվել
do [դու:] *v* անել, հարդարել, վերջացնել, պատճառել, վարվել, դեր կատարել, համապատասխանել
doctor [դո՛քթը] *n* բժիշկ *v* բուժել
doctrine [դո՛քթրին] *n* ուսմունք, դոկտրինա, դավանանք
dog [դոգ] *n* շուն
doll [դոլ] *n* տիկնիկ *v* զարդար(վ)ել
dollar [դո՛լը] *n* դոլար
domestic [դըմեսթիք] *a* տնային, ներքին *n* ծառա
door [դո:] *n* դուռ
dot [դոթ] *n* կետ, շատ փոքր բան *v* կետ դնել
double [դաբլ] *a* կրկնակի, երկակի, երկերեսանի *n* նմանակ *v* կրկնապատկ(վ)ել

doubt [դաութ] *v* կասկածել, չվստահել *n* կասկած no ~անկասկած
doubtful [դա՛ութֆուլ] *a* կասկածելի, անորոշ
doubtless [դա՛ութլիս] *adv* անկասկած, հավանաբար
dove [դավ] *n* աղավնի
down [դաուն] *adv* ներքեւ, մինչեւ վերջ *prep* ուղղությամբ, ընթացքով *n* վայրէջք; աղվամազ
downstairs [դա՛ունսթեըզ] *adv* ներքեւ, ցած, ներքեւի հարկում
dozen [դազն] *n* դյուժին, մեծ քանակություն
drag [դրէգ] *v* քաշել, քաշքշել, ձգձգվել
dragon [դրէ՛գըն] *n* թեւավոր վիշապ
drain [դրեյն] *v* ցամաքեցնել, դատարկել
drama [դրէ՛մը] *n* դրամա
dramatic [դրըմէ՛թիք] *a* դրամատիկական
draw [դրո:] *v* նկարել, քաշել, ձգել, քաղել, գրավել, հետեւեցնել, գծել *n* ոչ ոքի խաղ
drawer [դրո:ը] *n* գծագրիչ; արկղ
drawn [դրո:ն] *a* չորոշված, ձգված (դեմք)
dread [դրեդ] *v* սարսափել *n* սոսկում, ահ
dreadful [դրե՛դֆուլ] *a* ահավոր, սարսափելի
dream [դրի:մ] *n* երազ, երազանք *v* երազ տեսնել, երազել
dress [դրես] *n* հագցնել, հագնվել, վերքը կապել, սանրել(մազերը) *v* զգեստ
drift [դրիֆթ] *n* դանդաղ հոսանք, դրեյֆ, ընթացք, ձյունակույտ *v* քշվել(հոսանքից)

drill [դրիլ] *n* մարզանք, վարժություն(շարային); շաղափ *v* սովորեցնել; ծակել
drink [դրին:ք] *v* խմել, հարբել *n* խմիչք, ըմպելիք
drive [դրա՛յվ] *v* վարել, քշել, մխել *n* ուղևորություն, հարված, գրոհ, կամպանիա (հասարակական), հաղորդում
driver [դրա՛յվը] *n* վարորդ, նախրապան
droop [դրու:փ] *v* խոնարհվել, թառամել *n* կախում, վհատություն
drop [դրոփ] *n* կաթիլ, կում *v* կաթել, վայր գցել, նետել, լքել, ընկնել
drove [դրոուվ] *n* հոտ, նախիր
drown [դրաուն] *v* խեղդ(վ)ել, ողողել, ջրահեղձ լինել
drug [դրագ] *n* դեղ, թմրադեղ
drum [դրամ] *n* թմբուկ *v* թմբկահարել, թխթխկացնել
dry [դրայ] *a* չոր, ցամաք, ծարավ *v* չորանալ, չորացնել
duck [դաք] *n* բադ *v* սուզվել
due [դյու:] *a* պատշաճ, պայմանավորված, որոշված *adv* ուղղակի ~ to շնորհիվ
duke [դյու:ք] *n* դուքս
dull [դալ] *a* բութ, հիմար, նսեմ, ամպամած, ձանձրալի *v* բթանալ
dumb [դամ] *a* համր, անձայն, հիմար *v* լռեցնել
during [դյու՛ըրին:] *prep* ընթացքում, ժամանակ
dust [դասթ] *n* փոշի, հող, աճյուն *v* փոշին մաքրել

duty [դյու՛:թի] *n* պարտք, պարտականություն, մաքս, հերթապահություն
dwarf [դվո:ֆ] *n* թզուկ *a* թզուկային
dwell [դվել] *v* ապրել, բնակվել, հանգամանորեն խոսել
dwelling [դվե՛լին:] *n* բնակարան, տուն
dye [դայ] *n* ներկ, երանգ, գույն *v* ներկել
dying [դա՛յին:] *a* մեռնող, մահվան *n* մահ

E

each [ի:չ] a *pron* յուրաքանչյուր, ամեն մի
~ other մեկը մյուսին
eager [ի:գը] *a* խիստ փափագող, ձգտող, եռանդուն
eagerness [ի՛:գընիս] *n* եռանդ, փափագ
eagle [ի:գլ] *n* արծիվ
ear [իը] *n* ականջ, լսողություն; հասկ
earl [ը:լ] *n* կոմս(անգլիական)
early [ը՛:լի] *a* վաղ, վաղաժամ *adv* վաղ
earn [ը:ն] *v* վաստակել, արժանանալ
earnest [ը՛:նիսթ] *a* լուրջ.ո in ~ լրջորեն, կանխավճար
earth [ը:թ] *n* երկիր, աշխարհ, հող, երկրագունդ
earthquake [ը:՛թքվեյք] *n* երկրաշարժ
ease [ի:զ] *n* հանգիստ, անկաշկանդություն, թեթևացում, հեշտություն
easily [ի՛:զիլի] *adv* հեշտությամբ
east [ի:սթ] *n* արևելք *a* արևելյան
adv դեպի արևելք

eastern [ի՛սթըն] *n* արեւելքի բնակիչ *a* արեւելյան

easy [ի՛զի] *a* հեշտ, թեթեւ, հանգիստ, հարմարվող

eat [ի:թ] *v* ուտել

echo [է՛քոու] *n* արձագանք, ընդօրինակում *v* արձագանքել

economic [ի:քընո՛միք] *a* տնտեսական, տնտեսող

economy [ի:քոընըմի] *n* տնտեսություն, խնայողություն

edge [էջ] *n* ծայր, եզր, կատար, առավելություն

edition [իդի՛շն] *n* հրատարակություն

editorial [էդիթո՛:րիըլ] *n* առաջնորդող(հոդված) *a* խմբագրական

educate [է՛դյու:քեյթ] *v* դաստիարակել, կրթել, զարգացնել

effect [իֆե՛քթ] *n* արդյունք, հետեւանք, ազդեցություն, տպավորություն

effective [իֆե՛քթիվ] *n* էֆեկտիվ *a* գործող, գործուն, տպավորիչ

efficiency [իֆի՛շընսի] *n* էֆեկտիվություն, ներգործություն, արտադրողականություն

effort [է՛ֆըթ] *n* ջանք, ճիգ, փորձ, նվաճում

egg [էգ] *n* ձու

eight [էյթ] *num* ութ

eighteen [էյթի՛:ն] *num* տասնութ

eighth [էյթ:] *num* ութերորդ

eighty [է՛յթի] *num* ութսուն

either [ա՛յդը] *a, pron* յուրաքանչյուրը, երկուսն էլ, այս կամ այն *adv, conj* կամ, կամ կամ
elaborate [իլէ՛բըրիթ] *a* խնամքով մշակված, բարդ *v* մանրամասն մշակել
elbow [է՛լբոու] *n* արմունկ *v* արմունկով հրել
elder [է՛լդը] *a* ավագ
elect [իլե՛քթ] *n* ընտրյալ *a* ընտրված *v* ընտրել
election [իլե՛քշն] *n* ընտրություններ, ընտրելը
electric [իլե՛քթրիք] *a* էլեկտրական
element [է՛լիմընթ] *n* էլեմենտ, տարր, հիմունքներ, տարերք
elephant [է՛լիֆընթ] *n* փիղ
eleven [իլեւն] *num* տասնմեկ
else [էլս] *adv* էլի, բացի, ուրիշ, թե չէ, հակառակ դեպքում
elsewhere [էլսվե՛ը] *adv* որեւէ այլ տեղ, այլուր
embrace [իմբրե՛յս] *n* գիրկ գրկախառնություն *v* գրկել, ներառնել
emerge [իմը՛:ջ] *v* երեւան գալ, առաջանալ
emergency [իմը՛:ջընսի] *n* անակնկալ դեպք, ծայրահեղություն *a* օժանդակ, վթարային
emotion [իմո՛ուշն] *n* հույզ, հուզմունք, էմոցիա
emperor [է՛մփըրը] *n* կայսր
empire [է՛մփայը] *n* կայսրություն *a* կայսերական

employ [իմփլո՛յ] *v* գործածել, օգտագործել, աշխատանք տալ

employee [էմփլոյի՛:] *n* ծառայող

employer [իմփլո՛յր] *n* վարձող, ձեռնարկատեր

employment [իմփլո՛յմընթ] *n* ծառայություն, աշխատանք, զբաղմունք, կիրառում

empty [է՛մփթի] *a* դատարկ, անբովանդակ *v* դատարկ(վ)ել

enable [ինե՛յբլ] *v* հնարավորություն կամ իրավունք տալ

enclose [ինքլո՛ուզ] *v* ներփակել, շրջապատել

encounter [ինքա՛ունթը] *n* ընդհարում, հանդիպում *v* ընդհարվել

encourage [ինքա՛րիջ] *v* քաջալերել, օգնել, դրդել

end [էնդ] *n* վերջ, վախճան *v* վերջանալ, վերջացնել

endless [է՛նդլիս] *a* անվերջ, անսահման

endure [ինդյո՛ւր] *v* համբերությամբ տանել, հանդուրժել

enemy [է՛նիմի] *n* թշնամի, հակառակորդ *a* թշնամական

energy [է՛նըջի] *n* էներգիա, եռանդ, ուժ

enforce [ինֆո՛:ս] *v* հարկադրել, ստիպել, ուժեղացնել

engage [ինգե՛յջ] *v* վարձել, պատվիրել, գրավել, պարտավորել, նշանվել, զբաղված լինել

engagement [ինգեյ՛ջմընթ] *n* հրավեր, պարտավորություն, նշանադրություն
engine [է՛նջին] *n* մեքենա, շարժիչ, շոգեքարշ
engineer [էնջինի՛ը] *n* ինժեներ, մեխանիկ, մեքենավար
English [ի՛ն:գլիշ] *n* անգլիացիներ, անգլերեն *a* անգլիական
enjoy [ինջո՛յ] *v* բավականություն ստանալ, զվարճանալ
enormous [ինո՛:մըս] *a* ահագին, հսկայական, սարսափելի
enough [ինա՛ֆ] *a* բավական, բավականաչափ *n* բավարար քանակություն
enter [է՛նթը] *v* մտնել, թափանցել, պաշտոնի մտնել, ընդունվել
enterprise [է՛նթըփրայզ] *n* ձեռնարկություն, նախաձեռնություն
entertain [էնթըթե՛յն] *v* հյուր ընդունել, հյուրասիրել, զվարճացնել
entertainment [էնթըթե՛յնմընթ] *n* ընդունելություն, հրավերք, հյուրասիրություն
enthusiasm [ինթյու՛:զիէզմ] *n* խանդավառություն
entire [ինթա՛յը] *a* լիակատար, լրիվ, կատարյալ, մաքուր
entirely [ինթա՛յըլի] *adv* ամբողջովին, բոլորովին, լիովին, բացառապես
entitle [ինթա՛յթլ] *v* վերնագրել, կոչում տալ, իրավունք տալ
entrance [է՛նթրընս] *v* մուտք, դուռ, մտնելը

envelope [է՛նվիլոուփ] *n* փաթթոց, ծրար, կեղեւ, պատյան
envy [է՛նվի] *n* նախանձ *v* նախանձել
equal [ի՛:քվըլ] *n* հավասարակից *a* հավասար, միանման *v* հավասարվել
equator [իքվե՛յթը] *n* հասարակած
equip [իքվի՛փ] *v* հանդերձել, սպառազինել, սարքավորել
equipment [իքվի՛փմընթ] *v* սարքավորում, սպառազինություն
eradicate [իրէ՛դիքեյթ] *v* արմատով հանել
erect [իրե՛քթ] *a* ուղիղ, կանգուն *adv* ուղիղ *v* կառուցել
errand [է՛րընդ] *n* հանձնարարություն
error [է՛րը] *n* սխալ, մոլորություն, շեղվելը
escape [իսքե՛յփ] *n* փախուստ *v* փախչել, փրկվել
especially [իսփե՛շըլի] *adv* հատկապես, մասնավորապես
essential [իսե՛նշըլ] *n* կարեւոր մաս *a* էական, հիմնական
establish [իսթէ՛բլիշ] *v* հաստատել, հիմնադրել
establishment [իսթէ՛բլիշմընթ] *n* հաստատում, հիմնում, հաստատություն
estate [իսթե՛յթ] *n* դաս, կալվածք, ունեցվածք
estimate [է՛սթիմիթ] *n* գնահատում, նախահաշիվ [է՛սթիմեյթ] *v* գնահատել
eternal [ի:թը՛:նըլ] *a* հավերժական, անփոփոխ
eve [ի:վ] *n* նախօրյակ

European [յուըրըփի՛:ըն] *n* եվրոպացի *a* եվրոպական
even [ի՛:վըն] *a* հավասար, միանման *adv* նույնիսկ
evening [ի՛:վնին:] *n* երեկո, երեկույթ
event [իվե՛նթ] *n* դեպք, ելք
ever [է՛վը:] *adv* երբեւէ for ~ ընդմիշտ
every [է՛վրի] *a* յուրաքանչյուր, ամեն մի
everybody [է՛վրիբոդի] *n* ամեն մարդ, բոլորը
everyone [է՛վրիվան] *n* ամեն մեկը
everything [է՛վրիթին:] *n* ամեն ինչ, ամեն բան
evidence [է՛վիդընս] *a* ակնհայտություն, վկայություն, փաստ
evident [է՛վիդընթ] *n* հայտնի, ակնհայտ
evil [ի:վլ] *n* չարություն *a* չար, վնասակար
exact [իգզէ՛քթ] *a* ճիշտ, ստույգ *v* պնդել, պահանջել
exactly [իգզէ՛քթլի] *adv* ճիշտ, ճշտորեն, իսկ եւ իսկ
examination [իգզէմինե՛յշն] *n* քննություն, զննում, քննում
example [իգզա՛:մփլ] *n* օրինակ, նմուշ for~ օրինակի համար
exceed [իքսի՛:դ] *v* անցնել(չափից), գերազանցել
excellent [է՛քսըլընթ] *a* գերազանց, հոյակապ
except [իքսե՛փթ] *v* բացառել *prep* բացի, բացառությամբ
exception [իքսե՛փշն] *n* բացառություն

excess [իքսե՛ս] *n* չափազանցություն, ավելցուկ, to~ չափից ավելի
exchange [իքսչե՛յնջ] *v* փոխանակել, մանրել *n* փոխանակում, բորսա
excite [իքսա՛յթ] *v* գրգռել, արթնացնել, հուզել
excitement [իքսա՛յթմընթ] *n* գրգիռ, հուզում, հուզմունք
exclaim [իքսքլե՛յմ] *v* բացականչել, գոչել
excuse [իքսքյու՛:զ] *v* ներել, արդարացնել *n* ներողություն
execute [է՛քսիքյու:թ] *v* կատարել, մահապատժի ենթարկել
executive [իգզե՛քյութիվ] *n* գործադիր իշխանություն, ադմինիստրատոր, նախագահ, գործադիր *a* գործադիր
exercise [է՛քսըսայզ] *n* վարժություն, մարզանք *v* մարզ(վ)ել
exhaust [իգզո՛:սթ] *n* արտածայթքում *v* ուժասպառ անել, հոգնեցնել
exhibit [իգզի՛բիթ] *v* ցուցադրել *n* ցուցանմուշ
exist [իգզի՛սթ] *v* լինել, գոյություն ունենալ, գտնվել
existence [իգզի՛սթընս] *n* գոյություն, կյանք, առկայություն
expect [իքսփե՛քթ] *v* սպասել, հուսալ, ենթադրել, կարծել
expedition [էքսփիդի՛շն] *n* արշավ, արշավախումբ, արագություն
expense [իքսփե՛նս] *n* վատնում, գին, արժեք, ծախսեր

expensive [իքսփե՛նսիվ] *a* թանկ, թանկարժեք

experience [իքսփի՛ըրիըևս] *n* փորձառություն *v* կրել, տանել, զգալ, ճաշակել

experiment [իքսփե՛րիմընթ] *n* փորձ, գիտափորձ *v* փորձարկել

expert [է՛քսփը:թ] *n* գիտակ, մասնագետ, էքսպերտ *a* փորձառու, վարպետ

explain [իքսփլե՛յն] *v* բացատրել

explanation [էքսփլընե՛յշն] *n* բացատրություն, մեկնաբանություն

explore [իքսփլո՛:] *v* հետազոտել, ուսումնասիրել

export [էսփո՛:թ] *n* արտահանում, էքսպորտ *v* արտահանել

expose [իքսփո՛ուզ] *v* ենթարկել(վտանգի եւ այլն), ցուցադրել, բացահայտել, ենթարկել

express [իքսփրե՛ս] *n* ճեպընթաց *a* հատուկ, շտապ, ճիշտ, պարզ *v* արտահայտել

extend [իքսթե՛նդ] *v* ձգել, երկարացնել, տարած(վ)ել, ցուցադրել(կարեկցություն)

extensive [իքսթե՛նսիվ] *a* ընդարձակ, լայնատարած

extent [իքսթե՛նթ] *n* ձգվածություն, աստիճան, չափ

extra [է՛քսթրը] *n* հավելավճար *a* արտակարգ, հավելյալ

extraordinary [իքսթրո՛:դնրի] *a* արտասովոր, արտակարգ, զարմանալի

extreme [իքսթրի՛:մ] *n* ծայրահեղություն *a* ծայրահեղ, վերջին

extremely [իքսթրի՛:մլի] *adv* չափազանց, ծայրաստիճան, սաստիկ

eye [այ] *n* աչք, տեսողություն *v* զննել, դիտել

eyebrow [ա՛յբրաու] *n* հոնք

eyelash [ա՛յլէշ] *n* թարթիչ

eyelid [ա՛յլիդ] *n* կոպ

F

fabric [ֆէ՛բրիք] *n* կառուցվածք, կմախք, գործվածք, մշակում

face [ֆեյս] *n* դեմք, տեսք *v* դեմքով դառնալ

facility [ֆըսի՛լիթի] *n* թեթևություն, շնորհք, հնարավորություններ

fact [ֆէքթ] *n* փաստ in ~ փաստորեն

factor [ֆէ՛քթը] *n* գործոն, մանր միջնորդ

factory [ֆէ՛քթըրի] *n* ֆաբրիկա, գործարան

faculty [ֆէ՛քըլթի] *n* ձիրք, ընդունակություն, ֆակուլտետ, դասախոսական կազմ

fade [ֆեյդ] *v* թառամել, գունաթափվել

fail [ֆեյլ] *v* թուլանալ, չհերիքել, ձախողվել, քննությունից կտրվել

failure [ֆե՛յլը] *n* անհաջողություն, սնանկություն

faint [ֆեյնթ] *n* ուշաթափություն *a* թույլ, տկար *v* ուշաթափ լինել

faintly [ֆե՛յնթլի] *adv* հազիվ, թույլ կերպով
fair [ֆեը] *n* տոնավաճառ *a* հիանալի, ազնիվ *adv* ազնվորեն
fairly [ֆե՛ըլի] *adv* արդարացիորեն, միանգամայն, բոլորովին
fairy [ֆե՛ըրի] *n* փերի *a* կախարդական
faith [ֆեյթ] *n* հավատ, վստահություն, դավանանք
faithful [ֆե՛յթֆուլ] *a* հավատարիմ, բարեխիղճ
fall [ֆո:լ] *n* անկում, աշուն *v* ընկնել, իջնել, մեղմանալ, վիճակվել, անհաջողություն կրել
false [ֆո:լս] *a* սուտ, կեղծ, անհավատարիմ
fame [ֆեյմ] *n* համբավ, հռչակ *v* փառաբանել
familiar [ֆըմի՛նյը] *a* մտերիմ, սովորական, սանձարձակ
family [ֆէ՛միլի] *n* ընտանիք, ցեղ, տոհմ
famous [ֆե՛յմըս] *a* հայտնի, հռչակավոր
fan [ֆէն] *n* հովհար, օդափոխիչ; էնտուզիաստ *v* հովհարել
fancy [ֆէ՛նսի] *n* երևակայություն, ֆանտազիա, քմահաճույք *a* երևակայական, ֆանտաստիկ *v* երևակայել
far [ֆա:] *adv* հեռու, շատ ավելի *a* հեռավոր
fare [ֆեը] *n* ճանապարհածախս, ուղևոր
farewell [ֆե՛ըվել] *n* հրաժեշտ *int* մնաս բարով

farm [ֆա:մ] *n* գյուղացիական տնտեսություն, ֆերմա *v* հողը մշակել
farmer [ֆա՛:մը] *n* ֆերմեր, գյուղացի
farther [ֆա՛ը:դը] *adv* ավելի հեռու
fast [ֆա:սթ] *a* ամուր, արագ *n* պաս *v* պաս պահել
fasten [ֆա:սն] *v* ամրացնել, սեղմել, փակ(վ)ել
fat [ֆէթ] *n* ճարպ, յուղ *a* գիրացրած, չաղ
fatal [ֆեյթլ] *a* ճակատագրական, մահացու
fate [ֆեյթ] *n* բախտ, ճակատագիր *v* կանխորոշել
father [ֆա՛:դը] *n* հայր
father–in–law [ֆա:դըրինլո՛:] *n* սկեսրայր, աներ
fatigue [ֆըթի՛:գ] *n* հոգնածություն *v* հոգնեցնել
fault [ֆո:լթ] *n* պակասություն, մեղք, արատ, զանցանք, սխալ
favor [ֆե՛յվը] *n* բարեհաճություն, համակրանք, հովանավորություն in ~ of ի պաշտպանություն
favorable [ֆե՛յվըրըբլ] *a* բարեհաճ, բարենպաստ
feast [ֆի:սթ] *n* խնջույք, տոն *v* քեֆ անել
feat [ֆի:թ] *n* սխրագործություն
feather [ֆե՛դը] *n* փետուր *v* փետրավորվել
feature [ֆի՛:չը] *n* դիմագծեր, առանձնահատկություն, լիամետրաժ ֆիլմ, լրագրային հոդված
February [ֆե՛բրուըրի] *n* փետրվար

federal [ֆե՛դըրըլ] *a* ֆեդերալ *n* ֆեդերալիստ
fee [ֆի:] *n* վարձատրություն, հոնորար, վճար
feeble [ֆի:բլ] *a* թույլ, վատառողջ
feed [ֆի:դ] *n* սնունդ, կեր *v* կերակրել
feel [ֆի:լ] *v* զգալ, շոշափել *n* զգացողություն
feeling [ֆի՛:լինգ] *n* զգացմունք *a* զգայուն
felicity [ֆիլի՛սիթի] *n* բախտ, երջանկություն
fell [ֆել] *v* խփել, կտրել-գցել
fellow [ֆե՛լոու] *n* ընկեր, եղբայր, մարդ
female [ֆի՛:մեյլ] *n* կին, էգ *a* իգական, կանացի
fence [ֆենս] *n* ցանկապատ, սուսերամարտ *v* ցանկապատել
festival [ֆե՛սթըվըլ] *n* ֆեստիվալ, փառատոն, տոն
fetch [ֆեչ] *v* գնալ եւ բերել, բերել
fever [ֆի՛:վը] *n* տենդ, հուզմունք *v* ջերմել
few [ֆյու:] *a* քիչ, սակավ *n* աննշան թիվ
field [ֆի:լդ] *n* դաշտ, ասպարեզ
fierce [ֆիըս] *a* կատաղի, վայրագ, ուժեղ, տհաճ
fiery [ֆա՛յըրի] *a* հրեղեն, տաքարյուն
fifteen [ֆիֆթի՛:ն] *num* տասնհինգ
fifth [ֆիֆթ] *num* հինգերորդ
fifty [ֆի՛ֆթի] *num* հիսուն
fight [ֆայթ] *n* մարտ, կռիվ, վեճ *v* կռվել, պատերազմել

figure [ֆի՛գը:] *n* կազմվածք, անձնավորություն, թիվ,պատկեր *v* պատկերել
file [ֆայլ] *n* խարտոց; թղթապանակ, քարտարան; շարք *v* խարտոցել; փաստաթուղթ հանձնել; շարքով գնալ
fill [ֆիլ] *n* կշտություն *v* լցվել, պլոմբել, կատարել(պատվեր)
film [ֆիլմ] *n* թաղանթ; ֆիլմ *v* ծածկ(վ)ել թաղանթով; կինո նկարահանել
final [ֆա՛յնըլ] *n* եզրափակիչ խաղ *v* վերջնական, վճռական
finally [ֆա՛յնըլի] *adv* վերջնականապես, վերջապես
finance [ֆինէ՛նս] *n* ֆինանսներ *v* ֆինանսավորել
financial [ֆինէ՛նշըլ] *a* ֆինանսական, ֆինանսների
find [ֆայնդ] *v* գտնել, եզրակացնել, to ~ out իմանալ, հայտնաբերել
fine [ֆայն] *n* տուգանք *a* բարակ, նուրբ, մաքուր, ընտիր *v* տուգանել
finger [ֆի՛ն:գը] *n* մատ
finish [ֆի՛նիշ] *v* վերջանալ, վերջացնել
fire [ֆայը] *n* կրակ, հրդեհ *v* վառել, կրակել; աշխատանքից հանել
fireplace [ֆա՛յըփլեյս] *n* բուխարի, օջախ
firm [ֆը:մ] *n* ֆիրմա *a* ամուր, հաստատուն *v* պնդացնել
first [ֆը:սթ] *a* առաջին, նշանավոր *adv* նախ, նախ եւ առաջ, ավելի շուտ
fish [ֆիշ] *n* ձուկ *a* ձկան *v* ձուկ բռնել
fisherman [ֆի՛շըմըն] *n* ձկնորս

fist [ֆիսթ] *n* բռունցք
fit [ֆիթ] *n* նոպա, պոռթկում *a* պիտանի, հարմար *v* համապատասխանել
five [ֆայվ] *num* հինգ *n* հնգանոց
fix [ֆիքս] *v* ամրացնել, հաստատել, սեւեռել, կարգի բերել
fixed [ֆիքսթ] *a* հաստատուն, կայուն, սեւեռուն
flag [ֆլէգ] *n* սալաքար, դրոշ *v* դրոշակ բարձրացնել
flakes [ֆլեյքս] *n* փաթիլներ
flame [ֆլեյմ] *n* բոց, հուր *v* բոցավառվել
flash [ֆլէշ] *n* բռնկում, փայլատակում; համառոտ հաղորդագրություն *a* ցուցական, կեղծ *v* բռնկվել
flat [ֆլէթ] *n* բնակարան; հարթություն, հարթավայր
flatter [ֆլէ՛թը] *v* քծնել
flavor [ֆլեյվը] *n* բուրմունք, հաճելի համ *v* համեմել
flee [ֆլի:] *v* փախչել, սլանալ
fleet [ֆլի:թ] *n* նավատորմ *a* արագաշարժ
flesh [ֆլեշ] *n* միս, մարմին, մարդկային բնություն, միջուկ
flexible [ֆլե՛քսըբլ] *a* ճկուն, դյուրաթեք
flier [ֆլա՛յը] *n* օդաչու
flight [ֆլայթ] *n* թռիչք; փախուստ, նահանջ
fling [ֆլին:] *n* նետում *v* նետ(վ)ել, շպրտել
float [ֆլոութ] *n* լողան, կարթախցանիկ *v* լողալ(ջրի մակերեսին լինել)

flock [ֆլոք] *n* փունջ, հոտ, երամ *v* հավաքվել
flood [ֆլադ] *n* հեղեղ, ջրհեղեղ, մակընթացություն *v* ողողել
floor [ֆլո՛։] *n* հատակ, հարկ
flour [ֆլա՛ուը] *n* ալյուր *v* ալյուր ցանել, աղալ(հատիկը)
flow [ֆլոու] *n* հոսանք, հորդում *v* հոսել
flower [ֆլա՛ուը] *n* ծաղիկ *v* ծաղկել
fluid [ֆլու՛։իդ] *n* հեղուկ *a* հեղուկ, հոսուն
flush [ֆլաշ] *n* շիկնում *a* վարարած (գետ) *v* կարմրատակել, հեղեղել, վեր թռչել
flutter [ֆլա՛թը] *n* դողդոջյուն, թրթիռ, հուզմունք, ճախրում *v* թափահարել(թևերը)
fly [ֆլայ] *n* ճանճ, թռիչք *v* թռչել, սլանալ, թռցնել
foam [ֆոում] *n* փրփուր *v* փրփրել
foe [ֆոու] *n* թշնամի, ոսոխ
fog [ֆոգ] *n* մեգ, մառախուղ *v* մշուշապատել
fold [ֆոուլդ] *n* ծալք, ծովածք *v* ծալել
folk [ֆոուք] *n* ժողովուրդ, մարդիկ
follow [ֆո՛լոու] *v* հետևել, հետապնդել, հաջորդել
follower [ֆո՛լովը] *n* հետապնդող, հետևորդ
following [ֆո՛լովին։] *n* հետևորդներ *a* հետևյալ
folly [ֆո՛լի] *n* հիմարություն, խենթություն, քմահաճույք

fond [ֆոնդ] *a* քնքուշ, սիրող to be ~of սիրել

food [ֆու:դ] *n* կերակուր, սննդամթերք

fool [ֆու:լ] *n* հիմար, ծաղրածու *v* հիմարացնել, հիմար ձեւանալ

foolish [ֆու':լիշ] *a* հիմար, տխմար, խենթ

foot [ֆութ] ոտք, թաթ, ֆուտ, հետեւազոր, հիմք

football [ֆու'թբո:լ] *n* ֆուտբոլ, ֆուտբոլի գնդակ

for [ֆո:] *conj* քանի որ, որովհետեւ *prep* համար, նկատմամբ, փոխարեն, պատճառով, ընթացքում

forbid [ֆըբի'դ] *v* արգելել

force [ֆո:ս] *n* ուժ, զորություն, բռնություն *v* ստիպել, ներխուժել

forehead [ֆո'րիդ] *n* ճակատ

foreign [ֆո'րին] *a* օտարերկրյա, արտաքին

foreigner [ֆո'րինը] *n* օտարերկրացի

forest [ֆո'րիսթ] *n* անտառ *v* անտառապատել

forever [ֆըրեւը] *adv* ընդմիշտ, հավիտյան

forget [ֆըգե'թ] *v* մոռանալ

forgive [ֆըգի'վ] *v* ներել

fork [ֆո:ք] *n* պատառաքաղ

form [ֆո:մ] *n* ձեւ, կերպարանք, տեսակ, դասարան, բլանկ *v* կազմ(վ)ել

formal [ֆո':մըլ] *a* ձեւական, պաշտոնական

formation [ֆո:մեյշն] *n* կազմում, ձեւավորում, կազմավորում

former [ֆո՛։մը] *a* նախկին, առաջվա, առաջինը(երկուսից)
formerly [ֆո՛։մըլի] *adv* նախկինում, առաջ
forth [ֆո։թ] *adv* դեպի առաջ, հառաջ, այսուհետեւ
fortitude [ֆո՛։թիթյու։դ] *n* կայունություն, տոկունություն
fortunate [ֆո՛։չնիթ] *a* երջանիկ, հաջող
fortunately [ֆո՛։չնիթլի] *adv* բարեբախտաբար, հաջող կերպով
fortune [ֆո՛։չըն] *n* բախտ, երջանկություն, հաջողություն, հարստություն
forty [ֆո՛։թի] *num* քառասուն
forward [ֆո՛։վըդ] *a* առաջավոր, առջեւի, վաղ *adv* առաջ, այսուհետեւ *v* ուղարկել
foster [ֆո՛սթը] *v* խնամել, մեծացնել, փայփայել
foul [ֆաուլ] *n* կանոնների խախտում *a* կեղտոտ, խոնավ, անազնիվ *v* կեղտոտ(վ)ել
found [ֆաունդ] *v* հիմնադրել
foundation [ֆաունդե՛յշն] *n* հիմք, հիմնադրում
fountain [ֆա՛ունթին] *n* շատրվան
four [ֆո։] *num* չորս, քառյակ
fourteen [ֆո։թի՛։ն] *num* տասնչորս
fourth [ֆո։թ] *num* չորրորդ *n* քառորդ
fowl [ֆաուլ] *n* թռչուն, աքաղաղ, հավ
fox [ֆոքս] *n* աղվես, աղվեսի մորթի
fragile [ֆրէ՛ջայլ] *a* փխրուն, թույլ, նուրբ
fragment [ֆրէ՛գմընթ] *n* բեկոր, հատված

frame [ֆրեյմ] *n* շրջանակ, կառուցվածք, կմախք *v* շրջանակել, ստեղծել, հորինել, աղավաղել
frank [ֆրէնք] *a* անկեղծ, անմիջական
frankly [ֆրէ՛նքլի] *adv* անկեղծորեն
free [ֆրի:] *a* ազատ, ազատված, կամավոր, անկախ; ձրի *v* ազատել
freedom [ֆրի՛:դըմ] *n* ազատություն
freely [ֆրի՛:լի] *adv* ազատորեն, առատորեն
freeze [ֆրի:զ] *v* սառեցնել, սառչել
freight [ֆրեյթ] *n* բեռ, ապրանքատար գնացք, փոխադրավճար
frequent [ֆրի՛:քվենթ] *a* հաճախակի *v* հաճախ այցելել
frequently [ֆրի՛:գվընթլի] *adv* հաճախ, սովորաբար
fresh [ֆրեշ] *a* թարմ, անալի, հանդուգն
friction [ֆրիքշն] *n* շփում
Friday [ֆրա՛յդի] *n* ուրբաթ
friend [ֆրենդ] *n* ընկեր, բարեկամ, ծանոթ
friendly [ֆրե՛նդլի] *a* ընկերական, բարյացակամ
friendship [ֆրե՛նդշիփ] *n* ընկերություն, բարյացակամություն
fright [ֆրայթ] *n* վախ, երկյուղ
frighten [ֆրայթն] *v* վախեցնել
frock [ֆրոք] *n* զգեստ, փարաջա
frog [ֆրոգ] *n* գորտ
from [ֆրոմ] *prep* արտահայտում է հայերենի բացառական հոլովի իմաստները ելման կետ ~ Yerevan Երեւանից, հեռավորություն առարկայից, we are 50 km ~

Sochi Մենք գտնվում ենք Սոչիից 50 կմ վրա, ծագում՝ he is ~ Moscow Նա Մոսկվայից է

front [ֆրանթ] *n* առջևի մաս, in ~ of առջևում, դիմացը, ռազմաճակատ *a* առջևի, առաջի

frontier [ֆրա՛նթյը] *n* սահման, սահմանային

frost [ֆրոսթ] *n* սառնամանիք *v* եղեմնապատել, ցրտահարվել

frown [ֆրաուն] *n* խոժոռվածություն, կընճիռ *v* հոնքերը կիտել, մռայլվել

froth [ֆրոթ] *n* փրփուր *v* փրփրել

frozen [ֆրոզն] *a* սառած, սառցրած

fruit [ֆրու:թ] *n* պտուղ, միրգ *v* պտուղ տալ

fry [ֆրայ] *n* տապակած *v* տապակ(վ)ել

fuel [ֆյու՛ըլ] *n* վառելիք *v* վառելիքով ապահովել

fulfil [ֆուլֆի՛լ] *v* կատարել, իրագործել, ավարտել

full [ֆուլ] *n* ամեն ինչ, բոլորը, ամբողջը *a* լրիվ, լի, լիքը, առատ

fully [ֆու՛լի] *adv* միանգամայն, ամբողջությամբ

fun [ֆան] *n* ուրախություն, կատակ, խաղ

function [ֆա՛ն:քշն] *n* գործունեություն, ֆունկցիա, պարտականություններ *v* գործել, կատարել

fund [ֆանդ] *n* ֆոնդ, պաշար

fundamental [ֆանդըմե՛նթլ] *n* սկզբունք *a* հիմնական, էական

funeral [ֆյու՛:նըրը] *n* թաղում *a* թաղման

funny [ֆա՛նի] *a* զվարճալի, տարօրինակ

fur [ֆը:] *n* մորթի, բուրդ *a* մորթե
furnish [ֆը՛:Նիշ] *v* մատակարարել, Ներկայացնել, կահավորել
furniture [ֆը՛:Նիչը] *n* կահավորանք, կահույք, պարունակություն
further [ֆը՛:դը] *adv* ավելի հեռու, այնուհետեւ *a* հետագա *v* Նպաստել
fury [ֆյու՛րրի] *n* կատաղություն, Ֆուրիա
future [ֆյու՛:չը] *n* ապագա, գալիք *a* ապագա

G

gain [գեյՆ] *n* աճ, օգուտ, վաստակ *v* ձեռք բերել, շահել
gallant [գէ՛լըՆթ] *n* Նրբակիրթ մարդ; երկրպագու *a* քաջ; [գըլէ՛Նթ] քաղաքավարի, սիրալիր, բարեկիրթ
gallery [գէ՛լըրի] *n* պատկերասրահ
gamble [գէմբլ] *n* մոլեխաղ, վտանգավոր գործ *v* մոլեխաղ խաղալ
game [գեյմ] *n* խաղ, մրցախաղեր; որսի միս
gang [գէՆ:] *n* խումբ, բրիգադ; ավազակախումբ
gape [գեյփ] *n* հորանջ *v* հորանջել, բերանը բաց անել(զարմանքից)
garden [գա:դՆ] *n* պարտեզ
garlic [գա՛:լիք] *n* սխտոր
garment [գա՛:մըՆթ] *n* հագուստ, ծածկույթ
garrison [գէ՛րիսՆ] *n* կայազոր *v* զորանոց հաստատել

gas [գէս] *n* գազ, բենզին, վառելիք
gasp [գասփ] *n* ծանր շնչառություն *v* շըն-չասպառ լինել
gate [գեյթ] *n* դարբաս, մուտք, ելք
gather [գէ՛դը] *v* հավաք(վ)ել, կուտակել
gay [գեյ] *a* ուրախ, պայծառ, թեթեւամիտ
gaze [գեյզ] *n* սեւեռուն հայացք *v* աչքերը հառած նայել
gear [գիը] *n* մեխանիզմ, սարք, հարմա-րանք *v* լծել
gem [ջեմ] *n* թանկարժեք քար, գոհար, թանկարժեք իր
general [ջե՛նըրըլ] *n* գեներալ *a* ընդհա-նուր, սովորական, գլխավոր in ~ընդ-հանրապես
generally [ջե՛նըրըլի] *adv* ընդհանրապես, մեծ մասամբ, սովորաբար
generation [ջենըրե՛յշն] *n* սերունդ
generous [ջե՛նըրըս] *a* մեծահոգի, առատա-ձեռն, պտղաբեր
genius [ջի՛:նյըս] *n* շնորհալիություն, հան-ճար
gentle [ջենթլ] *a* ազնվազարմ, հեզ, քըն-քուշ, մեղմ
gentleman [ջե՛նթլմըն] *n* ջենթլմեն, պարոն, բարեկիրթ մարդ
gently [ջե՛նթլի] *adv* մեղմորեն, հանդարտ, զգուշությամբ
genuine [ջե՛նյուին] *a* իսկական, անխար-դախ, անկեղծ
gesture [ջե՛սչը] *n* ժեստ *v* ժեստեր անել

get [գեթ] ստանալ, ձեռք բերել, հայթայթել, բերել, ձգտել, դառնալ, ստիպել.~in ներս մտնել ~ out դուրս գալ
ghost [գոուսթ] *n* ուրվական, ստվեր, հոգի
giant [ջա՛յընթ] *n* հսկա, վիթխարի մարդ *a* աժդահա
gift [գիֆթ] *n* ընդունակություն, նվեր, ձիրք *v* նվիրել, օժտել
girl [գը:լ] *n* աղջիկ, օրիորդ
give [գիվ] *v* տալ, վճարել, շնորհել, պատճառել, հանձնել, հաղորդել, նվիրել
glad [գլեդ] *a* գոհ, ուրախ
glance [գլա:նս] *n* արագ հայացք, փայլ *v* հայացք ձգել
glass [գլա:ս] *n* ապակի, բաժակ, հայելի, ակնոց
gleam [գլի:մ] *n* ցոլացում, շողք, փայլ *v* արտացոլվել, առկայծել
glide [գլայդ] *n* սահում *v* սահել
glimpse [գլիմփս] *n* ակնարկ, առկայծում, նշույլ a ~ of վայրկենապես նկատել *v* նշմարել
glitter [գլի՛թը] *n* փայլ *v* փայլել, պսպղալ
globe [գլոուբ] *n* գունդ, գլոբուս
gloomy [գլու՛:մի] *a* նսեմ, մռայլ, անհույս
glorious [գլո՛:րիըս] *a* փառավոր, հիանալի
glory [գլո՛:րի] *n* փառք, փառաբանում, հաղթանակ
glove [գլավ] *n* ձեռնոց *v* ձեռնոցը հագնել
go [գոու] *v* գնալ, հեռանալ, մեկնել ~ on շարունակել.~ out դուրս գալ, անցնել, աշխատել, գործել(մեխանիզմի մասին)

goal [գոուլ] *n* նպատակ, նպատակակետ
goat [գոութ] *n* այծ
god [գոդ] *n* Աստված, կուռք
godfather [գոդֆա՛:դը] *n* կնքահայր
godless [գո՛դլիս] *a* անաստված
going [գո՛ուին:] *a* գոյություն ունեցող, առկա, ընթացիկ, գործող
gold [գոուլդ] *n* ոսկի *a* ոսկյա
golden [գո՛ուլդըն] *a* ոսկեգույն, ոսկե
golf [գոլֆ] *n* գոլֆ *v* գոլֆ խաղալ
good [գուդ] *a* լավ, բարի, պիտանի *n* բարիք, օգուտ, շահ
good–bye [գուդ բա՛յ] *n* հրաժեշտ, ցտեսություն
goodness [գո՛ւդնիս] *n* բարություն, առաքինություն
goose [գու:ս] *n* սագ
gospel [գոսփըլ] *n* ավետարան
gossip [գո՛սիփ] *n* շատախոսություն, բամբասանք *v* շատախոսել, բամբասել
govern [գա՛վըն] *v* կառավարել, կարգավորել, իշխել
government [գա՛վընմընթ] *n* կառավարություն, ղեկավարում
governor [գա՛վընը] *n* կառավարիչ, նահանգապետ
gown [գաուն] *n* զգեստ(կանացի), թիկնոց
grace [գրեյս] *n* գրավչություն, նազելիություն, գթասրտություն
graceful [գրե՛յսֆուլ] *a* նազելի, նրբագեղ
gracious [գրեյշըս] *a* ողորմած, գթասիրտ

grade [գրեյդ] *v* աստիճան, կոչում, դասարան, որակ *v* տեսակավորել

gradually [գրէ՛դյուըլի] *adv* աստիճանաբար, հետզհետե

graduate [գրէ՛դյուիթ] *n* գիտական աստիճան ունեցող մարդ, շրջանավարտ [գրէ՛դյուէյթ] *v* ավարտել (ուսումնական հաստատությունը)

grain [գրեյն] *n* հատիկ, հացահատիկ, փշուր

grand [գրէնդ] *a* վեհապանծ, փառահեղ, մեծ, կարեւոր

grandfather [գրէ՛նդֆա:ղը] *n* պապ, պապիկ

grandmother [գրէ՛նդմադը] *n* տատ, տատիկ

grant [գրա:նթ] *n* նվեր դրամական, նպաստ *v* համաձայնվել, թույլատրել, պարգեւել

grape [գրեյփ] *n* խաղող

grasp [գրա:սփ] *n* ըմբռնողություն, բռնելը, գիրկ *v* ամուր բռնել, խլել, ըմբռնել

grass [գրա:ս] *n* խոտ, արոտավայր

grateful [գրե՛յթֆուլ] *a* երախտապարտ

gratitude [գրէ՛թիթյու:դ] *n* երախտագիտություն

grave [գրեյվ] *n* գերեզման *a* կարեւոր, ազդեցիկ *v* փորագրել

gravity [գրէ՛վիթի] *n* հանդիսավորություն, լրջություն

gray [գրեյ] *a* գորշ, մառախլապատ, ալեհեր

grease [գրի:ս] *n* ճարպ, քսուք *v* ճարպ քսել, ձիթել
great [գրեյթ] *a* մեծ, խոշոր, վեհ
greatly [գրե՛յթլի] *adv* շատ, սաստիկ, մեծապես, նշանակալի կերպով
greedy [գրի՛:դի] *a* ագահ, ժլատ
green [գրի:ն] *a* կանաչ, խակ, չհասած *n* երիտասարդություն
greet [գրի:թ] *v* ողջունել
grief [գրի:ֆ] *n* վիշտ, դժբախտություն
grieve [գրի:վ] *v* վշտանալ, վշտացնել
grim [գրի:մ] *a* դաժան, սարսափելի, չար
grin [գրին] *n* քմծիծաղ *v* ատամները բաց անել, քթի տակ ծիծաղել
grip [գրիփ] *n* բռնելու ձեւ, սեղմում, մամլակ *v* բռնել, պահել, ըմբռնել
groan [գրոուն] *n* տնքոց, հառաչ *v* տնքալ
grocer [գրո՛ուսը] *n* նպարավաճառ
ground [գրաունդ] *n* գետին, հող, տերիտորիա, երկիր, հրապարակ, այգի, հիմք
group [գրու:փ] *n* խումբ *v* խմբավոր(վ)ել
grove [գրուվ] *n* պուրակ, անտառակ
grow [գրոու] *v* աճել, ծլել, ուժեղանալ, մեծանալ, դառնալ, աճեցնել
growl [գրաուլ] *n* մռնչյուն, փնթփնթոց *v* մռնչալ, գոռալ, փնթփնթալ
growth [գրո՛ութ] *n* աճ, զարգացում, ավելացում, ուռուցք
guard [գա:դ] *n* պահակախումբ, գվարդիա, ժամապահ, բանտապետ
guess [գես] *n* ենթադրություն *v* կռահել, ենթադրել, կարծել

guest [գեսթ] *n* հյուր
guide [գայդ] *n* ուղեկցող, գիդ, առաջնորդ *v* ուղեկցել
guilty [գի՛լթի] *a* հանցավոր, մեղավոր
gulf [գալֆ] *n* ծովածոց, անդունդ, ջրապըտույտ
gum [գամ] *n* խեժ, ռետին, սոսինձ, կրկնակոշիկ *v* կպցնել
gun [գան] *n* հրանոթ, գնդացիր, հրացան, ատրճանակ

H

haberdashery [հէ՛բըդէշըրի] *n* գալանտերեա, տղամարդու պայտակեղեն
habit [հէ՛բիթ] *n* սովորություն, սովորույթ,մարմնակազմություն
hail [հեյլ] *n* կարկուտ; ողջույն, կանչ *v* կարկուտի պես թափ(վ)ել; ողջունել
hair [հեը] *n* մազ, մազեր
half [հա:ֆ] *n* կես, մաս, կիսամյակ *adv* կիսով չափ, մասամբ
hall [հո:լ] *n* սրահ, դահլիճ, ընդունարան, միջանցք
halt [հոլթ] *n* կանգառ, երթադադար *v* կանգնեցնել, տատանվել, կմկմալ
ham [հէմ] *n* ազդր, խոզապուխտ
hammer [հէմը] *n* մուրճ *v* մեխել
hand [հէնդ] *n* ձեռք, ձեռագիր, տիրապետություն, տնօրինություն, բանվոր, ժամացույցի սլաք *v* տալ, հանձնել

handicraft [հէ՛նդիքրա:ֆթ] *n* արհեստ, ձեռքի աշխատանք
handkerchief [հէ՛ն:քըչիվ] *n* ձեռքի թաշկինակ
handle [հէնդլ] *n* կոթ, բռնակ, հարմար առիթ *v* ձեռք տալ
handsome [հէ՛նսըմ] *a* գեղեցիկ, վայելչակազմ
hang [հէն] *v* կախել, կախվել, ~around թրեւ գալ
happen [հէ՛փըն] *v* պատահել, վիճակվել
happily [հէփիլի] *adv* բարեբախտաբար, հաջող կերպով
happiness [հէ՛փինիս] *n* երջանկություն
happy [հէփի] *a* երջանիկ, հաջող, ուրախ
harbor [հա:բը] *n* նավահանգիստ, ապաստարան *v* թաքցնել
hard [հա:դ] *a* պինդ, կոպիտ, ճիգ, դժվար *adv* հաստատապես, ուժգին, եռանդով
harden [հա:դն] *v* պնդանալ, դաժանանալ, կոփ(վ)ել
hardly [հա՛:դլի] *adv* հազիվ, դժվարությամբ
hardship [հա՛:դշիփ] *n* զրկանք, նեղություն, կարիք
harm [հա:մ] *n* վնաս, կորուստ *v* վնասել
harmony [հա՛:մընի] *n* ներդաշնակություն, համաձայնություն
harness [հա՛:նիս] *n* լծասարք *v* լծել
harp [հա:փ] *n* տավիղ
harsh [հա:շ] *a* կոպիտ, դաժան
harvest [հա՛:վիսթ] *n* հունձ, բերքահավաք

haste [հեյսթ] *n* շտապողականություն
hasten [հեյսն] *v* շտապել, շտապեցնել
hastily [հե՛յսթիլի] *adv* արագ կերպով, չմտածված, բորբոքված
hat [հէթ] *n* գլխարկ
hatch [հէչ] *v* թուխս նստել, ձվից դուրս գալ
hate [հեյթ] *n* ատելություն *v* ատել
hatred [հե՛յթրիդ] *n* ատելություն
haughty [հո՛:թի] *a* ամբարտավան, մեծամիտ
haul [հո:լ] *n* ձգում, դուրս քաշում *v* քաշել
haunt [հո:նթ] *n* որջ, ապաստարանատեղ *v* հաճախել, երեւալ(ուռվականի մասին)
have [հէվ] *v* ունենալ ~ to պետք է
hawk [հո:ք] *n* բազե *v* հազալով դուրս թքել
hay [հեյ] *n* խոտ(չոր)
hazard [հէ՛զըդ] *n* շանս, ռիսկ, վտանգ
he [հի:] *pron* նա
head [հեդ] *n* գլուխ, պետ *a* գլխավոր *v* գլխավորել, վերնագրել
headline [հե՛դլայն] *n* վերնագիր, վերջին լուրերի համառոտ բովանդակություն
headquarters [հեդքվո՛:թըզ] *n* շտաբ, գլխավորի վարչություն
heal [հի:լ] *v* բժշկել, առողջանալ, սպիանալ
health [հելթ] *n* առողջություն
healthy [հե՛լթի] *a* առողջ, օգտակար
heap [հի:փ] *n* կույտ, դեզ *v* դիզել, կուտակել
hear [հիը] *v* լսել, ունկնդրել, տեղեկանալ

heart [հա:թ] *n* սիրտ at ~ հոգու խորքում, էությունը, միջուկ, քաջություն
hearth [հա:թ] *n* օջախ
hearty [հա՛:թի] *a* անկեղծ, ջերմ, սրտանց
heat [հի:թ] *n* տաքություն, շոգ, ավյուն *v* տաքանալ, վառել
heaven [հեվն] *n* երկինք, եթեր, երկնային արքայություն
heavily [հե՛վիլի] *adv* ծանր, դժվարությամբ, խիստ
heavy [հե՛վի] *a* ծանր, ուժեղ, սաստիկ
hedge [հեջ] *n* ցանկապատ, խոչընդոտ
heed [հի:դ] *n* ուշադրություն *v* ուշադրություն դարձնել
heel [հի:լ] *n* կրունկ(կոշիկի), գարշապար, բռի մարդ
height [հայթ] *n* բարձրություն, բարձունք, գագաթ
heir [էը] *n* ժառանգ
hell [հել] *n* դժոխք
hello [հա՛լոու] *int* ողջու՜յն
helm [հելմ] *n* ղեկ
helmet [հե՛լմիթ] *n* սաղավարտ, կափարիչ
help [հելփ] *n* օգնություն, սպասուհի *v* օգնել, հյուրասիրել
helpless [հե՛լփլիս] *a* անօգնական
hem [հեմ] *n* եզր *v* վրակար անել
hen [հեն] *n* հավ
hence [հենս] *adv* այդտեղից, հետևաբար
henceforth [հե՛նսֆո:թ] *adv* այսուհետև
her [հը] *pron* նրա, նրան(իգ.)

herald [հե՛րըլդ] *n* լրաբեր, սուրհանդակ *v* ազդարարել
herd [հը:դ] *n* հոտ, երամ
here [հիը] *adv* այստեղ, դեպի այս կողմ, ահավասիկ
hereditary [հիրե՛դիթըրի] *a* ժառանգական
hero [հի՛ըրոու] *n* դյուցազն, հերոս
hers [հը:զ] *pron* poss նրանը(իգ.)
herself [հը:սե՛լֆ] *pron* իրեն, ինքն իրեն, ինքը(իգ.)
hesitate [հե՛զիթեյթ] *v* երկմտել, տատանվել
hick [հիք] *n* ռամիկ, գեղջուկ, անտաշ
hidden [հիդն] *a* թաքուն, ծածուկ
hide [հայդ] *v* թաքնվել, ծածկել, թաքցնել
high [հայ] *a* բարձր, վեհ, բարձրագույն
highly [հա՛յլի] *adv* խիստ, չափազանց, բարեհաճապաստ կերպով
highway [հայուեյ] *n* մեծ ճանապարհ, մայրուղի
hill [հիլ] *n* բլուր, կույտ
hillside [հիլսա՛յդ] *n* սարալանջ
him [հիմ] *pron* նրա, նրան(ար.)
himself [հիմսե՛լֆ] *pron* իրեն, ինքն իրեն, ինքը(ար.)
hind [հայնդ] *n* եղնիկ *a* ետեւի, ետին
hinder [հինդը] *v* խանգարել
hint [հինթ] *n* ակնարկ *v* ակնարկել
hip [հիփ] *n* ազդր, գոտկատեղ; մասուր
hire [հա՛յը] *n* վարձում *v* վարձել
his [հիզ] *pron* նրա, նրանը(ար.)
history [հի՛սթըրի] *n* պատմություն, պատմագրություն

hit [հիթ] *n* հարված, հաջող փորձ, հաջողություն *v* խփել, բախվել, դիպչել
hither [հի՛դը] *adv* այստեղ, այս կողմ
hitherto [հիդըթու՛:] *adv* մինչեւ հիմա
hold [հոուլդ] *n* գրավում, տիրել, իշխանություն, ազդեցություն *v* պահել, բռնել, դիմանալ, պարունակել
hole [հոուլ] *n* անցք, բույն
holiday [հո՛լըդի] *n* տոն, հանգստյան օր, արձակուրդ
hollow [հո՛լոու] *n* խոռոչ, դատարկ տեղ *a* դատարկ *v* փորել *adv* միանգամայն
holy [հո՛ուլի] *a* սուրբ, սրբազան
home [հոում] *n* տուն at ~ տանը, հայրենիք *a* տնային, ներքին *adv* տանը, տուն
honest [օ՛նիսթ] *a* ազնիվ, ուղղամիտ
honesty [օ՛նիսթի] *n* ազնվություն
honey [հա՛նի] *n* մեղր, անուշեղեն
honor [օ՛նը:] *n* պատիվ, հարգանք, *v* հարգել, մեծարել
honorable [օ՛նըրըբլ] *a* պատվարժան, պատվավոր, ազնիվ
hood [հուդ] *n* գլխարկ, ծածկույթ, կնգուղ, կափարիչ
hoof [հու:ֆ] *n* սմբակ *v* սմբակով խփել
hook [հուք] *n* կեռ, ճարմանդ, կարթ *v* կախել(կեռից), կոճկ(վ)ել
hop [հոփ] *n* ցատկում *v* թռչկոտել
hope [հոուփ] *n* հույս *v* հուսալ
horizon [հըրա՛յզն] *n* հորիզոն, մտահորիզոն
horn [հո:ն] *n* եղջյուր *v* պոզահարել

horrible [hn'ррр1] *a* unuluwih, qwphnuntih,
qqultih

horror [hn'рр] *n* wh, unulniư

horse [hn:u] *n* ճh, htÖtiwqnp

hospital [hn'uփhթi] *n* hhuluunuung

host [hnnup] *n* рwqưnipjniu, wưpnju;
muuu mtp

hostage [hn'uрhs] *n* uwmwuun

hostile [hn'uрwji] *a* рσuuuuluu

hot [hnр] *a* muup, рtÖ, mnp

hotel [hn'nipti] *n* hjnipuunng

hound [hwuunu] *n* npuluu շnu, uphluu

hour [w'nip] *n* Ömươ

house [hwuiq] *n* mnu, рuuluupwu, wu-
jwm(wupjwưtuunh)

household [hw'nuhnnin] *n* puumwuhp,
muuujhu muumtunipjniu

housewife [hw'nuluwjф] *n* muuuhuhu,
muuujhu muumtunihh

how [hwnu] *adv* huzwtu, hu չ Ötunu, np-
pwu, huzpwu

however [hwnu'uln] *adv* huzpwu ti np
conj uuuluuju, рwjg

howl [hwnu] *n* nnung, muung *v* nnuwu

huge [hjni:2] *a* uhpluuph, huluwuuuuu

hum [hwư] *n* рqqng *v* рqquu, mqquu

human [hjni'ư∵pu] *a* ưwpnuuuhu

humanity [hjni:ưtuhph] *n* ưwpnuuhnipjniu,
ưwpnwuhpnipjniu

humble [hwưpi] *a* huưtum, hunuuph *v* uu-
uuumwgutu

humor [հյու:մը] *n* տրամադրություն, հումոր

hump [համփ] *n* կուզ *v* կորանալ

hundred [հա'նդրըդ] *num* հարյուր *n* հարյուր հատ

hunger [հա'նգը] *n* քաղծ *v* սովածանալ

hungry [հա'նգրի] *a* քաղցած

hunt [հանթ] *n* որսորդություն *v* որս անել, հալածել, որոնել

hunter [հա'նթը] *n* որսորդ

hurl [hը:լ] *n* նետում *v* թափով նետել

hurry [հա'րի] *n* շտապողություն *v* շտապել ~up շտապի՛ր

hurt [hը:թ] *n* վնասվածք *v* ցավ պատճառել

husband [հա'զբընդ] *n* ամուսին

hush [հաշ] *n* լռություն *v* լռել, լռեցնել

hut [հաթ] *n* խրճիթ, բարաք

hymn [հիմ] *n* օրհներգ, գովերգ, շարական

I

I [այ] *pron* ես

ice [այս] *n* սառույց, պաղպաղակ *v* սառեցնել

idea [այդի'ը] *n* միտք, գաղափար, պատկերացում, երեւակայություն

ideal [այդի'ըլ] *n* իդեալ *a* իդեալական, կատարյալ

identify [այդե'նթիֆայ] *v* նույնությունը հաստատել, ճանաչել, նույնացնել

idle [այդլ] *a* անգործ, չզբաղված, ծույլ, ապարդյուն
if [իֆ] *conj* եթե, երանի թե, եթե միայն, ամեն անգամ, երբ
ignorance [ի՛գնըրընս] *n* անտեղյակություն, տգիտություն
ignorant [ի՛գնըրընթ] *a* անտեղյակ, տգետ
ill [իլ] *n* չարիք, վնաս *a* հիվանդ to be ~ հիվանդ լինել *adv* վատ, անբարենըպաստ
illness [ի՛լնիս] *n* հիվանդություն
illustrate [ի՛լըսթրեյթ] *v* պարզաբանել, լուսաբանել, պատկերազարդել
illustration [իլըսթրե՛յշն] *n* պատկերազարդում, նկար, օրինակ
imagination [իմէջինե՛յշն] *n* երևակայություն
imitation [իմիթե՛յշն] *n* նմանում, ընդօրինակում
immediately [իմի՛:դյըթլի] *adv* անմիջապես, անմիջականորեն
immense [իմե՛նս] *a* վիթխարի, անսահման
immigrant [ի՛միգրընթ] *n* ներգաղթիկ, իմիգրանտ
immortal [իմո՛:թլ] *a* անմահ
impatience [իմփե՛յշընս] *n* անհամբերություն
imperial [իմփի՛ըրիըլ] *a* կայսերական
implore [իմփլո՛:] *v* աղաչել
imply [իմփլա՛յ] *v* նշանակել, ենթադրել
import [իմփո՛:թ] *n* ներմուծում *v* ներմուծել

importance [իմփո՛։թընս] *n* նշանակություն, կարևորություն
important [իմփո՛։թընթ] *a* կարևոր, նշանակալից
impose [իմփո՛ուզ] *v* վրան դնել(հարկ), հարկադրել
impossible [իմփո՛սըբլ] *a* անհնարին
impress [իմփրե՛ս] *n* դրոշմ *v* կնքել, ներգործել, տպավորվել, տպավորություն գործել, ազդել
impression [իմփրե՛շն] *n* տպավորություն, դրոշմ, հետք
improve [իմփրու՛։վ] *v* բարելավ(վ)ել, կատարելագործ(վ)ել
improvement [իմփրու՛։վմընթ] *n* բարելավում, կատարելագործում
impulse [ի՛մփալս] *n* ներքին մղում, իմպուլս
in [ին] *adv* ներսում, ներս *prep* մեջ in the country գյուղում
inasmuch [ինըզմա՛չ] *adv* ~ as քանի որ, նկատի ունենալով որ
inauguration [ինոգյուրե՛յշն] *n* հանդիսավոր կերպով պաշտոն ստանձնելը
inch [ինչ] *n* մատնաչափ, դյույմ
incident [ի՛նսիդընթ] *n* դեպք, պատահար
incline [ինքլա՛յն] *n* թեքություն *v* թեք(վ)ել, հակված լինել
include [ինքլու՛։դ] *v* բովանդակել, ներառել
income [ինքըմ] *n* եկամուտ
increase [ինքրի՛։ս] *n* աճ, ավելացում *v* աճել, մեծանալ

indeed [ինդի՛։դ] *adv* իսկապես, իրոք
independence [ինդիփե՛նդընս] *n* անկախություն, ինքնուրույնություն
independent [սինդիփե՛նդընթ] *a* անկախ, ինքնուրույն
indicate [ի՛նդիքեյթ] *v* նշել, ցույց տալ, նշանակել
indifferent [ինդի՛ֆրընթ] *a* անտարբեր, անկողմնակալ
indignation [ինդիգնե՛յշն] *n* վրդովմունք, զայրույթ
individual [ինդիվի՛դյուըլ] *n* անհատ, անձ *a* անհատական, բնորոշ, առանձին
induce [ինդյու՛ս] *v* համոզել, դրդել, առաջացնել, խթանել
indulge [ինդա՛լջ] *v* տարվել, իրեն թույլ տալ(բավականություն), երես տալ
industrial [ինդա՛սթրիըլ] *n* արդյունաբերող *a* արդյունաբերական, արտադրական
industry [ի՛նդըսթրի] *n* արդյունաբերություն, ջանասիրություն
inefficient [ինիֆի՛շընթ] *a* անընդունակ, անկարող
inevitable [ինէ՛վիթըբլ] *a* անխուսափելի
infant [ի՛նֆընթ] *n* մանուկ *a* մանկական
inferior [ինֆի՛ըրիը] *a* ստորին, ցածրորակ, վատ
influence [ի՛նֆլուընս] *n* ազդեցություն *v* ազդել
inform [ինֆո՛։մ] *v* տեղեկացնել, իրազեկ դարձնել

information [ինֆըմե՛յշն] *n* տեղեկություն, ինֆորմացիա, հաղորդում
ingenious [ինջի՛:նյըս] *a* հնարագետ
inhabitant [ինհէ՛բիթընթ] *n* բնակիչ, բնակվող
inherit [ինհե՛րիթ] *v* ժառանգել
injure [ի՛նջը] *v* փչացնել, վիրավորել, վնասել
injury [ի՛նջըրի] *n* վնաս, վնասվածք, վիրավորանք
ink [ինք] *n* թանաք *v* թանաքոտել
inn [ին] *n* հյուրանոց, պանդոկ
inner [ինը] *a* ներսի, ներքին
innocent [ի՛նըսնթ] *n* միամիտ մարդ *a* անմեղ, պարզամիտ
inquire [ինքվա՛յը] *v* իմանալ, տեղեկանալ, տեղեկություններ հավաքել
inquiry [ինքվա՛յըրի] *n* տեղեկություն, հարցաքննություն, հետաքննություն
insect [ի՛նսեքթ] *n* միջատ
inside [ինսա՛յդ] *n* ներսի մասը, աստառ *a* ներքին, գաղտնի *adv* ներսում
insist [ինսի՛սթ] *v* պնդել
insolent [ի՛նսըլընթ] *a* լկտի, լպիրշ
inspire [ինսփա՛յը] *v* ներշնչել, ոգևորել
instance [ի՛նսթընս] *n* օրինակ for ~ օրինակի համար
instant [ի՛նսթընթ] *n* ակնթարթ *a* շտապ, ընթացիկ
instantly [ի՛նսթընթլի] *adv* իսկույն, անմիջապես

instead [ինսթե՛դ] *adv* փոխարեն, փոխանակ
instinct [ի՛նսթինքթ] *n* բնազդ
institute [ինսթիթյու:թ] *n* ինստիտուտ, գիտական, հաստատություն
institution [ինսթիթյու՛:շն] *n* հիմնում, հաստատում, հիմնարկ
instruct [ինսթրա՛քթ] *v* սովորեցնել, հրահանգավորել
instruction [ինսթրաքշն] *n* ուսուցում, հրահանգ, ինստրուկցիա
instrument [ի՛նսթրումընթ] *n* գործիք, սարք
insult [ի՛նսալթ] *n* վիրավորանք *v* վիրավորել, անպատվել
insurance [ինշու՛ըրընս] *n* ապահովագրում
insurrection [ինսըրե՛քշն] *n* ապստամբություն
intellectual [ինթիլե՛քթյուըլ] *n* մտավորական *a* ինտելեկտուալ, մտավոր
intelligence [ինթե՛լիջընս] *n* խելք, ինտելեկտ, հետախուզություն (գործակալական)
intelligent [ինթե՛լիջընթ] *a* խելոք, խելամիտ
intend [ինթե՛նդ] *v* մտադրվել, ծրագրել, հատկացնել
intent [ինթե՛նթ] *a* հակված, մտադիր, կենտրոնացած, ուշադիր
intention [ինթե՛նշն] *n* մտադրություն, դիտավորություն
interest [ի՛նթրիսթ] *n* հետաքրքրություն, շահ, տոկոս v հետաքրքրել, շահագրգռել

interesting [ի՛նթրիսթին] *a* հետաքրքիր
interfere [ինթըֆի՛ը] *v* խանգարել, միջամտել, բախվել
interior [ինթի՛ըրիը] *n* ներսի մասը, երկրի ներքին շրջանները(գործերը) *a* ներքին
intermediary [ինթըմի՛:դիըրի] *n* միջնորդ *a* միջանկյալ, միջնորդական
international [ինթը:նէ՛շնըլ] *a* միջազգային, ինտերնացիոնալ
interrupt [ինթըրա՛փթ] *v* ընդհատել
interval [ի՛նթըվըլ] *n* ժամանակամիջոց, ընդմիջում, տարածություն
interview [ի՛նթըվյու:] *n* հանդիպում, հարցազրույց *v* զրուցել
intimate [ի՛նթիմիթ] *n* մտերիմ, ընկեր *a* մոտիկ, լավ ծանոթ
into [ի՛նթու:] *prep* ներս, մեջ
introduce [ինթրըդյու՛:ս] *v* մտցնել, ներմուծել, ներկայացնել(մեկին), քննարկման ներկայացնել
introduction [ինթրըդա՛քշն] *n* ներածություն, մտցնելը, ծանոթացնելը, ներկայացնելը
invade [ինվե՛յդ] *v* ներխուժել, զավթել, տիրել(զգացմունքների մասին եւ այլն)
invasion [ինվե՛յժն] *n* ներխուժում, արշավանք
invent [ինվե՛նթ] *v* հնարել, հորինել, սարքել
invention [ինվե՛նշն] *n* գյուտ, գյուտարարություն, հորինած բան

invest [ինվե՛սթ] *v* հագցնել, ծածկել, լիազորել, ներդնել(կապիտալ)
investigate [ինվե՛սթիգեյթ] *v* հետաքննել, հետազոտել
investigation [ինվեսթիգե՛յշն] *n* հետաքննություն, հետազոտություն
investment [ինվե՛սթմընթ] *n* ներդրում (կապիտալի), ավանդ
invisible [ինվի՛զըբլ] *a* անտեսանելի, աննշմարելի
invitation [ինվիթե՛յշն] *n* հրավերք
invite [ինվա՛յթ] *v* հրավիրել, հրապուրել
involve [ինվո՛լվ] *v* ներգրավել, խճճել, պարունակել
iron [ա՛յըն] *n* երկաթ, արդուկ *a* երկաթե *v* արդուկել
irregular [իրե՛գյուլը] *a* անկանոն, անհարթ, անհամաչափ
irresponsible [իրիսփո՛նսըբլ] *a* անպատասխանատու
irrigation [իրիգե՛յշն] *n* ոռոգում
island [այլընդ] *n* կղզի
issue [ի՛սյու:] *n* դուրս հոսելը, ելք, հետեւանք, թողարկում, վիճելի հարց *v* դուրս գալ, հրատարակել
it [իթ] *pron* նա, սա, դա
item [ա՛յթըմ] *n* կետ, պարագրաֆ, հոդված, հարց
itself [իթսե՛լֆ] *pron* ինքը, իրեն
ivory [այվըրի] *n* փղոսկր

J

jack [ջէք] *n* տղամարդ, նավաստի, ամբարձիչ,դոմկրատ *v* բարձրացնել
jacket [ջէ՛քիթ] *n* ժակետ, կուրտկա, կիտել, շապիկ(գրքի)
jail [ջեյլ] *n* բանտ, բանտարկություն
jam [ջեմ] *n* մուրաբա, ջեմ; սեղմում, աշխատանքի ընդհատում; խցան *v* ճնշել, սեղմել, ճզմել, դժվար կացության մեջ լինել
January [ջէ՛նյուըրի] *n* հունվար
jar [ջա:] *n* բանկա, սափոր; վեճ, կռիվ *v* դղրդալ, զնգզնգալ
jaw [ջո:] *n* ծնոտ
jay [ջեյ] *n* ճայ
jealous [ջե՛լըս] *a* խանդոտ
jeer [ջիը] *n* ծաղր ու ծանակ *v* ծաղրել
jelly [ջե՛լի] *n* ժելե, դոնդողակ *v* սառեցնել
jerk [ջը:ք] *n* հրոց, ցնցում *v* կոպիտ հրել, ցնցվել
jersey [ջը՛:զի] *n* ֆուֆայկա, ժակետ, ջերսի(գործվածք)
jest [ջեսթ] *n* կատակ *v* կատակել, ծաղրել
jet [ջեթ] *n* շիթ, ցայտ(ջրի, գազի)
jewel [ջու՛վըլ] *n* թանկարժեք քար
jeweller [ջու՛վըլը] *n* ակնագործ, ոսկերիչ
job [ջոբ] *n* աշխատանք, գործ
join [ջոյն] *n* միացում *v* միանալ, միացնել, կապել
joint [ջոյնթ] *n* միացման կետ, հոդ *a* միացյալ, բաժնետիրական

joke [ջոուք] *n* կատակ, հանաք *v* կատակով ծաղրել
jolly [ջո՛լի] *a* ուրախ, դուրեկան
journal [ջը՛:նըլ] *n* ժուռնալ, հանդես, օրագիր
journey [ջը՛:նի] *n* ուղեւորություն, զբոսանք
joy [ջոյ] *n* ուրախություն
judge [ջաջ] *n* դատավոր, գիտակ
judgement [ջա՛ջմընթ] *n* դատավճիռ, դատողություն, կարծիք
jug [ջագ] *n* կուժ, բանտ
juice [ջու:ս] *n* հյութ
July [ջու:լա՛յ] *n* հուլիս
jump [ջամփ] *n* թռիչք *v* ցատկել, թռչել
jumper [ջա՛մփը] *n* ցատկող; ջեմպեր
June [ջու:ն] *n* հունիս
jungle [ջանգլ] *n* ջունգլի
junior [ջու՛:նյը] *n* կրտսեր, ցածր կուրսի ուսանող
jury [ջուըրի] *n* երդվյալ ատենակալներ, ժյուրի
just [ջա՛սթ] *a* արդար *adv* հենց, ճիշտ, ուղղակի, հատկապես, հենց նոր
justice [ջա՛սթիս] *n* արդարություն, արդարադատություն
justify [ջասթիսֆայ] *v* արդարացնել

K

keen [քի:ն] *a* սուր, ծակող, ուժեղ, խորաթափանց

keep [քի:փ] *n* ապրուստ *v* պահել, ունենալ, պահպանել, վարել
keeper [քի՛:փը] *n* պահակ, պահապան
kettle [քեթլ] *n* մետաղե թեյաման
key [քի:] *n* բանալի
kick [քիք] *n* ոտքով հարվածելը, քացի *v* քացի տալ, ~ out վռնդել
kid [քիդ] *n* երեխա
kidnap [քի՛դնէփ] *v* հափշտակել(երեխաներին)
kill [քիլ] *v* սպանել, մորթել
kind [քայնդ] *n* ցեղ, ընտանիք; տեսակ, կարգ *a* բարի, սիրալիր
kindly [քա՛յնդլի] *a* բարի, մեղմ(կլիմայի մասին) *adv* բարյացակամորեն, սիրալիր
kindness [քա՛յնդնիս] *n* բարություն
king [քին] *n* թագավոր, արքա
kingdom [քի՛նդըմ] *n* թագավորություն
kiss [քիս] *n* համբույր *v* համբուրել
kitchen [քի՛չին] *n* խոհանոց
kitten [քիթն] *n* կատվի ձագ
knave [նեյվ] *n* անպիտան, խարդախ(մարդ)
knee [նի:] *n* ծունկ
kneel [նի:լ] *v* ծունկ չոկել, ծնկաչոք մնալ
knife [նայֆ] *n* դանակ
knight [նայթ] *n* ասպետ
knit [նիթ] *v* գործել, հյուսել, հոնքերը կիտել
knock [նոք] *n* զարկ, հարված, թակոց *v* զարկ(վ)ել, բախել

knot [նոթ] *n* հանգույց, կապ *v* հանգույց անել
know [նոու] *v* իմանալ, ճանաչել, ծանոթ լինել
knowledge [նո՛լիջ] *n* գիտելիք
knowhow [նոուհա՛ու] *n* փորձառություն, հմտություն

L

label [լեյբլ] *n* պիտակ, ապրանքանիշ *v* պիտակ փակցնել
labor [լեյբը] *n* աշխատանք, բանվոր դասակարգ *v* աշխատել
laboratory [լըբորըթըրի] *n* լաբորատորիա
laborer [լե՛յբըրը] *n* սևագործ բանվոր
lace [լեյս] *n* բարակ երիզ, քուղ, ժանյակ
lack [լէք] *n* պակաս, պակասություն *v* չհերիքել
lad [լէդ] *n* տղա, երեխա, երիտասարդ
ladder [լէ՛դը] *n* սանդուղք
lady [լե՛յդի] *n* տիկին, տիրուհի
lag [լէգ] *n* ուշացում, հապաղում *v* ետ մընալ
lake [լեյք] *n* լիճ
lamb [լէմ] *n* գառ, գառնուկ, հեզ մարդ, գառան միս
lame [լեյմ] *a* կաղ, անհամոզիչ *v* հաշմանդամ դարձնել
lamp [լէմփ] *n* լամպ *v* լույս տալ
land [լէնդ] *n* երկիր, ցամաք *v* ցամաք դուրս գալ, ժամանել

landscape [լէ՛նսքեյփ] *n* լանդշաֆտ, բնապատկեր
lane [լեյն] *n* արահետ, նրբանցք
language [լէ՛նգվիջ] *n* լեզու
lantern [լէ՛նթըն] *n* լապտեր
lap [լէփ] *n* փեշ, ծնկներ *v* ծռել; լակել
large [լա:ջ] *a* մեծ, խոշոր *n* at՝ ամբողջությամբ, ազատության մեջ
largely [լա՛:ջլի] *adv* լայնորեն, զգալի չափով
lark [լա:ք] *n* արտույտ, զվարճալի կատակ
lash [լէշ] *n* մտրակ *v* մտրակել, ծեծել
last [լա:սթ] *a* վերջ at՝ վերջապես *a* վերջին, անցած *v* շարունակվել, տևել
late [լե՛յթ] *a* ուշ, ուշացած, մեռած *adv* ուշ, վերջերս
later [լե՛յթը] *a* ավելի ուշ *adv* հետո
latter [լէթը] *a* վերջին, վերջերս պատահած
laugh [լա՛:ֆ] *n* ծիծաղ *v* ծիծաղել
laughter [լա:ֆթը] *n* ծիծաղ, քրքիջ
laundry [լո՛:նդրի] *n* լվացքատուն, լվացք
lavatory [լէ՛վըթըրի] *n* զուգարան, լվացարան
law [լո:] *n* օրենք, կանոն, իրավունք
lawn [լո:ն] *n* բատիստ; գազոն
lawyer [լո՛:յը] *n* փաստաբան, իրավաբան
lay [լեյ] *v* դնել, հույս դնել, ցած գցել
layer [լե՛յը] *n* շերտ, խավ
lazy [լե՛յզի] *a* ծույլ
lead [լի:դ] *n* ղեկավարություն *v* առաջնորդել, ղեկավարել

leader [լի՛:դը] *v* առաջնորդ, ղեկավար, ուղեցույց, առաջնորդող հոդված
leaf [լի:ֆ] *n* տերեւ, թերթ, էջ
league [լի:գ] *n* միություն, լիգա
leak [լի:ք] *n* հոս, ծակ, անցք *v* հոս տալ
lean [լի:ն] *a* նիհար, վտիտ *v* թեքվել, հենվել
leap [լի:փ] *n* թռիչք, ցատկ *v* ցատկել, թռչել
learn [լը:ն] *v* սովորել, իմանալ, սովորեցնել
learning [լը՛:նին] *n* ուսուցում, կրթություն, գիտելիք, ուսումնասիրություն
least [լի:սթ] *n* նվազագույնը at՛ համենայն դեպս *a* ամենափոքր adv ամենից ավելի
leather [լե՛դը] *n* կաշի *a* կաշվե
leave [լի:վ] *n* թույլտվություն, արձակուրդ, հրաժեշտ *v* գնալ, մեկնել, լքել, թողնել, թույլ տալ
lecture [լե՛քչը] *n* դասախոսություն *v* դասախոսություն կարդալ
left [լեֆթ] *a* ձախ *adv* ձախից, դեպի ձախ
leg [լեգ] *n* ոտք, ոտ, հենարան
legacy [լե՛գըսի] *a* ժառանգություն
legal [լի՛:գըւ] *n* իրավական, օրինական
legend [լե՛ջընդ] *n* ավանդություն, մակագրություն
legislation [լեջիսլե՛յշն] *n* օրենսդրություն
leisure [լե՛ժը] *n* ազատ ժամանակ, ժամանց
lemon [լե՛մըն] *n* լիմոն, կիտրոն
lend [լենդ] *v* պարտք տալ

length [լենթ] *n* երկարություն, հեռավորություն at~ մանրամասնորեն
less [լես] *n* ավելի քիչ քանակություն *a* ավելի փոքր *adv* ավելի պակաս, քիչ *prep* առանց
lesson [լեսն] *n* դաս, խրատ
lest [լեսթ] *conj* որպեսզի չլինի, չլինի թե
let [լեթ] *v* թույլատրել, վարձով տալ ~alone մի կողմ թողնել ~ in ներս թողնել ~ out դուրս թողնել, թողնել
letter [լե՛թը] *n* տառ, գիր, նամակ
level [լեվլ] *n* մակարդակ *a* հարթ, տափակ
liar [լա՛յը] *n* ստախոս
liberal [լի՛բըրըլ] *n* լիբերալ, առատաձեռն
liberty [լի՛բըթի] *n* ազատություն
library [լա՛յբրըրի] *n* գրադարան
license [լա՛յսընս] *n* թույլտվություն, լիցենզիա *v* իրավունք տալ
lick [լիք] *n* լիզում *v* լիզել
lie [լայ] *n* սուտ *v* ստել; պառկել
lieutenant [լյու:թը՛նենթ] *n* լեյտենանտ, տեղակալ
life [լայֆ] *n* կյանք, ապրելակերպ
lift [լիֆթ] *n* վերելակ *v* բարձրացնել, բարձրանալ
light [լայթ] *n* լույս, լուսավորություն *v* լուսավոր(վ)ել *a* թեթև, աննշան
lightly [լա՛յթլի] *adv* թեթևակի, քնքշորեն, անհոգ
lightning [լա՛յթնինг] *n* կայծակ
like [լայք] *a* նման, միանման, համանման *adv* այսպես, այդպես *v* սիրել, հավանել

likely [լա՛յքլի] *a* հավանական, հարմար, *adv* հավանաբար
likewise [լա՛յքվայզ] *adv* նմանապես, նաեւ
lily [լի՛լի] *n* շուշան
limb [լիմ] *n* վերջավորություն(մարմնի), ճյուղ
lime [լայմ] *n* կիր; լորի
limestone [լայմսթոուն] *n* կրաքար
limit [լի՛միթ] *n* սահման, ծայր *v* սահմանափակել
limp [լիմփ] *n* կաղություն *v* կաղալ
line [լայն] *n* գիծ, տող, շարք, պարան, պոչ, հերթ *v* գիծ քաշել, աստառ դնել
linen [լի՛նին] *n* քաթան *a* վուշի
linger [լի՛նգը] *v* դանդաղել, հապաղել, ուշանալ
link [լինք] *n* օղակ, կապ *v* միացնել, կապել
lion [լա՛յըն] *n* առյուծ
lip [լիփ] *n* շրթունք
lipstick [լի՛փսթիք] *n* շրթնաներկ]
liquid [լի՛քուիդ] *n* հեղուկ *a* ջրալի
liquor [լի՛քը] *n* խմիչք, ըմպուկ
list [լիսթ] *n* ցուցակ
listen [լիսն] *v* լսել, ունկնդրել
literary [լի՛թըրըրի] *a* գրական
literature [լի՛թըրիչը] *n* գրականություն
little [լիթլ] *a* պստիկ, փոքրիկ *adv* քիչ
live [լիվ] *v* ապրել *a* կենդանի, ողջ
liver [լի՛վը] *n* լյարդ
load [լոուդ] *n* բեռ *v* ծանրաբեռնել, բարձել
loan [լոուն] *n* փոխառություն

lobster [լո՛բսթը] *n* օմար, ծովախեցգետին
local [լո՛ուքըլ] *a* տեղական
locality [լոուքէ՛լիթի] *n* տեղ, վայր, տեղանք
locate [լոուքե՛յթ] *v* տեղավորել, բնակեցնել, նշել սահմանը
lock [լոք] *n* խոպոպ; կողպեք *v* փակ(վ ել)
lodger [լո՛ջը] *n* տնվոր, կենվոր
lodging [լո՛ջին] *n* կացարան, բնակարան
lofty [լո՛ֆթի] *a* շատ բարձր, վեհ, գոռոզ
log [լոգ] *n* գերան, կոճղ, քոթուկ
lonely [լո՛ունլի] *a* մենակ, միայնակ
long [լոն] *a* երկար, երկարատեւ *adv* երկար ժամանակ *v* փափագել, կարոտել
look [լու:ք] *n* հայացք, տեսք *v* նայել, տեսք ունենալ խնամել ~ for փնտրել
loom [լու:մ] *n* ջուլհակահաստոց *v* նշմարվել
loose [լու:ս] *a* ազատ, չամրացված *v* արձակել
lord [լո:դ] *n* լորդ, պարոն
lose [լու:զ] *v* կորցնել, տարվել, զրկվել
loss [լոս] *n* վնաս, կորուստ
lot [լոթ] *n* վիճակահանություն, ճակատագիր, հողամաս a˝ of մեծ քանակություն
loud [լաուդ] *a* բարձրաձայն, աղմկոտ
louse [լաուս] *n* ոջիլ
love [լավ] *n* սեր, սիրահարվածություն *v* սիրել to fall in ~ with սիրահարվել
lovely [լա՛վլի] *a* հիանալի, սիրելի
lover [լա՛վը] *n* սիրեկան, երկրպագու
low [լոու] *a* ցածր, թույլ, խղճուկ
lower [լո՛ուը] *a* ավելի ցածր, ներքեւի, ներքին *v* իջնել, նվազեցնել

loyal [լո՛յըլ] *a* հավատարիմ, օրինապահ, լոյալ
loyalty [լո՛յըլթի] *n* հավատարմություն, օրինապահություն
luck [լաք] *n* բախտ, հաջողություն
lucky [լա՛քի] *a* բախտավոր, հաջողակ
lumber [լա՛մբը] *n* անտառանյութ, հնոտիք
lump [լամփ] *n* գունդ, կույտ
lunch [լանչ] *n* կեսօրյա նախաճաշ, լենչ *v* նախաճաշել
luncheon [լանչն] *n* նախաճաշ
luster [լա՛սթը] *n* փայլ, շուք, ջահ
luxury [լա՛քշըրի] *n* շքեղություն
lying [լա՛յին] *n* ստախոսություն *a* սուտ; ընկած

M

machine [մըշի՛:ն] *n* մեքենա, գործիք
machinery [մըշի՛:նըրի] *n* մեքենաներ, մեքենայի մասեր, մեխանիզմ
mad [մէդ] *a* խելագար, կատաղի
madam [մէ՛դըմ] *n* տիկին, տիրուհի
made [մեյդ] *a* շինված, պատրաստված
magazine [մէգը՛զի:ն] *n* հանդես, ամսագիր
magic [մէ՛ջիք] *n* մոգություն, կախարդություն *a* հմայիչ, կախարդական
magnificent [մէգնի՛ֆիսնթ] *a* հոյակապ, փառահեղ, շքեղ
maid [մեյդ] *n* կույս, աղջիկ, սպասուհի, հարսնաքույր

maiden [մեյդն] *a* կուսական, մաքուր, անարատ
mail [մեյլ] *n* փոստ *v* փոստով ուղարկել
mainly [մե՛յնլի] *adv* գլխավորապես, մեծ մասամբ
maintain [մեյնթե՛յն] *v* պահել, կերակրել, օգնել, հաստատել
majesty [մէջի՛սթի] *n* վեհություն, մեծություն
major [մե՛յջը] *a* գլխավոր, ավագ *n* մայոր
majority [մըջո՛րիթի] *n* մեծամասնություն, չափահասություն
make [մեյք] *v* անել, կատարել, արտադրել, ստիպել, դարձնել, պատրաստել
maker [մե՛յքը] *n* շինող, հորինող, կերտող, ստեղծող
male [մեյլ] *n* տղամարդ, այր *a* արական սեռի
mammal [մէ՛մըլ] *n* կաթնասուն կենդանի
man [մէն] *n* մարդ, տղամարդ
manage [մէ՛նիջ] *v* կառավարել, վարել, կարգավորել, գլուխ բերել, ճար գտնել
management [մէ՛նիջմընթ] *n* ղեկավարություն, վարչություն
manager [մէ՛նիջը] *n* կառավարիչ, դիրեկտոր, տնօրեն, տնտեսատեր
mankind [մէնքա՛յնդ] *n* մարդկություն, մարդկային ցեղ
manner [մէ՛նը] *n* եղանակ, ձեւ, սովորություն, շարժուձեւեր, վարվելակերպ
mansion [մէնշն] *n* մեծ առանձնատուն

mantle [մէնթլ] *n* թիկնոց, ծածկոց *v* ծածկել
manual [մէ՛նյուըլ] *n* ձեռնարկ, տեղեկագիրք *a* ձեռքի(աշխատանքի մասին)
manufacture [մէնյուֆէ՛քչը] *n* արտադրություն, արտադրանք
manuscript [մէ՛նյուսքրիփթ] *n* ձեռագիր, բնագիր
many [մե՛նի] *a* շատ, բազմաթիվ, how~որքա՞ն, as ~ as այնքան որքան
map [մեփ] *n* աշխարհագրական քարտեզ
marble [մա:բլ] *n* մարմար
March [մա:չ] *n* մարտ
margin [մա՛:ջին] *n* եզր, շուրթ, սահման, ափ, շահույթ, ավելցուկ(փողի, ժամանակի եւ այլն)
mark [մա:ք] *n* նշան, կնիք, հետք, նշանակետ, հատկանիշ, թվանշան
market [մա՛:քիթ] *n* շուկա
marriage [մէ՛րիջ] *n* ամուսնություն, հարսանիք
married [մէ՛րիդ] *a* ամուսնացած, ամուսնական
marry [մէ՛րի] *v* ամուսնացնել, պսակվել
martyr [մա՛:թը] *n* նահատակ *v* տանջել
marvelous [մա՛:վիլըս] *a* սքանչելի, հրաշալի
mass [մէս] *n* զանգված, մեծ քանակություն, մասսաներ, ժողովուրդ *v* կուտակ(վ)ել
massacre [մէ՛սըքը] *n* ջարդ, կոտորած
mast [մա՛:սթ] *n* կայմ

master [մա:սթը] *n* տեր, վարպետ *v* ստորադասել տիրապետել
match [մէչ] *n* լուցկի; զույգ, ամուսնություն *v* համապատասխան զույգը գտնել
mate [մեյթ] *n* ընկեր, ամուսին, ընկերակից
material [մըթի'ըրիըլ] *n* նյութ, գործվածք *a* նյութական, էական
matter [մէ'թը] *n* նյութ, էություն, գործ, հարց what is the ~, ինչ է պատահել *v* նշանակություն ունենալ
May [մեյ] *n* մայիս
may [մեյ] *v* կարենալ, թույլտվություն ունենալ
maybe [մե'յբի:] *adv* հավանական է, գուցե
mayor [մեյը] *n* քաղաքագլուխ
me [մի:] *pron* ինձ
meadow [մե'դոու] *n* մարգագետին
meal [մի:լ] *n* ուտելիք, ճաշ
mean [մի:ն] *n* մեջտեղ *a* միջակ; վատ, ստոր *v* մտադրվել, ենթադրել, նշանակել, նկատի ունենալ
meaning [մի':նին:] *n* իմաստ, նշանակություն *a* իմաստ ունեցող
means [մի:նզ] *n* միջոց by all ~ անպայման by ~ of միջոցով
meantime [մի':նթայմ] *adv* միևնույն ժամանակ, նույն միջոցին
measure [մե'ժը] *n* չափ, չափում, չափանիշ, ձեռնարկում *v* չափել, գնահատել(դրությունը)
meat [մի:թ] *n* միս

mechanical [միքէ'նիքըլ] *a* մեքենայի, մեխանիկական
medical [մե'դիքըլ] *a* բժշկական
medicine [մե'դսին] *n* դեղ, բժշկություն
medium [մի':դյըմ] *n* միջոց, միջավայր, մեջտեղ *a* միջին, միջակ
meet [մի:թ] *v* հանդիպել, հավաքվել, ծանոթանալ
meeting [մի':թին] *n* միտինգ, ժողով, հանդիպում
member [մե'մբը] *n* անդամ
memorial [միմո':րիըլ] *n* հուշարձան, հիշատակարան
memory [մե'մըրի] *n* հիշողություն, հուշեր
menace [մե'նըս] *n* սպառնալիք *v* սպառնալ
mend [մենդ] *n* կարկատան *v* նորոգել, ուղղել
mental [մենթլ] *a* մտավոր, մտային, հոգեկան
mention [մենշն] *n* հիշատակում, հիշատակություն *v* հիշատակել don't ~ it! չարժե
merchant [մը':չընթ] *n* վաճառական, խանութպան
mercury [մը':քյուրի] *n* սնդիկ
mercy [մը':սի] *n* ողորմածություն, գթություն, ներողամտություն
mere [միը] *a* իսկական, զուտ, բացահայտ, բացարձակ
merely [մի'ըլի] *adv* պարզապես, միայն
merit [մե'րիթ] *n* արժանիք *v* արժանի լինել
merry [մե'րի] *a* ուրախ, զվարթ

mess [մեu] *n* ընդհանուր ճաշ; խառնաշփոթություն

message [մե՛uիջ] *n* հաղորդագրություն, ուղերձ

messenger [մե՛uինջը] *n* սուրհանդակ, լրաբեր, թղթատար

metal [մեթլ] *n* մետաղ

method [մե՛թըդ] *n* մեթոդ, միջոց, համակարգ

middle [միդլ] *n* մեջտեղ, կենտրոն *a* միջին

midnight [մի՛դնայթ] *n* կեսգիշեր, խավար

midst [միդսթ] *n* միջին տեղ, միջինը *prep* մեջ, մեջտեղ, միջեւ

might [մայթ] *n* հզորություն, ուժ

mighty [մա՛յթի] *a* ուժեղ, հզոր, վիթխարի

mild [մայլդ] *a* մեղմ, թույլ, դուրեկան

mile [մայլ] *n* մղոն

military [մի՛լիթըրի] *n* զինվորականություն *a* ռազմական

milk [միլք] *n* կաթ *v* կթել

mill [միլ] *n* աղաց, ջրաղաց, գործարան

million [մի՛լյըն] *n* միլիոն

mind [մա՛յնդ] *n* խելք, բանականություն, մտադրություն, հիշողություն, միտք *v* հիշել, մտահոգվել never ~ ոչինչ

mine [մայն] *pron* իմը *n* հանքահոր *v* հանք մշակել, ական դնել

miner [մայնը] *n* հանքափոր

mineral [մի՛նըրըլ] *n* հանքաքար *a* հանքային

mingle [մինգլ] *v* խառն(վ)ել, ընկերանալ

minister [մի՛նիսթը] *n* մինիստր, դեսպանորդ, քահանա
minor [մա՛յնը] *n* անչափահաս *a* երկրորդական, փոքր, մինոր
minute [մի՛նիթ] *n* րոպե, արձանագրություն *a* մանր, աննշան, մանրամասն
mirror [մի՛րը] *n* հայելի *v* արտացոլել
mischief [մի՛սչիֆ] *n* չարիք, վնաս, չարաճճիություն
miserable [մի՛զըրըբլ] *a* խեղճ, աղքատ, դժբախտ, թշվառ
misery [մի՛զըրի] *n* խեղճություն, թշվառություն, չքավորություն
miss [միս] *n* օրիորդ; վրիպում *v* վրիպել, բաց թողնել, կարոտել
missing [միսին] *a* թերի, պակաս, կորած
mission [մի՛շն] *n* միսիա, ներկայացուցչություն, հանձնարարություն
mist [միսթ] *n* մշուշ, մառախուղ
mistake [միսթե՛յք] *n* սխալ *v* սխալվել
mistress [մի՛սթրիս] *n* տանտիկին, ուսուցչուհի, սիրուհի
mix [միքս] *n* խառն(վ)ել, զուգակցել, շփվել
mixture [մի՛քսչը] *v* խառնում, խառնուրդ
moan [մոուն] *n* տնքոց, հեծեծանք *v* հառաչել, տնքալ
mob [մոբ] *n* ամբոխ, խաժամուժ
mock [մոք] *n* ծաղրում *v* ծաղրել
mode [մոուդ] *n* եղանակ, կերպ, ձեւ, մեթոդ, սովորություն
model [մոդլ] *n* օրինակ, նմուշ, կաղապար, բնօրինակ, մոդել

moderate [մո՛դըրիթ] *a* չափավոր, զուսպ
modern [մո՛դըն] *a* արդի, ժամանակակից
modest [մո՛դիսթ] *a* ամոթխած, համեստ
moist [մոյսթ] *a* խոնավ, անձրևոտ
moisture [մո՛յսչը] *n* խոնավություն
mole [մոուլ] *n* խալ; խլուրդ
moment [մո՛ումընթ] *n* մոմենտ, պահ
monarch [մո՛նըք] *n* միապետ, կայսր
monarchy [մո՛նըքի] *n* միապետություն
Monday [մա՛նդի] *n* երկուշաբթի
money [մա՛նի] *n* փող
monk [մանք] *n* վանական, կուսակրոն
monkey [մա՛նքի] *n* կապիկ
monopoly [մընո՛փըլի] *n* մենաշնորհ, մոնոպոլիա
monster [մո՛նսթը] *n* հրեշ *a* հսկայական
month [մանթ] *n* ամիս
monument [մո՛նյումընթ] *n* հուշարձան
mood [մու:դ] *n* տրամադրություն
moon [մու:ն] *n* լուսին
moonlight [մու՛:նլայթ] *n* լուսնի լույս
moral [մո՛րըլ] *n* բարոյախոսություն, բարոյականություն, բարքեր.a բարոյական
more [մո:] *a* ավելի շատ, էլի *adv* ավելի, դարձյալ, նորից
moreover [մո:րո՛ուվը] *adv* բացի այդ, դեռ ավելին
morning [մո՛:նին] *n* առավոտ
mortal [մո:թլ] *a* մահկանացու, մահացու
mortgage [մո՛:գիչ] *n* գրավ, գրավաթուղթ *v* գրավ դնել
moss [մոս] *n* մամուռ *v* մամռապատել

most [մոուսթ] *n* մեծամասնություն *a* ամենաշատ *adv* մեծապես, ամենից ավելի
mother [մադը] *n* մայր
mother–in–law [մա՛դըինլո:] *n* զոքանչ, սկեսուր
motion [մոուշն] *n* շարժում, ընթացք, առաջարկություն(ժողովում)
motive [մո՛ութիվ] *n* շարժառիթ *a* շարժող, շարժողական
motor [մո՛ութը] *n* շարժիչ, մոտոր, մեքենա
mount [մաունթ] *v* բարձրանալ, հեծնել, տեղակայել, շրջանակել
mountain [մա՛ունթին] *n* սար, լեռ
mourn [մո:ն] *v* ողբալ, սուգ անել
mouse [մաուս] *n* մուկ
moustache [մըսթա՛:շ] *n* բեղ
mouth [մաութ] *n* բերան, շրթունք, գետաբերան
move [մու:վ] *n* շարժում, տեղաշարժ, քայլ, արարք *v* շարժ(վ)ել, տեղափոխվել, հուզել
movement [մու՛:վմընթ] *n* շարժում, տեղափոխություն
movies [մու՛:վիզ] *n* կինո
Mr [մի՛սթը] (mister) միստր, պարոն
Mrs [մի՛սիզ] (mistress) տիկին, տիրուհի
much [մաչ] *a* շատ, մեծ how ~ ? որքա՞ն *adv* շատ, չափազանց, համարյա
mud [մադ] *n* տիղմ, ցեխ
mule [մյու:լ] *n* ջորի, համառ՝ կամակոր մարդ
multiply [մա՛լթիփլայ] *v* բազմացնել, ավելանալ, բազմապատկել

multitude [մա՛լթիթյու:դ] *n* բազմություն, ամբոխ
murder [մը՛:դը] *n* մարդասպանություն *v* սպանել
murmur [մը՛:մը] *n* խոխոջյուն, փնթփնթոց *v* կարկաչել, քրթմնջալ, բողոքել
muscle [մասլ] *n* մկան
muse [մյու:զ] *n* the~ մուսա *v* երազել, մըտասուզվել
museum [մյու՛:զիըմ] *n* թանգարան
mushroom [մաշրում] *n* սունկ
music [մյու՛:զիք] *n* երաժշտություն, նոտաներ
musical [մյու՛:զիքըլ] *a* երաժշտական
must [մասթ] *v* պետք է, պարտավոր(եմ, ես, է)
mute [մյու:թ] *a* համր, լալ
my [մայ] *pron* իմ
myself [մայսե՛լֆ] *pron* ինձ, ինքս ինձ, ինքս, ես ինքս
mysterious [միսթի՛ըրիըս] *a* խորհրդավոր, անհասկանալի
mystery [մի՛սթըրի] *n* գաղտնիք

N

nail [նեյլ] *n* մեխ; եղունգ, ճանկ *v* մեխել; գամել
naked [նե՛յքիդ] *a* մերկ, ակներև, բացահայտ
name [նեյմ] *n* անուն, ազգանուն *v* անվանել, նշանակել

namely [նեյմլի] *adv* այսինքն, այն է
napkin [նէփքին] *n* անձեռոցիկ, տակաշոր
narrow [նէրոու] *a* նեղ, սահմանափակ
nation [նեյշն] *n* ազգ, ժողովուրդ, ազգություն
national [նէշնըլ] *a* ազգային, պետական, ժողովրդական
native [նեյթիվ] *n* բնիկ *a* հարազատ, բուն, տեղական
natural [նէչրըլ] *n* շնորհալի մարդ *a* բնական, իսկական
nature [նեյչը] *n* բնություն, էություն, բնավորություն
naval [նեյվըլ] *a* ռազմածովային, նավատորմային
navy [նեյվի] *n* ռազմածովային նավատորմ
nay [նեյ] *n* մերժում part ոչ միայն այդ, դեռ ավելին
near [նիը] *a* մոտ, մոտիկ, մերձավոր, մոտավոր *adv* մոտիկից, կողքին
nearly [նիըլի] *adv* գրեթե, համարյա, մոտավորապես
neat [նի:թ] *a* կոկիկ, մաքուր, հստակ, լակոնիկ
necessary [նեսիսըրի] *a* անհրաժեշտ *n* անհրաժեշտ բան
necessity [նիսեսիթի] *n* անհրաժեշտություն, կարիք
neck [նեք] *n* վիզ, պարանոց, բերան(շշի)
need [նի:դ] *n* պահանջ *v* կարիք ունենալ
needle [նի:դլ] *n* ասեղ

neglect [նիգլե՛քթ] *n* արհամարհանք *v* արհամարհել, անուշադրության մատնել
negotiation [նիգոուշիէ՛յշն] *n* բանակցություններ
neighbor [նե՛յբը] *n* հարեւան
neighborhood [նե՛յբըհուդ] *n* հարեւանություն, շրջակայք
neighboring [նե՛յբըրին] *a* հարեւան, հարակից
neither [նի:յդը] *a* ոչ մի, ոչ մեկը ~ . no ոչ . ոչ, ոչ էլ *pron* ոչ մեկը, ոչ էլ մյուսը
nephew [նե՛ֆյու:] *n* եղբորորդի, քեռորդի
nerve [նը:վ] *n* նյարդ, ջիղ, արիություն
nervous [նը՛:վըս] *a* նյարդային
nest [նեսթ] *n* բույն *v* բույն դնել
net [նեթ] *n* ցանց, սարդոստայն *a* զուտ, մաքուր, նետտո(քաշի մասին)
never [նե՛վը] *adv* երբեք
nevertheless [նեվըդըլե՛ս] *adv* այնուամենայնիվ, չնայած
new [նյու:] *a* նոր, այլ, ուրիշ, թարմ, ժամանակակից
news [նյու:զ] *n* լուրեր, նորություններ
newspaper [նյու՛:սփեյփը] *n* լրագիր
New Year [նյու յը:] *n* Նոր Տարի
next [նեքսթ] *a* հաջորդ, մոտիկ *adv* հետո, այնուհետեւ *prep* կողքին
nice [նայս] *a* հաճելի, ախորժելի, գեղեցիկ, սիրալիր
niece [նի:ս] *n* քրոջ կամ եղբոր աղջիկ
night [նայթ] *n* գիշեր, երեկո
nine [նայն] *num* ինն, ինը

nineteen [նայնթի՛:ն] *num* տասնինը
ninety [նա՛յնթի] *num* իննսուն
ninth [նայնթ] *num* իններորդ
no [նոու] *n* մերժում; *a* ոչ մի, ամենևին էլ չէ; *adv* ոչ
noble [նոուբլ] *a* ազնվահոգի, ազնիվ, ազնվական
nobody [նո՛ուբըդի] *n* ոչ ոք, ոչնչություն
nod [նոդ] *n* գլխի շարժում *v* գլխով անել,ննջել
noise [նոյզ] *n* աղմուկ
nomination [նոմինե՛յշն] *n* նշանակում(պաշտոնի), թեկնածու առաջադրելը
none [նան] *pron* ոչ ոք, ոչինչ *adv* ոչ մի չափով *a* ոչ մի
nonsense [նո՛նսընս] *n* անմտություն, անհեթեթություն, անմիտ վարմունք
noon [նու:ն] *n* կեսօր
nor [նո:] *conj* ոչ, եւ ոչ էլ neither ...,~ ոչ ... ոչ
normal [նո՛:մըլ] *a* նորմալ, կանոնավոր, սովորական
north [նո:թ] *n* հյուսիս *a* հյուսիսային *adv* դեպի հյուսիս
northern [նո՛:դըն] *n* հյուսիսի բնակիչ *a* հյուսիսային
nose [նոուզ] *n* քիթ, հոտառություն
nostril [նո՛սթրիլ] ռունգ, քթածակ
not [նոթ] *adv* չէ, ոչ ~ at all բնավ, երբեք, չարժե
note [նոութ] *n* նշումներ, նոտա, գրություն *v* գրի առնել, նկատի ունենալ, նշմարել

nothing [նա՛թին] *n* զրո, ոչինչ, գոյություն չունեցող
notice [նո՛ութիս] *n* տեղեկացում, նախազգուշացում, հայտարարություն, ուշադրություն, ակնարկ *v* նկատել
notion [նոուշն] *n* հասկացողություն, պատկերացում
novel [նո՛վըլ] *n* վեպ *a* նոր, անծանոթ
November [նովե՛մբը] *n* նոյեմբեր
now [նաու] *adv* հիմա, այժմ, անմիջապես, այնուհետեւ just ~ հենց հիմա *conj* քանի որ
nuclear [նյու՛:քլիը] *a* միջուկավոր, ատոմային
number [նա՛մբը] *n* թիվ, քանակ, համար *v* համարակալել
numerous [նյու՛:մըրըս] *a* բազմաթիվ
nurse [նը:ս] *n* դայակ, բուժքույր *v* կերակրել, խնամել, պահել
nursery [նը՛:սրի] *n* մանկասենյակ
nut [նաթ] *n* ընկույզ
nutritious [նյու:թրի՛շըս] *a* սննդարար

O

oak [ոուք] *n* կաղնի
oath [ոութ] *n* երդում
oatmeal [օ՛ութմի:լ] *n* վարսակի ալյուր(շիլա)
obey [օբե՛յ] *v* հնազանդվել, հպատակվել
object [օ՛բջիքթ] *n* առարկա, օբյեկտ, նպատակ [ըբջե՛քթ] *n* առարկել
objection [ըբջե՛քշն] *n* առարկություն

obligation [օբլիգե՛յշն] *n* պարտավորու-թյուն, պարտականություն
oblige [ըբլա՛յջ] *v* պարտավորեցնել, լա-վություն անել
observation [ոբզը:վե՛յշն] *n* դիտում, զըն-նում, դիտողություն
observe [ըբզը՛:վ] *v* դիտել, նկատել, պահ-պանել, դիտողություն անել
observer [ըբզը՛:վը] *n* դիտող, հսկող, օրի-նապահ մարդ
obstacle [օ՛բսթըքլ] *n* արգելք, խոչընդոտ
obtain [ըբթե՛յն] *v* ստանալ, հայթայթել
obvious [օ՛բվիըս] *a* բացահայտ, պարզ
occasion [ըքե՛յժն] *n* դեպք, հանգամանք, առիթ
occasional [ըքե՛յժնըլ] *a* պատահական, հազվադեպ
occupation [օքյուփե՛յշն] *n* օկուպացիա, գրավում; զբաղմունք, աշխատանք
occupy [օ՛քյուփայ] *v* տիրել, օկուպացնել, զբաղեցնել, զբաղվել
occur [ըքը՛:] *v* տեղի ունենալ, մտքով անց-նել
occurence [ըքա՛րընս] *n* պատահար, դեպք
ocean [օուշն] *n* օվկիանոս
o'clock [ըքլո՛ք] It is two ~ ժամը երկուսն է
October [օքթո՛ուբը] *n* հոկտեմբեր
odd [օդ] *a* կենտ, անզույգ, ավելորդ, տա-րօրինակ
of [օվ] *prep* ցույց է տալիս պատկանելի-ություն, պատճառ, թարգմանվում է հա-յերենի սեռական, բացառական հոլովնե-

րով՝ the towns of our country մեր երկրի քաղաքները, he died of hunger նա սովից մեռավ, ցույց է տալիս նյութը, որից շինված է առարկան՝a house of bricks աղյուսաշեն տուն

off [օ:ֆ] *adv* ցույց է տալիս հեռացում՝ *a* long way ~ հեռու, հազուստի պարագաների հանում՝ hats ~ հանեցեք գլխարկները, գործողության ավարտ՝ to break ~ negotiation բանակցությունները ավարտել *prep* թարգմանվում է հայերենի բացառական հոլովով՝ the plate fell ~ the table ափսեն ընկավ սեղանից

offend [ըֆե՛նդ] *v* վիրավորել, խախտել օրենքը

offense [ըֆե՛նս] *n* վիրավորանք, անարգանք, հարձակում, հանցանք

offer [օ՛ֆը] *n* առաջարկ *v* առաջարկել

office [օ՛ֆիս] *n* պաշտոն, ծառայություն, հիմնարկ, վարչություն

officer [օ՛ֆիսը] *n* սպա, պաշտոնական անձ, ստիճանավոր

official [ըֆի՛շըլ] *n* պաշտոնյա *a* պաշտոնեական

often [օ:ֆն] *adv* հաճախ

oil [օյլ] *n* ձեթ, նավթ *v* յուղել, քսել

O. K. [օուքե՛յ] *n* հավանություն, ամեն ինչ կարգին է

old [օուլդ] *a* ծեր, պառավ

old–fashioned [օուլդֆէ՛շընդ] *a* հնացած, հնաձեւ

olive [օ'լիվ] *n* ձիթապտուղ *a* ձիթապտուղի գույնի

on [օն] *prep* վրա, ափին, դեպի, հետո, երբ, մասին, վերաբերյալ *adv* ցույց է տալիս բայի արտահայտած գործողության շարունակում՝ to write ~ շարունակել գրել, որեւէ ապարատի միացումը՝ turn ~ the gas գազը միացրու

once [վանս] *n* մի անգամ *adv* մի անգամ ~ more մի անգամ եւս, մի ժամանակ, at ~ անմիջապես

one [վան] *num* մեկ *n* միավոր *a* առաջին, միակ, միասնական, միանման, մի *pron* ինչ-որ մեկը, մի մարդ

oneself [վանսե'լֆ] *pron* (ինքն) իրեն

onion [ա'նյըն] *n* սոխ

only [օ'ունլի] *a* միակ *adv* միայն *conj* միայն թե

onward [օ'նվըդ] *a* դեպի առաջ շարժվող *adv* առաջ, ավելի հեռու

open [օ'ուփըն] *a* բաց *v* բաց անել

opening [օ'ուփնին] *n* անցք, սկիզբ, բացում

opera [օ'փըրը] *n* օպերա

operate [օ'փըրեյթ] *v* գործել, ղեկավարել, ազդել, շարժման մեջ դնել

operation [օփըրե'յշն] *n* գործողություն, ընթացք, վիրահատություն

operator [օփըրե'յթը] *n* օպերատոր, ռադիստ, հեռախոսավար

opinion [ըփի'նյըն] *n* կարծիք

opportunity [օփըրթյու՛:նիթի] *v* պատեհու-թյուն, առիթ
oppose [ըփո՛ուզ] *n* դիմադրել, հակադրել
opposite [օ՛փըզիթ] *n* հակադրություն *a* հակադիր, հակառակ *adv* դեմ, դիմաց
opposition [օփըզի՛շն] *n* դիմադրություն, հակադրություն
or [օ:] *conj* կամ
oral [օ՛:րըլ] *n* բանավոր, բերանացի
orange [օ՛րինջ] *n* նարինջ *a* նարնջագույն
orchard [օ՛:չըդ] *n* պտղատու այգի
order [օ՛:դը] *n* կարգ, կանոնավոր վիճակ, շքանշան, հրաման *v* հրամայել
ordinary [օ՛:դնրի] *a* սովորական, շարքային
organ [օ՛:գըն] *n* օրգան, երգեհոն
organization [օ:գընայզե՛յշն] *n* կազմակեր-պություն, կազմություն
organize [օ՛:գընայզ] *v* կազմակերպել
origin [օ՛րիջին] *n* սկիզբ, սկզբնաղբյուր, ծագում
original [ըրի՛ջընըլ] *n* բնագիր *a* նախնա-կան, իսկական, յուրօրինակ
ornament [օ՛:նըմընթ] *n* զարդարանք *v* զարդարել
orphan [օ՛:ֆըն] *n* որբ *a* որբական
other [ա՛դը] *a* այլ, ուրիշ.pron մյուսը
otherwise [ա՛դըվայզ] *a* այլ կերպ, այլ կող-մերից, այլապես
ought [օ:թ] *v* արտահայտում է անհրաժեշ-տություն մեծ հավանականություն you ~ to go there դուք պետք է գնայիք այն-տեղ

our, ours [ա՛ուր, ա՛ուրզ] *pron* մեր, մերը, մերոնք

ourselves [աուրսե՛լվզ] *pron* (ինքներս)մեզ, (մենք) ինքներս

out [աութ] *n* ելք *a* արտաքին *adv* դուրս *prep* միջից

outcome [ա՛ութքամ] *n* արդյունք, հետեվանք

outer [ա՛ութր] *a* դրսի, արտաքին

outline [ա՛ութլայն] *n* ուրվագիծ *v* ընդհանուր գծերով նկարագրել

outlook [ա՛ութլուք] *n* տեսարան, հեռանկար

output [ա՛ութփութ] *n* արտադրանք

outrageous [աութրե՛յջըս] *a* կատաղի, անպատիվ

outside [աութսա՛յդ] *n* դրսի կողմ, արտաքին տեսք *a* արտաքին *adv* դրսից

outstanding [աութսթէ՛նդին] *a* կարկառուն, հայտնի

oven [ավն] *n* փուռ, վառարան

over [օ՛ուվր] *n* ավելցուկ *adv* միջով, վրայով, կրկին անգամ, ավարտ all ~ ամենուրեք *prep* վրա, վերեւում

overcoat [օ՛ուվրքոութ] *n* վերարկու

overcome [օուվրքամ] *v* հաղթահարել, համակել

overhead [օ՛ուվրհեդ] *a* վերին, վերեւի *adv* վերեւում, գլխի վերեւ

overlook [օուվրլու՛ք] *v* վերեւից նայել, բացվել, չնկատել, ներողամիտ լինել, մատների արանքով նայել

over–production [օուվըփրըդա՛քշն] *n* գե-րարտադրություն
oversee [օուվըսի՛:] *v* հսկել, վերահսկել
overtake [օուվըթե՛յք] *v* մեկի ետեվից հաս-նել, հանկարծակիի բերել
overthrow [օուվըթրո՛ու] *n* տապալում *v* տապալել, կործանել
owe [օուվ] *v* մեկին պարտք լինել, պար-տական լինել
owing [օ՛ուին] *a* ~ to շնորհիվ,հետեւան-քով, չվճարված
owl [աուլ] *n* բու
own [օուն] *a* անձնական, հարազատ *v* տեր լինել, ճանաչել
owner [օ՛ունը] *n* սեփականատեր, տեր
ox [օքս] *n* ցուլ, եզ
oxygen [օ՛քսիջըն] *n* թթվածին
oyster [օ՛յսթը] *n* ոստրե

P

pacific [փըսի՛ֆիք] *a* խաղաղասեր, խաղաղ
pack [փէք] *n* կապոց, տուփ(ծխախոտի), բանդա, ոհմակ *v* դարսել, փաթեթավո-րել, կապկպել
package [փէ՛քիջ] *n* ծանրոց, փաթեթ
pact [փէքթ] *n* պայմանագիր, դաշինք
pad [փէդ] *n* փափուկ թամբ, բարձիկ *v* փափուկ միջադիր դնել
page [փեյջ] *n* էջ
pail [փեյլ] *n* դույլ

pain [փեյն] *n* ցավ, տանջանք *v* ցավ պատճառել, ցավել
paint [փեյնթ] *n* ներկ, գույն *v* նկարել, ներկել
painter [փե՛յնթը] *n* նկարիչ
painting [փե՛յնթինգ] *n* նկար, գեղանկարչություն
pair [փեը] *n* զույգ, ամուսնական զույգ
palace [փէ՛լիս] *n* պալատ, առանձնատուն
pale [փեյլ] *a* գունատ, թույլ *v* գունատվել
palm [փա:մ] *n* ափ(ձեռքի); արմավենի
pan [փէն] *n* թավա, թաս(մետաղյա)
panic [փէ՛նիք] *n* խուճապ
pant [փէնթ] *n* հեւոց *v* հեւալ, ծանր շնչել
pants [փէնթս] *n* վարտիք(տղամարդու), շալվար
paper [փե՛յփը] *n* թուղթ, թերթ, փաստաթուղթ, պաստառ
paradise [փէ՛րըդայս] *n* դրախտ
parallel [փէ՛րըլել] *n* զուգահեռական *a* զուգահեռ, նման
parcel [փա:սլ] *n* ծրար, ծանրոց, փաթեթ
pardon [փա:դն] *n* ներում, ներողություն I beg your ~ ներեցեք *v* ներել
parent [փե՛ըրընթ] *n* ծնող, նախնիք
park [փա:ք] *n* զբոսայգի, կայան *v* հավաքակայանում կանգնեցնել(մեքենաները)
parliament [փա՛:լըմընթ] *n* պառլամենտ
parlor [փա՛:լը] *n* հյուրասենյակ, սրահ, ատելիե
parrot [փէ՛րըթ] *n* թութակ

part [փա:թ] *n* մաս, մասնակցություն, դեր *v* բաժան(վ)ել

participate [փա:թի՛սիփեյթ] *v* մասնակցել

particular [փըթի՛քյուլը] *n* մանրամասնություն *a* հատուկ, որոշակի, յուրահատուկ, բացառիկ

particularly [փըթի՛քյուլըլի] *adv* խիստ, շատ, հատկապես

parting [փա՛:թին] *n* բաժանում, հրաժեշտ *a* հրաժեշտի

partly [փա՛:թլի] *adv* մասամբ, որոշ չափով

partner [փա՛:թնը] *n* մասնակից, ընկեր, բաժնետեր, կոմպանյոն

party [փա՛:թի] *n* կուսակցություն, կոմպանիա, երեկույթ, մասնակից

pass [փա:ս] *n* անցում, կիրճ, անցաթուղթ, անձնագիր *v* անցնել, տեղափոխել, հանձնել

passage [փէ՛սիջ] *n* անցում, ուղեւորություն, ռեյս, միջանցք, ընթացք

passenger [փէ՛սինջը] *n* ուղեւոր

passion [փէշն] *n* բուռն զգացմունք, կիրք, ցասման պոռթկում

passport [փա՛:սփո:թ] *n* անձնագիր

past [փա:սթ] *n* անցածը *a* անցյալ, նախկին *adv* մոտով *prep* անց, ավելի, այն կողմը

paste [փեյսթ] *n* խմոր, հալվա, պաստա *v* սոսնձել

pasture [փա՛:սչը] *n* արոտավայր

patch [փէչ] *n* կարկատան, սպեղանի *v* կարկատել, նորոգել

patent [փե՛յթընթ] *n* պատենտ, վկայական *a* պատենտավորված, բաց
paternal [փըթը՛:նըլ] *a* հայրական, հոր
patience [փեյշնս] *n* համբերություն
patient [փե՛յշընթ] *n* բուժվող հիվանդ *a* համբերատար
patriot [փէ՛թրիըթ] *n* հայրենասեր
patron [փե՛յթրըն] *n* հովանավոր, պաշտպան
pause [փո:զ] *n* դադար, ընդմիջում, շփոթմունք *v* կանգ առնել
paw [փո:] *n* թաթ
pay [փեյ] *n* աշխատավարձ, նպաստ, վարձ *v* վճարել, վարձատրել
payment [փե՛յմընթ] *n* վճարում, վարձատրություն
pea [փի:] *n* սիսեռ
peace [փի:ս] *n* խաղաղություն, հանգստություն
peaceful [փի՛:սֆուլ] *a* խաղաղ, հանդարտ
peach [փի:չ] *n* դեղձ; առաջնակարգ բան, գեղեցկուհի
peak [փը:ք] *n* լեռնագագաթ, բարձրագույն կետ
pear [փեը] *n* տանձ
pearl [փը:լ] *n* մարգարիտ, գոհար
peasant [փե՛զընթ] *n* գյուղացի
peck [փեք] *n* կտուցի հարված, թռուցիկ համացք *v* կտցահարել
peculiar [փիքյու՛:լը] *a* անսովոր, տարօրինակ, բնորոշ, յուրահատուկ
pedestrian [փիդե՛սթրիըն] *n* հետիոտն

peel [փի:լ] *n* կեղեւ, կճեպ *v* կլպել, թեփոտվել
peep [փի:փ] *v* փոքր անցքի միջով նայել, արագ հայացք գցել
peg [փեգ] *n* կախարան, սեպ, ցից
pen [փեն] *n* գրիչ, գրչածայր
penalty [փե՛նըլթի] *n* պատիժ, տուգանք
pencil [փենսլ] *n* մատիտ
penetrate [փե՛նիթրեյթ] *v* թափանցել, ներս մտնել
peninsula [փինի՛նսյուլը] *n* թերակղզի
penny [փե՛նի] *n* պեննի, պենս
people [փի:փլ] *n* ժողովուրդ, ազգ, մարդիկ
pepper [փեփը] *n* պղպեղ
per [փը:] *prep* միջոցով, յուրաքանչյուր, ամեն մի, յուրաքանչյուրին
perceive [փըսի՛:վ] *v* զգալ, գիտակցել, ընկալել
percent [փըսե՛նթ] *n* տոկոս
perfect [փը՛:ֆիքթ] *a* կատարված, կատարյալ, անթերի *v* կատարելագործել
perfectly [փը՛:ֆիքթլի] *adv* կատարելապես, լիովին, գերազանց
perform [փըֆո՛:մ] *v* ներկայացնել, կատարել(դերը(
performance [փըֆո՛:մընս] *n* կատարում, ներկայացում
perfume [փը՛ֆյու:մ] *n* բուրմունք, օծանելիք *v* օծանելիք ցանել
perhaps [փըհէ՛փս] *adv* գուցե, հնարավոր է
peril [փե՛րիլ] *n* վտանգ, ռիսկ

period [փի՛ըրիըդ] *n* ժամանակամիջոց, շրջան
perish [փե՛րիշ] *v* կործանվել, մեռնել
permanent [փը՛:մընընթ] *a* մշտական
permission [փըմի՛շն] *n* թույլատվություն
permit [փըմի՛թ] *n* անցագիր *v* իրավունք տալ, թույլատրել
persist [փըսի՛սթ] *v* համառել, դիմանալ
person [փը:սն] *v* մարդ, անձնավորություն, դեմք
personal [փը՛:սնըլ] *a* անձնական, մասնավոր
personality [փըսընէ՛լիթի] *n* անձնավորություն, անհատականություն
perspire [փըսփա՛յը] *v* քրտնել
persuade [փըսուէ՛յդ] *v* համոզել
perverse [փըվը՛:ս] *a* այլասերված
pet [փեթ] *n* սիրելի, երես տված անձ *v* փայփայել, երես տալ
petrol [փե՛թրըլ] *n* բենզին
petty [փե՛թի] *a* մանր, չնչին
pharmacy [ֆա՛:մըսի] *n* դեղատուն
phone [ֆոուն] *n* հեռախոս *v* հեռախոսել
photograph [ֆո՛ութըգրա:ֆ] *n* լուսանկար *v* լուսանկարել
phrase [ֆրեյզ] *n* արտահայտություն, դարձվածք
physical [ֆի՛զիքլ] *a* ֆիզիկական, նյութական, մարմնական
physician [ֆիզի՛շն] *a* բժիշկ
piano [փյե՛նոու] *n* դաշնամուր

pick [փիք] *v* ջոկել, հավաքել, քաղել, փորփրել
picture [փիʼքչր] *n* նկար, պատկեր, դիմանկար
pie [փայ] *n* կարկանդակ, տորթ
piece [փի:ս] *n* կտոր, մաս
pierce [փիըս] *v* խոցել, ծակել, թափանցել
pig [փիգ] *n* խոզ
pigeon [փիʼջին] *n* աղավնի
pile [փայլ] *n* կույտ, խուրձ *v* կիտել, դիզել
pill [փիլ] *n* դեղահատ, հաբ
pillow [փիʼլոու] *n* բարձ
pin [փին] *n* գնդասեղ, քորոց
pinch [փինչ] *n* ճմկթոց, պտղունց *v* ճմկըթել, սեղմել
pine [փայն] *n* սոճի *v* դալկանալ, թոշնել, հյուծվել, տանջվել
pineapple [փաʼյնէփլ] *n* անանաս
pink [փինք] *n* մեխակ *a* վարդագույն
pipe [փայփ] *n* խողովակ, ծխամորճ, սրինգ
pistol [փիսթլ] *n* ատրճանակ
pit [փիթ] *n* փոս, հանքահոր, խորություն
pitch [փիչ] *n* բարձրություն, մակարդակ; ձյութ, կուպր
pitcher [փիʼչր] *n* սափոր, կուժ
pity [փիʼթի] *n* խղճահարություն *v* խղճալ
place [փլեյս] *n* տեղ, վայր *v* դնել, տեղավորել
plain [փլեյն] *n* հարթավայր, պրերներ *a* պարզ
plainly [փլեʼյնլի] *adv* անկեղծորեն

plan [փլէն] *n* պլան, ծրագիր, սխեմա *v* պլանավորել

plane [փլեյն] *n* ինքնաթիռ; հարթություն; ռանդա *v* ռանդել

planet [փլէ՛նիթ] *n* մոլորակ

plank [փլէնք] *n* տախտակ

plant [փլա:նթ] *n* բույս, գործարան *v* տնկել

plate [փլեյթ] *n* ափսե, ամանեղեն

platform [փլէ՛թֆո:մ] *n* կառամատույց, տրիբունա

play [փլեյ] *n* խաղ, պիես *v* խաղալ

player [փլե՛յը] *n* խաղացող, դերասան

pleasant [փլեզնթ] *a* հաճելի, հիանալի

please [փլի:զ] *v* դուր գալ, հաճույք պատճառել, խնդրեմ, բարի եղեք

pleasure [փլե՛ժը] *n* բավականություն

pledge [փլեջ] *n* գրավ, գրավական, երաշխավորություն

plenty [փլե՛նթի] *n* առատություն, ~ of շատ

plot [փլոթ] *n* սյուժե, դավադրություն, հողամաս *v* դավ նյութել

plow [փլաու] *n* գութան, վարելահող *v* վարել

pluck [փլաք] *n* արիություն, քաջություն *v* քաղել, փետրել

plum [փլամ] *n* սալոր

plump [փլամփ] *a* լիքը, հաստլիկ

plunge [փլանջ] *n* սուզում *v* ընկղմ(վ)ել, սուզ(վել)

pocket [փո՛քիթ] *n* գրպան *v* գրպանը դնել, յուրացնել

poem [փո'ուիմ] *n* պոեմ, բանաստեղծություն

poet [փո'ուիթ] *n* բանաստեղծ

poetry [փո'ուիթրի] *n* պոեզիա, բանաստեղծություններ

point [փոյնթ] *n* կետ, տեղ, ծայր, գործի էությունը, ~ of view տեսակետ

pointed [փո'յնթիդ] *a* սրածայր, քննադատական

poison [փոյզն] *n* թույն *v* թունավորել

pole [փոուլ] *n* ձող, սյուն; բևեռ

police [փըլի':ս] *n* ոստիկանություն

policeman [փըլի':սմըն] *n* ոստիկան

policy [փո'լիսի] *n* քաղաքականություն; ապահովագիր

polish [փո'լիշ] *n* սլաք, հղկում, շուք *v* հղկել, փայլեցնել

polite [փըլա'յթ] *a* քաղաքավարի, կիրթ

political [փըլի'թիքըլ] *a* քաղաքական

politician [փոլիթի'շն] *n* քաղաքագետ, պոլիտիկան

politics [փո'լիթիքս] *n* քաղաքականություն, քաղաքագիտություն

poll [փոուլ] *n* քվեարկություն *v* ընտրողներին ցուցակագրել, ձայն տալ

pond [փոնդ] *n* լճակ, ջրամբար

pool [փու:լ] *n* ջրափոս; կապիտալների միավորում

poor [փուը] *a* աղքատ, վատ, խեղճ, էժանագին

pope [փոուփ] *n* պապ (Հռոմի)

popular [փո'փյուլը] *a* ժողովրդական, հանրաճանոթ
population [փոփյուլե'յշն] *n* բնակչություն
porch [փո:չ] *n* սյունասրահ, մուտք, վերանդա
pork [փո:ք] *n* խոզի միս
porridge [փո'րիջ] *n* շիլա
port [փո:թ] *n* նավահանգիստ, նավակողանցք
porter [փո':թը] *n* բեռնակիր, վագոնի ուղեկցորդ, դռնապան
portion [փո:շն] *n* մաս, բաժին, օժիտ
position [փըզի'շն] *n* տեղ, տեղադրություն, դիրք
possess [փըզե'ս] *v* տիրապետել, ունենալ
possession [փըզե'շն] *n* տիրապետում, տիրակալություն
possibility [փոսըբի'լիթի] *n* հնարավորություն
possible [փո'սըբլ] *a* հնարավոր
possibly [փոսըբլի] *adv* ըստ հնարավորին, հավանաբար
post [փոուսթ] *n* փոստ; պոստ, դիրք, պաշտոն; սյուն *v* հայտարարություններ փակցնել; փոստով ուղարկել
pot [փոթ] *n* աման, անոթ, կճուճ
potato [փըթե'յթոու] *n* կարտոֆիլ
pound [փաունդ] *n* ֆունտ, ֆունտ ստեռլինգ *v* փշրել, ծեծել
pour [փո:] *v* թափ(վ)ել, լցնել
poverty [փո'վըթի] *n* աղքատություն

powder [փա'ուդը] *n* դեղափոշի, փոշի, պուդրա, վառոդ
power [փա'ուը] *n* ուժ, էներգիա, հզորություն, իշխանություն
powerful [փա'ուըֆուլ] *a* ուժեղ, հզոր
practical [փրէ'քթիքըլ] *a* գործնական, փաստական
practically [փրէ'քթիքըլի] *adv* գործնականորեն, փաստորեն
practice [փրէ'քթիս] *n* պրակտիկա, վարժություն
practice [փրէ'քթիս] *v* պրակտիկայով զբաղվել, կիրառել
praise [փրեյզ] *n* գովասանք *v* գովել
pray [փրեյ] *v* աղոթել, աղաչել
prayer [փրեը] *n* աղոթք, աղաչանք, աղոթող
preach [փրի:չ] *v* քարոզել, խրատել
precious [փրե'շըս] *a* թանկարժեք
precise [փրիսա'յս] *a* ճշգրիտ, հստակ
predecessor [փրի':դիսեսը] *n* նախորդ, նախնի
preface [փրե'ֆիս] *n* նախաբան
prefer [փրիֆը':] *v* գերադասել
pregnant [փրե'գնընթ] *a* հղի
preparation [փրեփըրե'յշն] *n* նախապատրաստություն, պատրաստում
prepare [փրիփե'ը] *v* պատրաստ(վ)ել,նախապատրաստ(վ)ել
prescription [փրիսքրի'փշն] *n* դեղատոմս, կարգադրություն
presence [փրեզնս] *n* ներկայություն

present [փրեզընթ] *n* նվեր; ներկա ժամանակ *a* ներկա *v* նվիրել; ներկայացնել
presently [փրե՛զընթլի] *adv* շուտով, այժմ
preserve [փրիզը՛:վ] *v* պահել, պահպանել, պահածո պատրաստել
president [փրե՛զիդընթ] *n* պրեզիդենտ, նախագահ
presidential [փրեզիդե՛նշըլ] *a* պրեզիդենտական
press [փրես] *n* մամուլ *v* ճնշել, ճմլել, արդուկել, պնդել
pressure [փրե՛շը] *n* ճնշում
pretend [փրիթե՛նդ] *v* ձևանալ, հավակնել
pretty [փրի՛թի] *a* գրավիչ, սիրունիկ *adv* բավական
prevail [փրիվե՛յլ] *v* իշխել, գերակշռել, հաղթել
prevent [փրիվե՛նթ] *v* կանխել, խանգարել
previous [փրի՛:վյըս] *a* նախորդող, նախնական *adv* ~ to մինչեւ
prey [փրեյ] *n* կեր, որս, զոհ
price [փրայս] *n* գին *v* գնահատել
pride [փրայդ] *n* հպարտություն
priest [փրի:սթ] *n* քահանա, քուրմ
primary [փրա՛յմըրի] *n* հիմնական, նախնական, առաջնակարգ
prime [փրայմ] *a* կարեւորագույն, գլխավոր, հիմնական
primitive [փրի՛միթիվ] *a* պրիմիտիվ, նախնադարյան
prince [փրինս] *n* արքայազն
princess [փրինսե՛ս] *n* արքայադուստր

principle [փրի՛Նսըփլ] *n* սկզբունք, օրենք
print [փրինթ] *n* դրոշմ,տպատառ, տպագրություն *v* տպել, հրատարակել
prison [փրիզն] *n* բանտ
prisoner [փրի՛զընը] *n* բանտարկյալ, գերի
private [փրայվիթ] *n* շարքային զինվոր *a* մասնավոր, անձնական
privilege [փրի՛վիլիջ] *n* արտոնություն, առավելություն
prize [փրայզ] *n* մրցանակ, պարգեւ, շահում *v* բարձր գնահատել
probably [փրո՛բըբլի] *adv* հավանաբար
problem [փրո՛բլեմ] *n* խնդիր, հարց
proceed [փրըսի՛:դ] *v* շարունակել, վերսկըսել, անցնել (մի բանի)
proceeding [փրըսի՛:դին] *n* վարմունք, աշխատությունններ, արձանագրություններ
process [փրո՛ուսես] *n* պրոցես, ընթացք
procession [փրըսե՛շն] *n* թափոր, երթ
proclaim [փրըքլե՛յմ] *v* հայտարարել, հռչակել
procure [փրըքյու՛ը] *v* հայթայթել, ձեռք բերել
produce [փրըդյու՛:ս] *n* արտադրանք *v* արտադրել, ներկայացնել
producer [փրըդյու՛:սը] *n* արտադրող, ռեժիսոր
product [փրո՛դըքթ] *n* ապրանք, արտադրանք, մթերք, արդյունք
production [փրըդա՛քշն] *a* արտադրություն, արտադրանք

productive [փրըդա՛քթիվ] *a* արտադրողական, արդյունավետ
profession [փրըֆե՛շն] *n* մասնագիտություն, արհեստ
professional [փրըֆե՛շընըլ] *n* մասնագետ *a* պրոֆեսիոնալ
professor [փրըֆե՛սը] *n* պրոֆեսոր, դասախոս
profit [փրո՛ֆիթ] *n* եկամուտ, շահույթ *v* օգուտ քաղել, օգուտ բերել
profound [փրըֆա՛ունդ] *a* խոր, լրիվ, սրտահույզ
progress [փրո՛ուգրես] *n* առաջադիմություն, զարգացում *v* առաջադիմել
prohibit [փրըհի՛բիթ] *v* արգելել
prohibition [փրոուիբի՛շն] *n* արգելք
project [փրո՛ջեքթ] *n* նախագիծ [փրըջե՛քթ] *v* նախագծել, արձակել, դուրս ցցվել
prolong [փրըլո՛ն] *v* երկարացնել
prominent [փրոմինընթ] *a* աչքի ընկնող, ականավոր
promise [փրո՛միս] *n* խոստում *v* խոստանալ
promotion [փրըմո՛ուշն] *n* կոչում տալը, առաջ քաշում
prompt [փրոմփթ] *a* արագ, ճարպիկ *v* հուշել, հրահրել
pronounce [փրընա՛ունս] *v* արտասանել, հայտնել
pronunciation [փրընանսիէ՛յշն] *n* արտասանություն

proof [փրու:ֆ] *n* ապացույց, սրբագրություն *a* անթափանցելի, անխոցելի
proper [փրո՛փը] *a* հատուկ, հարմար, ճիշտ, սեփական, պատշաճ
properly [փրո՛փըլի] *adv* ինչպես հարկն է
property [փրո՛փըթի] *n* սեփականություն, հատկություն
prophet [փրո՛ֆիթ] *n* մարգարե
proportion [փրըփո՛:շն] *n* համաչափություն, հարաբերություն
proposal [փրըփո՛ուզըլ] *n* առաջարկ
propose [փրըփո՛ուզ] *v* առաջարկել, առաջադրել
proposition [փրոփըզի՛շն] *n* առաջարկություն, պնդում
prospect [փրո՛սփեքթ] *n* տեսարան, հեռանկար [փրըսփեքթ] *v* հետազոտել, որոնել
prosperity [փրոսփե՛րիթի] *n* ծաղկում, բարգավաճում
prosperous [փրո՛սփըրըս] *a* ծաղկուն, բարգավաճ
protect [փրըթե՛քթ] *v* պաշտպանել, հովանավորել
protection [փրըթե՛քշն] *n* պաշտպանություն, հովանավորություն
protest [փրըթե՛սթ] *n* բողոք *v* բողոքել
proud [փրաուդ] *a* հպարտ, գոռոզ
prove [փրու:վ] *v* ապացուցել, փորձարկել
provide [փրըվա՛յդ] *v* ապահովել, մատակարարել

province [փրո՛վինս] *n* նահանգ, գավառ, գործունեության բնագավառ
provision [փրըվի՛ժն] *n* մատակարարում, մթերում, ապահովում, պարեն
provoke [փրըվո՛ուք] *v* պրովոկացիա սարքել, գրգռել, դրդել
public [փա՛բլիք] *n* հասարակայնություն *a* հասարակական, հանրային
publicity [փաբլի՛սիթի] *n* հրապարակայնություն, ռեկլամ
publish [փա՛բլիշ] *v* հրատարակել, հրապարակել
pudding [փու՛դինգ] *n* պուդինգ
pull [փուլ] *v* քաշել, ձգել
pulse [փալս] *n* զարկերակ *v* բաբախել
pump [փամփ] *n* պոմպ, ջրհան *v* պոմպով քաշել
punish [փա՛նիշ] *v* պատժել
punishment [փա՛նիշմընթ] *n* պատիժ
pupil [փյու:փլ] *n* աշակերտ; բիբ(աչքի)
purchase [փը՛:չըս] *n* գնում *v* գնել, առնել
pure [փյուր] *a* մաքուր, զտարյուն, անարատ
purge [փը:ջ] *n* զտում, մաքրում
purpose [փը՛:փըս] *n* նպատակ, մտադրություն
purse [փը:ս] *n* քսակ, դրամապանակ
pursue [փըսյու՛:] *v* հետապնդել
pursuit [փըսյու:թ] *n* հետապնդում, հալածանք, զբաղմունք
push [փուշ] *n* հրում, հարված, ճիգ *v* հրել, հրելով առաջ շարժվել

put [փութ] *v* դնել, տեղավորել ~ down գրի առնել ~ on հագնել, ~ off հետաձգել(գործը), ~ out դուրս քշել, հանգցնել

puzzle [փազլ] *n* տարակուսանք, բարդ խնդիր *v* շփոթեցնել

Q

quaint [քվեյնթ] *a* արտասովոր, անսովոր

quality [քվո՛լիթի] *n* որակ, տեսակ, առանձնահատկություն

quantity [քվո՛նթիթի] *n* քանակ

quarrel [քվո՛րըլ] *n* վեճ *v* վիճել

quarter [քվո՛։թը] *n* քառորդ, եռամսյակ, թաղամաս *v* բաժանել չորս մասի *v* բնակարանավորել

queen [քվի՛։ն] *n* թագուհի

queer [քվիը] *a* տարօրինակ

question [քվե՛սչն] *n* հարց, խնդիր, կասկած *v* հարցնել, կասկածել

queue [քյու։] *n* հյուս; հերթ

quick [քվիք] *a* արագ, ժիր *adv* արագությամբ

quickly [քվի՛քլի] *adv* արագորեն

quiet [քվա՛յըթ] *n* հանգիստ, լռություն *a* հանդարտ, հանգիստ, լուռ *v* հանդարտեցնել, հանդարտվել

quietly [քվա՛յըթլի] *adv* հանդարտորեն

quit [քվիթ] *v* թողնել(աշխատանքը), լքել

quite [քվա՛յթ] *adv* միանգամայն, բավականին, ամբողջովին

quiver [քվի՛վը] *n* դող, երերում *v* երերալ, դողալ
quote [քվո՛ութ] *n* մեջբերում *v* ցիտել

R

rabbit [րէբիթ] *n* ճագար
race [րեյս] *n* ռասա, ցեղ, տեսակ, մրցարշավ, վազք
radiant [րե՛յդիընթ] *a* փայլուն, ճառագայթային
radio [րե՛յդիոու] *n* ռադիո
rag [րէգ] *n* հնաշոր, լաթ *v* ծաղրել, բարկացնել
rage [րեյջ] *n* կատաղություն *v* կատաղել, փոթորկել
rail [րեյլ] *n* բազրիք, ցանկապատ, ռելս *v* հայհոյել; երկաթուղով ճանապարհորդել
railroad [րե՛յլրոուդ] *n* երկաթուղի
railway [րե՛յլվեյ] *n* երկաթուղի
rain [րեյն] *n* անձրև *v* it is raining անձրև է գալիս
rainbow [րե՛յնբոու] *n* ծիածան
rainy [րե՛յնի] *a* անձրևային
raise [րեյզ] *v* բարձրացնել, կանգնեցնել, արթնացնել *n* բարձրացում(աշխատավարձի)
raisin [րեյզն] *n* չամիչ
ranch [րէ:նչ] *n* ռանչո, ագարակ
range [րեյնջ] *n* շարան, լեռնաշղթա, գոտի, դիապազոն *v* շարել, տարածվել

rank [րէնք] *n* շարք, կոչում, աստիճան
ransom [րէ՛նսըմ] *n* փրկանք, փրկագին *v* փրկանք վճարել, քավել(մեղքերը)
rapid [րէ՛փիդ] *a* արագ, արագընթաց *n* զառիթափ
rapture [րէ՛փչը] *n* զմայլանք, բերկրանք, հիացմունք
rare [րեը] *a* հազվադեպ, արտակարգ, բացառիկ
rarely [րեըլի] *adv* ուշ-ուշ, հազվադեպ
rash [րէշ] *a* սրընթաց, հապճեպ *n* բիծ, ցան (մարմնի վրա դուրս տված)
rat [րէթ] *n* առնետ
rate [րեյթ] *n* դրույք, նորմա, տեմպ, արագություն, at any~բոլոր դեպքերում *v* գնահատել
rather [րա՛:դը] *adv* ավելի շուտ, գերադասորեն, որոշ չափով
ratify [րէ՛թիֆայ] *v* հաստատել, վավերացնել
ration [րէ՛շըն] *n* օրաբաժին, օրապարեն
rattle [րէթլ] *n* չխկոց, աղմուկ, զանգուլակ *v* չխկչխկալ, դղրդալ
raven [րեյվն] *n* ագռավ
raw [րո:] *a* հում, կիսաեփ, չմշակված
ray [րեյ] *n* ճառագայթ, շող
reach [րի:չ] *n* մեկնում, պարզում(ձեռքի), հասանելիություն, մտահորիզոն *v* հասնել, մեկնել, պարզել, տարածել
reaction [րի:է՛քշն] *n* ռեակցիա, փոխազդեցություն
read [րի:դ] *v* կարդալ

reader [րի:դը] *n* ընթերցող
readily [րեդիլի] *adv* սիրով, ուրախությամբ, հեշտությամբ
reading [րի:դին] *n* ընթերցում, դասախոսություն, տարընթերցվածք
ready [րեդի] *a* պատրաստ, պատրաստված, առձեռն (փողի մասին)
real [րիըլ] *a* իսկական, իրական, անշարժ (գույքի մասին)
reality [րի:էլիթի] *n* իրականություն
realize [րիըլայզ] *v* իրագործել, հասկանալ, գիտակցել
really [րիըլի] *adv* իսկապես, իրոք
realm [րելմ] *a* թագավորություն, տերություն
reap [րի:փ] *v* հնձել, քաղել
rear [րիը] *n* ետևի կողմ, թիկունք *a* ետևի *v* կրթել, բարձրացնել, ծառս լինել (ձիու մասին)
reason [րի:զն] *n* պատճառ, հիմք, նկատառում, բանականություն *v* դատել, խորհել
reasonable [րի:զընըբլ] *a* խոհեմ, խելամիտ, ընդունելի
rebel [րեբլ] *n* ապստամբ *v* ապստամբել
rebellion [րիբելյըն] *n* ապստամբություն
recall [րիքո:լ] *n* ետ կանչում, ավարտի ազդանշան *v* ետ կանչել, վերհիշել, հիշեցնել
receipt [րիսի:թ] *n* ստացական, ստացում, ստանալը, ռեցեպտ
receive [րիսի:վ] *v* ստանալ, ընդունել
receiver [րիսի:վը] *n* ստացող, ընդունիչ, հեռախոսի լսափող

recent [րի:սնթ] *a* վերջերս պատահած, նոր, թարմ
recently [րի՛:սնթլի] *adv* վերջերս
reception [րիսե՛փշն] *n* ընդունելություն, ընդունում
reckless [րե՛քլիս] *a* անխոհեմ, չմտածող
reckon [րե՛քըն] *v* հաշվել, հաշվարկել, հույս դնել
recognition [րեքըգնի՛շն] *n* ճանաչում, ճանաչելը
recognize [րե՛քըգնայզ] *v* ճանաչել, ընդունել
recollect [րեքըլե՛քթ] *v* հիշել, մտաբերել
recommend [րեքըմե՛նդ] *v* հանձնարարել, խորհուրդ տալ, ներկայացնել
reconcile [րե՛քընսայլ] *v* հաշտեցնել, հաշտվել
record [րիքո՛:դ] *n* գրառում, արձանագրություն, ռեկորդ *v* գրառել, ձայնագրել
recorder [րիքո՛:դը] *n* արձանագրող, ձայնագրող սարք
recover [րիքա՛վը] *v* վերստանալ, ապաքինվել
recovery [րիքա՛վըրի] *n* առողջացում, վերականգնում
red [րեդ] *n* կարմիր գույն *a* կարմիր
redeem [րիդի՛:մ] *v* ետ գնել, հատուցել, քավել(մեղքը)
reduce [րիդյու՛:ս] *v* նվազեցնել, իջեցնել, կրճատել
reduction [րիդա՛քշն] *n* նվազում, կրճատում, իջեցում (կոչման)

reed [րի:դ] *n* եղեգ, սրինգ
reel [րի:լ] *n* կոճ, տատանում,ճոճում *v* փաթաթել, պտտվել, ճոճվել
refer [րի՛:ֆը] *v* հղել, քննարկման հանձնել, վկայակոչել
reference [րե՛ֆրընս] *n* վկայակոչելը, մեջբերում, տեղեկանք
reflect [րիֆլե՛քթ] *v* արտացոլ(վ)ել, խորհել
reflection [րիֆլե՛քշն] *n* արտացոլում, խորհում
reform [րիֆո՛:մ] *n* ռեֆորմ, բարեփոխություն *v* բարեփոխել
refresh [րիֆրեշ] *v* թարմացնել
refreshment [րիֆրե՛շմընթ] *n* կազդուրում, զովացուցիչ ջրեր, նախաճաշիկ
refuge [րեֆյու՛:ջ] *n* ապաստան, ապաստարան
refugee [րեֆյու՛:ջի:] *n* փախստական, նորակոչիկ
refusal [րիֆյու՛:զըլ] *n* մերժում
refuse [րիֆյու՛:զ] *v* մերժել, ժխտել
refute [րիֆյու՛:թ] *v* հերքել
regard [րիգա՛:դ] *n* հայացք, հարգանք, ողջույն *v* նայել մեկին, համարել, վերաբերել
regiment [րե՛ջիմընթ] *n* գունդ
region [րի՛:ջըն] *n* մարզ, շրջան, ասպարեզ
register [րե՛ջիսթը] *n* գրանցման մատյան *v* ցուցակագր(վ)ել
regret [րիգրե՛թ] *n* ափսոսանք *v* ցավել, ափսոսալ
regular [րե՛գյուլը] *a* կանոնավոր, ճիշտ

regulation [ռեգյուլե՛յշն] *n* կանոնավորում
rehearsal [ռիհը՛:սըլ] *n* փորձ, թատերափորձ
reign [ռեյն] *n* թագավորում *v* թագավորել, իշխել
rein [ռեյն] *n* սանձ, երասանակ *v* քշել, վարել (սանձով)
reinforce [ռի:ինֆո՛:ս] *v* ամրացնել, զորացնել
reject [ռի:ջե՛քթ] *v* մերժել, խոտանել
rejoice [ռիջո՛յս] *v* ուրախացնել, ուրախանալ
relate [ռիլե՛յթ] *v* պատմել, կապել
relation [ռիլե՛յշն] *n* հարաբերություն, կապ, բարեկամ, ազգական
relative [ռե՛լըթիվ] *n* ազգական *a* հարաբերական, կապված *adv* վերաբերյալ
relax [ռիլե՛քս] *v* թուլացնել, մեղմանալ, հանգստանալ
release [ռիլի՛:ս] *n* ազատում *v* ազատել, բաց թողնել
reliable [ռիլա՛յըբլ] *a* հուսալի, ամուր
reliance [ռիլա՛յընս] *n* վստահություն, համոզվածություն, հույս
relief [ռիլի՛:ֆ] *n* թեթևացում, սփոփում, օգնություն, նպաստ
relieve [ռիլի՛:վ] *v* թեթևացնել, ազատել, օգնության հասցնել
religion [ռիլի՛ջն] *n* կրոն
religious [ռիլի՛ջըս] . *a* կրոնական
rely [ռիլա՛յ] *v* վստահել, հավատալ

remain [րիմեյն] *v* մնալ *n* մնացորդ, ընշխար

remark [րիմա՛։ք] *n* դիտողություն *v* նշել, նկատել

remarkable [րիմա։քըբըլ] *a* ուշագրավ, նշանավոր, ականավոր

remedy [րե՛միդի] *n* դեղ, միջոց *v* բուժել, ուղղել

remember [րիմե՛մբը] *v* հիշել, մտաբերել

remembrance [րիմե՛մբրընս] *n* հիշողություն, հիշատակ

remind [րիմա՛յնդ] *v* հիշեցնել

remorse [րիմո՛։ս] *n* խղճի խայթ, զղջում

remote [րիմո՛ութ] *a* հեռավոր, աննշան

removal [րիմու՛վըլ] *n* հեռացում, ազատում (պաշտոնից), տեղափոխում

remove [րիմու՛։վ] *v* տանել, մաքրել, հանել, տեղափոխ(վ)ել, հեռացնել, արձակել(պաշտոնից)

render [րե՛նդը] *v* հատուցել, ցույց տալ(ծառայություն), վճարել (հարկ), ներկայացնել

renew [րինյու՛։] *v* նորոգել, վերսկսել, վերականգնել

renounce [րինա՛ունս] *v* հրաժարվել (իրավունքներից), ուրանալ

rent [րենթ] *n* վարձավճար; պատռվածք *v* վարձել, վարձույթով տալ

repair [րիփե՛ը] *n* նորոգում *v* նորոգել, սարքել

repay [րի։փե՛յ] *v* պարտքը տալ, հատուցել

repeal [րիːփիʹːլ] *n* ոչնչացում, վերացում *v* ոչնչացնել, չեղյալ հայտարարել
repeat [րիːփիʹːթ] *v* կրկնել, կրկնվել, անգիր ասել
replace [րիːփլեʹյս] *v* նորից տեղը դնել, փոխարինել
reply [րիːփլաʹյ] *n* պատասխան *v* պատասխանել
report [րիːփոʹːթ] *n* հաշվետվություն, զեկուցում, համբավ, կրակոցի ձայն *v* զեկուցել, հաղորդել
reporter [րիːփոʹːթը] *n* լրագրող, զեկուցող
repose [րիփոʹուզ] *n* հանգիստ, դադար, հանգստություն *v* հանգստանալ
represent [րեփրիզեʹնթ] *v* ներկայացնել, պատկերել
representative [րեփրիզեʹնթաթիվ] *n* ներկայացուցիչ *a* ներկայացնող, բնորոշ
repress [րիփրեʹս] *v* ճնշել (ապստամբությունը), զսպել
reproach [րիփրոʹուչ] *n* հանդիմանություն, կշտամբանք *v* նախատել, կշտամբել
reproduction [րիːփրըդաʹքշն] *n* վերարտադրություն, պատճեն, ռեպրոդուկցիա
republic [րիփաʹբլիք] *n* հանրապետություն
republican [րիփաʹբլիքըն] *n* հանրապետական կուսակցության անդամ *a* հանրապետական
repulse [րիփաʹլս] *n* ետ մղում, մերժում *v* ետ մղել
repulsive [րիփաʹլսիվ] *a* զզվելի, նողկալի, վանող

reputation [րեփյու:թե՛յշն] *n* համբավ, հըռչակ
request [րիքվեսթ] *n* խնդրանք, պահանջ, հարցում *v* խնդրել
require [րիքվա՛յը] *v* պահանջել, կարիք ունենալ
rescue [րե՛սքյու:] *n* փրկություն *v* փրկել
research [րիսը՛:չ] *n* հետազոտություն, ուսումնասիրություն
resemblance [րիզե՛մբլընս] *n* նմանություն
resemble [րիզե՛մբլ] *v* նմանվել, նման լինել
resent [րիզե՛նթ] *v* նեղանալ, զայրանալ
reserve [րիզը՛:վ] *n* պահեստ, ռեզերվ, պաշար, զսպվածություն *v* պաշար պահել, վերապահել, նախօրոք պատվիրել
residence [րե՛զիդընս] *n* բնակավայր, ռեզիդենցիա
resident [րե՛զիդընթ] *n* բնակիչ(մշտական) *a* ապրող
resign [րիզա՛յն] *v* հրաժարվել(պաշտոնից), հնազանդվել
resignation [րեզիգնե՛յշն] *n* պաշտոնաթող լինել, ճակատագրին հնազանդվելը
resigned [րիզա՛յնդ] *a* խոնարհ, հնազանդ
resist [րիզի՛սթ] *v* դիմադրել
resistance [րիզի՛սթընս] *n* դիմադրություն
resolution [րեզըլու՛:շն] *n* վճիռ, վճռականություն, բանաձեւ(ժողովի)
resolve [րիզո՛լվ] *v* վճռել, որոշել; լուծ(վ)ել
resort [րիզո՛:թ] *n* հաճախակի այցելության վայր, ապաստան, կուրորտ *v* այցելել, ապավինել մեկին

resound [րիզա՛ունդ] *v* անդրադարձնել, հնչել, թնդալ, հոչակ(վ)ել
resource [րիսո՛:ս] *n* միջոցներ, ռեսուրսներ
respect [րիսփե՛քթ] *n* հարգանք in ~to ինչ վերաբերում է *v* հարգել
respectable [րիսփե՛քթըբլ] *a* հարգելի, պատկառելի, հարգարժան
respective [րիսփե՛քթիվ] *a* համապատասխան
respite [րեսփա՛յթ] *n* կարճատեւ դադար, հետաձգում
respond [րիսփո՛նդ] *v* պատասխանել, արձագանք տալ, հակազդել
responsibility [րիսփոնսըբի՛լիթի] *n* պատասխանատվություն, պարտավորություն
responsible [րիսփո՛նսըբլ] *a* պատասխանատու
rest [րեսթ] *n* հանգիստ, քուն, հենարան; մնացորդ *v* հանգստանալ, պառկել, հենվել, մնալ
restaurant [րե՛սթըրո:ն] *n* ռեստորան
restless [րե՛սթլիս] *a* անհանգիստ, անդադար
restoration [րեսթորե՛յշն] *n* վերականգնում, վերակառուցում
restore [րիսթո՛:] *v* վերականգնել, վերադարձնել
restrain [րիսթրե՛յն] *v* զսպել, ետ պահել
restriction [րիսթրի՛քշն] *n* սահմանափակում
result [րիզա՛լթ] *n* արդյունք, հետեւանք *v* ծագել, առաջանալ, հետեւանք լինել

resume [րիզյու՛:մ] *v* վերսկսել, ետ վերցնել
retain [րիթե՛յն] *v* պահել, պահպանել
retire [րիթա՛յը] *v* գնալ, հեռանալ, պաշտոնաթող լինել, առանձնանալ
retreat [րիթրի՛:թ] *n* նահանջ, ապաստարան *v* նահանջել, մեկուսանալ
return [րիթը՛:ն] *n* վերադարձ, վերադարձնելը, հատուցում, եկամուտ in ~ ի փոխարինում *v* վերադարձնել, պատասխան տալ, վերադառնալ
reveal [րիվի՛:լ] *v* բանալ, բացել, բացահայտել, մերկացնել
revel [րեվլ] *v* խնջույք, քեֆ անել
revenge [րիվենջ] *n* վրեժ *v* վրեժ լուծել
revenue [րե՛վինյու:] *n* տարեկան եկամուտ
reverence [րե՛վըրընս] *n* հարգանք, պատիվ, պատկառանք
reverse [րիվը՛:ս] *n* հակադիր, հակառակը, անհաջողություն *a* հակառակ *v* շրջել, ուղղությունը փոխել
review [րիվյու՛:] *n* տեսություն, ակնարկ, դիտում, պարբերական հանդես, գրախոսություն *v* շրջանայել, գրախոսել, վերանայել
revolt [րիվո՛ուլթ] *n* ապստամբություն, խըռովություն *v* ապստամբել
revolution [րեվըլու՛:շն] *n* հեղափոխություն, պտույտ, պտտվելը
revolve [րիվո՛լվ] *v* պտտ(վ)ել
reward [րիվո՛:դ] *n* պարգեւ *v* պարգեւատրել
rib [րիբ] *n* կող, կողոսկր

ribbon [րի՛բըն] *n* ժապավեն
rice [րայս] *n* բրինձ
rich [րիչ] *a* հարուստ, պտղաբեր, յուղալի
riches [րի՛չիզ] *n* հարստություն, առատություն
rid [րիդ] *v* ազատել, փրկել to get ~of փրկվել
riddle [րիդլ] *n* հանելուկ; մաղ
ride [րայդ] *n* զբոսանք, ուղեւորություն *v* գնալ(ձիով, հեծանիվով), որեւէ բան հեծնել
rider [րա՛յդը] *n* հեծյալ, ձիավոր
ridge [րիջ] *n* լեռնակատար, լեռնաշարք; անկյուն, կատար(տանիքի)
rifle [րայֆլ] *n* հրացան
rift [րիֆթ] *n* ճաք, ճեղքվածք; կիրճ
right [րայթ] *n* իրավունք, աջ կողմը, արդարություն *a* ճիշտ, ուղիղ, արդարացի, աջ *v* ուղղ(վ)ել *adv* ճիշտ, ուղիղ, աջ կողմը
rind [րայնդ] *n* կճեպ, կեղեւ
ring [րին] *n* մատանի, օղակ, ռինգ, զնգոց *v* զնգալ, հնչել, զանգահարել to ~ for զանգով՝ հեռախոսով կանչել
rinse [րինս] *v* ողողել, պարզաջրել
riot [րա՛յըթ] *n* խռովություն, հասարակական կարգի խախտում
rip [րիփ] *n* պատռվածք, կտրվածք *v* պատռել, ճղել
ripe [րայփ] *a* հասած, հասուն
rise [րայզ] *n* բարձրացում, վերելք, ծագում(արեւի), սկիզբ *v* բարձրանալ, վեր կենալ, ծագել, մեծանալ, ապստամբել

risk [րիսք] *n* ռիսկ, վտանգ *v* ռիսկ անել
rival [րա՛յվըլ] *n* ախոյան, հակառակորդ, մրցակից
river [րի՛վը] *n* գետ
road [րոուդ] *n* ճանապարհ
roam [րոում] *v* թափառել, թափառաշրջել
roar [րո:] *n* մռնչյուն, քրքիջ *v* մռնչալ, քրքջալ
roast [րոուսթ] *n* տապակա, խորոված *a* տապակած *v* տապակ(վ)ել
rob [րոբ] *v* թալանել, հափշտակել
robbery [րո՛բերի] *n* թալան, կողոպուտ
robe [րոուբ] *n* թիկնոց, խալաթ
rock [րոք] *n* ժայռ, քար *v* ճոճ(վ)ել, օրոր(վ)ել
rocky [րո՛քի] *a* ժայռոտ, քարքարոտ, ամուր
rod [րոդ] *n* ձող, ճիպոտ, կարթաձող
rogue [րոուգ] *n* խաբեբա, խարդախ
role [րոուլ] *n* դեր, նշանակություն
roll [րոուլ] *n* գլորում, որոտ, փաթեթ, ցուցակ, անվակ, փոքրիկ, բուլկի *v* գլոր(վ)ել, գլանել, ոլոր(վ)ել, փաթաթ(վ)ել
romance [րըմէ՛նս] *n* ասպետական վեպ, ռոմանտիկ պատմություն, ռոմանտիկա, սիրաբանություն, ռոմանս
roof [րու:ֆ] *n* տանիք, կտուր *v* ծածկել (կտուրը)
room [րում] *n* սենյակ, տարածություն, տեղ
root [րու:թ] *n* արմատ *v* արմատ գցել արմատով հանել

rope [րոուփ] *n* պարան, թոկ, ճոպան
rose [րոուզ] *n* վարդ *a* վարդագույն
rot [րոթ] *n* փտում, նեխում *v* փտել
rotation [րոութէ՛յշն] *n* պտտվելը, հերթագայություն
rough [րաֆ] *a* կոպիտ, անհարթ, փոթորկոտ, չմշակված
roughly [րա՛ֆլի] *adv* կոպիտ կերպով
round [րաունդ] *n* շրջան, շրջագայություն(պահակի, բժշկի), ցիկլ, մրցաշրջան *a* կլոր *adv* շուրջը, շրջագծով
rouse [րաուզ] *v* արթնացնել, դրդել
route [րու:թ] *n* երթուղի, ճանապարհ
row I [րոու] *n* շարք, կարգ *v* թիավարել
row II [րաու] *n* աղմուկ, վեճ *v* նկատողություն անել, սկանդալ սարքել
royal [րո՛յըլ] *a* թագավորական
rub [րաբ] *n* շփում *v* շփ(վ)ել, քսել
rubber [րա՛բը] *n* ռետին, կաուչուկ, կրկնակոշիկներ
rubbish [րա՛բիշ] *n* աղբ, անմտություն
rudder [րա՛դը] *n* ղեկ
rude [րու:դ] *a* կոպիտ, անտաշ, անկիրթ
rug [րագ] *n* գորգ, պլեդ
ruin [րույն] *n* ավերակներ, կործանում *v* ավերել, խորտակել
rule [րու:լ] *n* կանոն, սկզբունք, կառավարում, իշխանություն *v* ղեկավարել, գծել, տողել
ruler [րու:լը] *n* կառավարիչ, ղեկավար, քանոն

rumor [րու:մը] *n* լուր, համբավ, բանբասանք
rumple [րամփլ] *v* տրորել
run [րան] *n* վազք, ընթացք, ժամանակաշրջան, ճանապարհորդություն *v* վազել, փախչել, շարժվել, հոսել, արագ տարածվել, հայտնել, իր թեկնածությունը առաջադրել
running [րա՛նին] *n* վազք, աշխատանք(մեքենայի) *a* վազող, հաջորդական, անընդմեջ, ընթացիկ
rural [րու՛րըլ] *a* գյուղական
rush [րաշ] *v* նետվել, հարձակվել, սլանալ; եղեգ
rust [րասթ] *n* ժանգ *v* ժանգոտվել
rustle [րասլ] *n* սոսափյուն, խշշոց *v* սոսափել, խշշալ, իրար անցնել
ruthless [րու:թլիս] *a* անգութ, դաժան

S

sack [սէք] *n* տոպրակ, պարկ; կողոպտում, թալանում
sacred [սե՛յքրիդ] *a* սուրբ, սրբազան, անձեռնմխելի
sacrifice [սէ՛քրիֆայս] *n* զոհ, զոհաբերություն *v* զոհ մատուցել, զոհել
sad [սէդ] *a* տխուր, ցավալի
saddle [սէդլ] *n* թամբ, թամք *v* թամբել, փալանել
safe [սեյֆ] *a* անվնաս, անվտանգ *n* սեյֆ

safeguard [սեյ՛ֆգա:դ] *n* պահպանություն, նախազգուշական միջոց *v* պահպանել, պաշտպանել

safety [սեյ՛ֆթի] *n* ապահովություն, անվըտանգություն

sail [սեյլ] *n* առագաստ, ծովային ճանապարհորդություն *v* գնալ(նավի մասին), լողալ

sailor [սեյ՛լը] *n* ծովային, նավաստի

saint [սեյնթ] *n* սուրբ

sake [սեյք] *n* for the ~ of հանուն, ի սեր

salad [սէ՛լըդ] *n* սալաթ

salary [սէ՛լըրի] *n* աշխատավարձ, ռոճիկ

sale [սեյլ] *n* վաճառք, աճուրդ

salesman [սեյ՛լզմըն] *n* վաճառող, կոմիվոյաժոր

salt [սո:լթ] *n* աղ

salute [սըլու՛:թ] *n* ողջույն, սալյուտ *v* ողջունել, սալյուտ տալ

same [սեյմ] *a* նույն, միևնույն, նման, միատեսակ, all the ~ բայց և այնպես

sample [սէմփլ] *n* նմուշ *v* օրինակներ հավաքել, նմուշ վերցնել

sand [սէնդ] *n* ավազ

sandwich [սէ՛նվիչ] *n* սանդվիչ, բուտերբրոդ

sane [սեյն] *a* առողջ, նորմալ, ողջամիտ

sap [սէփ] *n* բուսահյութ *v* ական փորել, մեկի տակը փորել, ուժերը հյուծել

satisfaction [սէթիսֆէ՛քշն] *n* բավարարություն, գոհացում

satisfactory [սէթիսֆէ՛քթըրի] *a* բավարար

satisfy [սէ՛թիսֆայ] *v* բավարար(վ)ել, հագեցնել
Saturday [սէ՛թըրդի] *n* շաբաթ
sauce [սո:ս] *n* սոուս, համեմունք
saucy [սո՛:սի] *a* լկտի, լպիրշ, աներես
sausage [սո՛սիջ] *n* երշիկ, նրբերշիկ
savage [սէ՛վիջ] *n* վայրենի *a* վայրի, դաժան
save [սեյվ] *v* փրկել, ազատել, պահպանել, խնայել *prep* բացի, բացառությամբ
saving [սե՛յվին] *n* փրկում, տնտեսում, խնայողություններ *a* տնտեսող, փրկարար
saw [սո:] *n* սղոց; ասացվածք, դարձվածք
say [սեյ] *v* ասել, հայտնել
scald [սքո:լդ] *n* այրվածք *v* խաշ(վ)ել, այր(վ)ել
scale [սքեյլ] *n* մասշտաբ, չափացույց, կշեռք; աստիճան, թեփուկ(ձկան), նստվածք *v* բարձրանալ (սանդուղքներով); քերել թեփուկը
scar [սքա:] *n* սպի
scarce [սքե՛ըս] *a* սակավ, քիչ, հազվագյուտ
scarcely [սքեըսլի] *adv* հազիվ, դժվար թե
scare [սքեը] *n* ահ, սարսափ *v* վախեցնել
scarf [սքա:ֆ] *n* շարֆ, կաշնե
scarlet [սքա՛:լիթ] *n* ալ կարմիր գույն *a* ալ
scatter [սքէ՛թը] *v* ցրել, շաղ տալ, ցանել, ցիրուցան անել, ցրվել
scavenger [սքէ՛վինջը] *n* աղբահավաք
scene [սի:ն] *n* գործողության վայր, տեսարան, պատահար, կռիվ, բեմ

scent [սենթ] *n* հոտ, օծանելիք *v* հոտ առնել, հոտոտել, օծանել
schedule [սքե՛դյու:լ] *n* ցանկ, դասացուցակ, ժամկետացանկ, գրաֆիկ, չվացանկ
scheme [սքի:մ] *n* սխեմա, պլան, նախագիծ, ինտրիգ, մեքենայություն *v* ծրագրել, ինտրիգներ լարել
scholar [սքո՛լը] *n* գիտնական, սովորող
school [սքու:լ] *n* դպրոց
schoolboy [սքու՛:լբոյ] *n* աշակերտ
schoolgirl [սքու՛:լգը:լ] *n* աշակերտուհի
schoolhouse [սքու՛:լհաուս] *n* դպրոցի շենք
schoolroom [սքու՛:լրում] *n* դասարան, դասասենյակ
science [սա՛յընս] *n* գիտություն
scientific [սայընթի՛ֆիք] *a* գիտական, հմուտ
scissors [սի՛զըզ] *n* մկրատ
scold [սքոուլդ] *v* հանդիմանել, կշտամբել *n* կռվարար կին
scoop [սքու:փ] *n* գոգաթիակ, շերեփ
scope [սքոուփ] *n* տեսադաշտ, հորիզոն, գործունեության շրջանակ
score [սքո:] *n* միավորների հաշիվ, նշան, կտրվածք, պարտիտուրա, մեծ քանակություն *v* շահել, նշումներ կատարել, խիստ քննադատել
scorn [սքո:ն] *n* արհամարհանք *v* արհամարհել
scoundrel [սքաունդրըլ] *n* սրիկա
scout [սքաութ] *n* հետախույզ
scratch [սքրէչ] *n* ճանկռվածք *v* ճանկռել, քորել
scream [սքրի:մ] *n* սուր ճիչ, աղաղակ *v* ճչալ

screen [սքրի:ն] *n* շիրմա, էկրան, ծածկոց *v* ծածկել, պաշտպանել, ցուցադրել (էկրանի վրա)
screw [սքրու:] *n* պտուտակ *v* պտուտակով ամրացնել
scruple [սքրու:փլ] *n* տատանում, վարանում *v* տատանվել, քաշվել
sculpture [սքա'լփչը] *n* քանդակագործություն, քանդակ
sea [սի:] *n* ծով
seal [սի:լ] *n* կնիք, պլոմբ *v* կնիք դնել, կնքել, փակել
seam [սի:մ] *n* կար, կարատեղ, սպի
search [սը:չ] *n* որոնում, խուզարկություն *v* որոնել, խուզարկել
seaside [սի':սայդ] *n* ծովափ, ծովեզր
season [սի:զն] *n* տարվա եղանակ, ժամանակ *v* համունանալ, համեմել
seat [սի:թ] *n* նստարան, աթոռ, տեղ (թատրոնում, գնացքում եւ այլն) *v* նստեցնել, տեղավորել
second [սե'քընդ] *num* երկրորդ *v* աջակցել *n* վայրկյան, պահ
secondary [սե'քընդըրի] *a* երկրորդական, միջնակարգ (կրթության մասին)
second–hand [սեքընդհէ'նդ] *a* գործածված, բանեցրած
secret [սի':քրիթ] *n* գաղտնիք *a* գաղտնի, թաքուն
secretary [սե'քրըթրի] *n* քարտուղար, մինիստր~ of State Արտաքին գործոց նախարար

section [սեքշն] *n* կտրվածք, հատված, մաս, բաժին, շրջան, տեղամաս, թաղամաս
secure [սիքյու՛ը] *a* անվտանգ, հուսալի, ապահով, համոզված *v* ապահովել, անվտանգ դարձնել, երաշխավորել, հավաստիացնել
security [սիքյու՛ըրիթի] *n* անվտանգություն, ապահովություն, երաշխավորություն
sediment [սե՛դիմընթ] *n* նստվածք, տիղմ
see [սի:] v տեսնել, տեսնվել, նայել let me ~ թողեք մտածեմ I ~ հասկանում եմ
seed [սի:դ] *n* սերմ
seek [սի:ք] *v* փնտրել, ջանալ, փորձել
seem [սի:մ] *v* թվալ, երեւալ
seize [սի:զ] *v* արագությամբ բռնել, ճանկել, վերցնել, նվաճել, ըմբռնել, բռնագրավել
seldom [սե՛լդըմ] *adv* հազվադեպ
select [սիլե՛քթ] *v* ընտրել, տեսակավորել *a* ընտիր, ընտրված
selection [սիլե՛քշն] *n* ընտրում, հավաքածու
self [սելֆ] *n* սեփական անձը
selfish [սե՛լֆիշ] *a* եսասիրական, էգոիստական
sell [սել] *v* վաճառ(վ)ել, առեւտուր անել
seller [սե՛լը] *n* վաճառող
senate [սե՛նիթ] *n* սենատ
senator [սե՛նըթը] *n* սենատոր
send [սենդ] *v* ուղարկել to ~ for մի բանի ետեւից ուղարկել, հաղորդել

sensation [սենսե՛յշն] *n* զգայություն, զգացողություն, սենսացիա
sense [սենս] *n* զգացում, գիտակցություն, իմաստ, նշանակություն *v* զգալ
sensible [սե՛նսըբլ] *a* խելացի, գիտակցող, զգալի
sensitive [սե՛նսիթիվ] *a* զգայուն, դյուրազգաց
sensual [սե՛նսյուըլ] *a* զգայական
sentence [սե՛նթընս] *n* նախադասություն, դատավճիռ *v* դատապարտել
sentiment [սե՛նթիմընթ] *n* զգացմունք
separate [սե՛փրիթ] *a* առանձին, տարբեր, անջատ *v* բաժան(վ)ել, անջատ(վ)ել
September [սըփթե՛մբը] *n* սեպտեմբեր
sequence [սի՛:քուընս] *n* հերթականություն, հաջորդականություն
series [սի՛ըրի:զ] *n* շարք, սերիա
serious [սի՛ըրիըս] *a* լուրջ, կարեւոր
sermon [սը՛:մըն] *n* քարոզ
serpent [սը՛:փընթ] *n* օձ
servant [սը՛:վընթ] *n* ծառա, սպասավոր
serve [սը:վ] *v* ծառայել, մատուցել, զինվորական ծառայության անցնել, սպասարկել
service [սը՛:վիս] *n* ծառայություն, սպասարկում վերանորոգել
session [սեշն] *n* նիստ, ուսումնական տարի, նստաշրջան
set [սեթ] *v* դնել, տեղավորել, գործի անցնել(դնել), տնկել, մայր մտնել, տեղը գցել *n* հավաքակազմ, խումբ, շարք, սարք, կոմպլեկտ սպասքակազմ, ուղղություն

settle [սեթլ] *v* բնակեցնել, բնակություն հաստատել, նշանակել (ժամկետ, գին), լուծել, կարգավորել, հանգստանալ

settlement [սե՛թլմընթ] *n* բնակեցում, գաղութաբնակեցում, կարգավորում, լուծում, համաձայնություն

settler [սեթլը] *n* նորաբնակ

seven [սեւն] *num* յոթ

seventeen [սեւնթի՛։ն] *num* տասնյոթ

seventh [սեւնթ] *num* յոթերորդ

seventy [սեւնթի] *num* յոթանասուն

several [սեւրըլ] *pron* մի քանի *a* հատուկ, առանձին

severe [սիվի՛ը] *a* խիստ, դաժան, անխնա

sew [սոու] *v* կարել

sex [սեքս] *n* սեռ

shade [շեյդ] *n* ստվեր, շվաք, նրբերանգ

shadow [շէ՛դոու] *n* ստվեր *v* հետեւել

shaft [շա։ֆթ] *n* կոթ, բռնակ, ձող, նիզակ

shake [շեյք] *v* ցնցել, թափ տալ, դողալ, բարեւել (ձեռքը սեղմելով)

shall [շէլ] *v* արտահայտում է մտադրություն, համոզվածություն, հրաման՝ he ~ come tomorrow նա վաղը պիտի գա

shallow [շէ՛լոու] *n* ծանծաղուտ *a* ծանծաղ, մակերեսային

shame [շեյմ] *n* ամոթ, խայտառակություն *v* ամաչել, ամաչեցնել

shampoo [շէ՛մփու։] *n* շամպուն, օճառահեղուկ *v* գլուխ լվանալ

shape [շեյփ] *n* ձեւ, ուրվագիծ *v* ձեւ տալ, ձեւ ստանալ

share [շեը] *n* մաս, բաժին, փայ, ակցիա *v* բաժանել, բաժին ունենալ, մասնակցել
shark [շա:ք] *n* շնաձուկ; գռփող անձ, դրամաշորթ
sharp [շա:փ] *a* սուր, հանկարծական, կըտրուկ n դիեզ adv կտրուկ կերպով, ճշտորեն
shatter [շէ՛թը] *v* ջարդել, փշուր-փշուր լինել, քայքայել (առողջությունը)
shave [շեյվ] *n* սափրում *v* սափր(վ)ել
shawl [շո:լ] *n* շալ
she [շի:] *pron* նա (իգ.)
shed [շեդ] *n* ծածկ, մառան, սարայ *v* թափել (արցունք, արյուն), սփռել (լույս), ոըեւէ բանից զրկվել, թափել (մազ, ատամ)
sheep [շի:փ] *n* ոչխար
sheer [շիը] *a* բացահայտ, բացարձակ, ակներեւ *v* շեղվել, թեքվել, թափանցիկ
sheet [շի:թ] *n* սավան, թերթ (երկաթի, թղթի)
shelf [շելֆ] *n* դարակ
shell [շել] *n* խեցի, կեղեւ, արկ, ռռնակ, տաշտակ (կրիայի)
shelter [շելթը] *n* ապաստարան, թաքստոց *v* պատսպարել, թաքցնել
shepherd [շե՛փըդ] *n* հովիվ
sheriff [շե՛րիֆ] *n* շերիֆ (դատական եւ վարչական պաշտոնյա)
shield [շի:լդ] *n* վահան *v* պաշտպանել, վահանով ծածկել
shift [շիֆթ] *n* փոփոխություն, հերթափոխություն *v* տեղափոխ(վ)ել, փոխադր(վ)ել
shin [շին] *n* սրունք

shine [շայն] *v* լուսավորել, փայլել, շողալ
ship [շիփ] *n* նավ *v* բարձել (ապրանք), ուղարկել
shirt [շը:թ] *n* տղամարդու շապիկ, վերնաշապիկ
shiver [շի՛վը] *n* դող, սարսուռ *v* դողալ
shock [շոք] *n* հարված, ցնցում, հուզում, կաթված *v* ցնցել
shoe [շու:] *n* կոշիկ *v* պայտել
shoot [շու:թ] *n* կրակոց, շիվ *v* կրակել, գնդակահարել
shop [շոփ] *n* խանութ, կրպակ, արհեստանոց *v* գնումներ կատարել
shore [շո:] *n* ծովափ
short [շո:թ] *a* կարճ, համառոտ, կարճահասակ to be ~ of որևէ բանի կարիք ունենալ
shortage [շոթիջ] *n* պակասություն, կարիք
shortly [շո՛:թլի] *adv* շուտով, կարճ, սուր կերպով
shot [շոթ] *n* կրակոց, թնդանոթային ռումբ, հրաձիգ
shoulder [շո՛ուլդը] *n* ուս, թիակ *v* հրել, հրելով առաջ գնալ, ուսին դնել, իր վրա վերցնել
shout [շաութ] *n* գոռոց *v* գոռալ
shove [շավ] *v* մտցնել, խցկել, հրել
show [շոու] *n* ցուցահանդես, տեսարան, ներկայացում *v* ցույց տալ, ցուցադրել
shower [շա՛ուը] *n* տեղատարափ անձրև *v* հորդառատ՝ հեղեղի պես թափվել, տեղալ

shrewd [շրու:դ] *a* խորաթափանց, խորամանկ
shriek [շրի:ք] *n* սուր ճիչ, ճղճղոց *v* սուր ճիչ արձակել, ճղճղալ
shrill [շրիլ] *a* զիլ, սուր, բարձրաձայն *v* ճչալ
shrink [շրինք] *v* կրճատվել, ետ քաշվել, հեռանալ, կարճանալ, մտնել (կտորեղենի մասին), խուսափել
shrub [շրաբ] *n* թուփ
shut [շաթ] *v* ծածկ(վ)ել, կողպ(վ)ել
shutter [շա՛թը] *n* փեղկ, փակոցափեղկ, կափարիչ
shy [շայ] *a* ամաչկոտ, ամոթխած *v* վախենալ
sick [սիք] *a* հիվանդ to be ~ of մի բանից զզված, ձանձրացած լինել
sickness [սի՛քնիս] *n* հիվանդություն, սրտխառնոց
side [սայդ] *n* կողմ, կողք, ~ by ~ կողք կողքի
sidewalk [սա՛յդվո:ք] *n* մայթ
siege [սի:ջ] *n* պաշարում
sigh [սայ] *n* հոգոց, հառաչ *v* հառաչել, հոգոց հանել
sight [սայթ] *n* տեսողություն, տեսք, տեսադաշտ, տեսարան, հայացք, տեսարժան վայր *v* նկատել
sign [սայն] *n* նշան, խորհրդանիշ *v* ստորագրել, նշան անել
signal [սի՛գնըլ] *n* ազդանշան *v* ազդանշան տալ *a* փայլուն, աչքի ընկնող

signature [սի՛գնիչը] *n* ստորագրություն
signboard [սա՛յնբո:դ] *n* ցուցանակ
significant [սիգնի՛ֆիքընթ] *a* կարեւոր, բազմանշանակ
signify [սի՛գնիֆայ] *v* նշանակել, իմաստ ունենալ, նշել, նշան անել
silence [սա՛յլընս] *n* անդորրություն, լռություն *v* ստիպել լռել, ձայնը կտրել
silent [սա՛յլընթ] *a* հանդարտ, լռակյաց
silk [սիլք] *n* մետաքս *a* մետաքսե
silly [սի՛լի] *a* հիմար, տխմար
silvan [սի՛լվըն] *a* անտառային, անտառոտ
silver [սի՛լվը] *n* արծաթ *a* արծաթյա
similar [սիմիլը] *a* նման, համանման
simple [սիմփլ] *a* պարզ, հասարակ
simplicity [սիմփլի՛սիթի] *n* պարզություն, պարզամտություն
simply [սի՛մփլի] *adv* պարզապես, բացարձակապես
simultaneous [սիմըլթե՛յնյըս] *a* միաժամանակյա, միաժամանակ
sin [սին] *n* մեղք *v* մեղք գործել
since [սինս] *prep* որոշ ժամանակից սկըսած, հետո *adv* այն ժամանակվանից, այնուհետեւ *conj* այն ժամանակից երբ, որովհետեւ
sincere [սինսի՛ը] *a* անկեղծ, սրտաբաց
sing [սին] *v* երգել, գովերգել
singer [սի՛նը] *n* երգիչ, երգչուհի
single [սինգլ] *a* մի, միակ, առանձին, միայնակ, ամուրի *v* ընտրել, առանձնացնել

singular [սի՛նգյուլը] *a* անսովոր, տարօրինակ *n* եզակի թիվ
sink [սինք] *v* սուզ(վ)ել, խրվել *n* կոնք, լըվացարանակոնք
sir [սը:] *n* սըր, պարոն
sister [սի՛սթը] *n* քույր
sister–in–law [սի՛սթըրինլո:] *n* քենի, տալ, տեգերակին, հարս
sit [սիթ] *v* նստել, նստած լինել, նիստ գումարել
site [սայթ] *n* տեղադրություն, տեղ, հողամաս
sitting–room [սի՛թինրու:մ] *n* հյուրասենյակ, ընդունարան
situated [սի՛թյուէյթիդ] *a* տեղավորված, տեղադրված
situation [սի՛թյուէ՛յշն] *n* տեղադրություն, դիրք, տեղ, վիճակ, իրադրություն, պաշտոն
six [սիքս] *num* վեց
sixteen [սիքսթի՛:ն] *num* տասնվեց
sixth [սիքսթ] *num* վեցերորդ
sixty [սի՛քսթի] *num* վաթսուն
size [սայզ] *n* չափ, մեծություն, չափս, համար (կոշիկի եւ այլն)
skate [սքեյթ] *n* չմուշկ *v* չմշկել
skeleton [սքե՛լիթն] *n* կմախք, հիմնամաս
sketch [սքեչ] *n* էսքիզ, ուրվանկար, համառոտ ակնարկ *v* ուրվանկարել
ski [սքի:] *n* դահուկ *v* դահուկել
skill [սքիլ] *n* վարպետություն, հմտություն, որակ

skin [սքինՙ] *n* մաշկ, մորթի, կաշի *v* քերթել
skirt [սքը:թ] *n* շրջազգեստ, փեշ
skull [սքալ] *n* գանգ
sky [սքայ] *n* երկինք
skyscraper [սքա՛յսքրեյփը] *n* երկնաքեր, երկնաբերձ (շենք)
slacken [սլէ՛քըն] *v* թուլանալ, թուլացնել, կանգ առնել
slake [սլեյք] *v* հագեցնել ծարավը
slander [սլա՛:նդը] *n* զրպարտություն, բամբասանք *v* զրպարտել
slang [սլէնգ] *n* ժարգոն
slaughter [սլո՛:թը] *n* արյունահեղություն, կոտորած, ջարդ, մորթում
slave [սլեյվ] *n* ստրուկ
slavery [սլե՛յվըրի] *n* ստրկություն
slay [սլեյ] *v* կոտորել, սպանել
sleep [սլի:փ] *n* քուն *v* քնել
sleepy [սլի՛:փի] *a* քնկոտ, քնաթաթախ
sleeve [սլի:վ] *n* թևք, թեզանիք
slender [սլե՛նդը] *a* բարակ, նուրբ, բարեկազմ
slice [սլայս] *n* կտոր, պատառ, բարակ շերտ
slide [սլայդ] *n* սահում, սահելը *v* սահել, սղղալ
slight [սլայթ] *a* թույլ, աննշան *v* արհամարհել
slip [սլիփ] *n* սահում; սխալ; կանացի շապիկ *v* սայթակել, դուրս պրծնել, սահել, սխալվել

slipper [սլի՛փը] *n* տնային մաշիկ, հողաթափ
slogan [սլո՛ուգըն] *n* լոզունգ
slope [սլոուփ] *n* լանջ, զառիվայր
slow [սլոու] *a* դանդաղ, դանդաղաշարժ *v* դանդաղել, դանդաղեցնել
slowly [սլո՛ուլի] *adv* դանդաղորեն
slumber [սլամբը] *n* քուն *v* քնել, նիրհել
sly [սլայ] *a* խորամանկ, նենգ
small [սմո:լ] *a* փոքրիկ, պստիկ
smart [սմա:թ] *n* կսկիծ, սուր ցավ *v* կսկըծալ, մրմռալ, *a* սուր, ուժեղ, սրամիտ; նրբագեղ, շքեղ, մոդայիկ
smash [սմէշ] *v* ջարդ(վ)ել, ջարդուփշուր լինել, ջախջախել
smell [սմել] *n* հոտառություն, հոտ *v* հոտ առնել, հոտ քաշել, բուրել
smile [սմայլ] *n* ժպիտ *v* ժպտալ
smoke [սմոուք] *n* ծուխ մուխ *v* ծխալ, ծխել, ապխտել
smooth [սմու:թ] *a* հարթ, հանդարտ, մեղմ, սահուն *v* հարթել, հղկել, հանգստացնել
snake [սնեյք] *n* օձ
snap [սնէփ] *n* չրխկացնել, ճայթյուն, մըրլակ, ճարմանդ *v* ճայթել, շրխկացնել, կոտրվել, կծել, կոպիտ պատասխան տալ
snare [սնեը] *n* թակարդ
snatch [սնէչ] *v* ճանկել, խլել, հափշտակել
sneer [սնիը] *n* քմծիծաղ, ծաղր *v* ծաղրել
sneeze [սնի:զ] *n* փռշտոց *v* փռշտալ
snore [սնո:] *n* խռմփոց *v* խռմփացնել

snow [սնոու] *n* ձյուն *v* it is snowing ձյուն է գալիս
snug [սնագ] *a* հարմարավետ, հանգստավետ
so [սոու] *adv* այսպես, այդպես, այնպես, նմանապես, այդպիսով, այդ պատճառով, մոտավորապես ~ far մինչեւ այժմ
soak [սոուք] *v* ծծ(վ)ել, ներծծ(վ)ել, թրջել
soap [սոուփ] *n* օճառ *v* սապոնել
sob [սոբ] *n* հեկեկանք *v* հեկեկալ
sober [սոուբը] *a* զգաստ, չհարբած
sociable [սո՛ուշըբլ] *a* հաղորդասեր, մարդամոտ *n* երեկույթ
social [սո՛ուշըլ] *a* հասարակական, սոցիալական
socialist [սո՛ուշըլիսթ] *n* սոցիալիստ *a* սոցիալիստական
society [սըսա՛յըթի] *n* հասարակություն
sock [սոք] *n* կիսագուլպա
soda [սո՛ուդը] *n* սոդա, սոդայաջուր
sofa [սոուֆը] *n* բազմոց
soft [սոֆթ] *a* փափուկ, մեղմ, քնքուշ, հաճելի
softly [սո՛ֆթլի] *adv* մեղմորեն, քնքշորեն
soil [սոյլ] *n* գետին, հող *v* կեղտոտ(վ)ել, ցեխոտ(վ)ել
soldier [սո՛ուլջը] *n* զինվոր, զինվորական
sole [սոուլ] *a* միակ, բացառիկ, եզակի *n* ոտնաթաթի տակ, ներբան
solemn [սո՛լըմ] *a* հանդիսավոր, պաշտոնական, լուրջ

solid [սոլիդ] *a* պինդ, կարծր, ամուր, ծանրակշիռ

solitude [սոլիթյու:դ] *n* մենակություն, մեկուսություն

solution [սըլու:շն] *n* լուծում, վճռելը, լուծույթ

solve [սոլվ] *v* լուծել, վճռել

some [սամ] *a* մի քիչ, մի քանի, մոտավորապես, աչքի ընկնող *pron* ոմանք *adv* որոշ չափով

somebody [սա'մբըդի] *pron* ինչ-որ մեկը, որևէ մեկը

somehow [սա'մհաու] *adv* մի կերպ, ինչ-որ պատճառով, ինչ-որ ձևով

something [սա'մթին] *pron* որևէ բան, մի բան

sometime [սա'մթայմ] *a* նախկին *adv* երբեւէ, մի օր

sometimes [սա'մթայմզ] *adv* երբեմն, ժամանակ առ ժամանակ

somewhat [սա'մվոթ] *adv* որոշ չափով, մի քիչ, մասամբ

somewhere [սամվեը] *adv* ինչ-որ տեղում, ինչ-որ տեղ

son [սան] *n* տղա, արու զավակ, որդի

song [սոն] *n* երգ

son–in–law [սա'նինլո:] *n* փեսա

soon [սու:ն] *adv* շուտով, շատ չանցած, վաղ as ~ as հենց որ

sore [սո:] *n* ցավոտ տեղ, վերք *a* հիվանդագին, ցավոտ, բորբոքված

sorrow [սո՛րոու] *n* վիշտ, թախիծ, դառնություն

sorry [սո՛րի] *a* ցավով, ափսոսանքով լի be ~ խղճալ I am ~ ! ներեցե՛ք

sort [սո:թ] *n* տեսակ, կարգ *v* տեսակավորել

soul [սոուլ] *n* հոգի

sound [սաունդ] *n* հնչյուն, ձայն *v* հնչել, չափել (ծովի խորությունը) *a* առողջ, հուսալի, պինդ, հաստատուն

soup [սու:փ] *n* սուպ, ապուր

sour [սա՛ուը] *a* թթու, թթված

source [սո:ս] *n* աղբյուր, ակունք

south [սաութ] *n* հարավ *a* հարավային *adv* դեպի հարավ

southern [սա՛դըն] *a* հարավային

sovereign [սո՛վրին] *n* միապետ, անկախ պետություն *a* գերագույն, ինքնիշխան, անկախ

soviet [սո՛ուվյեթ] *n* սովետ, *a* սովետական

sow [սոու] *v* ցանել, սերմանել

space [սփեյս] *n* տարածություն, տևողություն, տեղ, ժամանակամիջոց

spacious [սփե՛յշըս] *a* ընդարձակ, լայնածավալ

spade [սփեյդ] *n* բահ

spare [սփեը] *a* պահեստային, ավելորդ *v* խնայել, գթալ, տնտեսել, տրամադրել

spark [սփա:ք] *n* կայծ, բռնկում

sparkle [սփա:քլ] *v* կայծկլտալ, փայլատակել

sparrow [սփէ՛րոու] *n* ճնճղուկ

speak [սփի:ք] *v* խոսել, զրուցել, ասել
speaker [սփի՛:քը] *n* հռետոր the speaker սպիկեր, ներկայացուցիչների պալատի նախագահ
spear [սփի՛ը] *n* նիզակ, տեգ
special [սփե՛շըլ] *a* հատուկ, առանձնահատուկ, արտակարգ
specialize [սփե՛շըլայզ] *v* մասնագիտանալ
specify [սփե՛սիֆայ] *v* հատկապես նշել, անվանել
specimen [սփե՛սիմին] *n* նմուշ, օրինակ
spectacle [սփե՛քթըքլ] *n* տեսարան, պատկեր
spectacles [սփե՛քթըքլզ] *n* ակնոց
spectator [սփեքթե՛յթը] *n* հանդիսատես
speculate [սփե՛քյուլեյթ] *v* մտածել, խորհրդածել, սպեկուլյացիայով զբաղվել
speculation [սփեքյուլե՛յշն] *n* մտորմունք, ենթադրություն, սպեկուլյացիա
speech [սփի:չ] *n* խոսք, ելույթ, ճառ
speechless [սփի՛:չլիս] *a* անխոս, համր
speed [սփի:դ] *n* արագություն *v* առաջ մըղել, շտապել
spell [սփել] *n* ժամանակամիջոց, կախարդանք, հմայություն *v* տառ առ տառ ասել
speller [սփելը] *n* այբբենարան
spelling [սփե՛լին] *n* ուղղագրություն
spend [սփենդ] *v* ծախսել, հատկացնել (ժամանակ), վատնել
sphere [սֆիը] *n* գունդ, գլոբուս, երկրագունդ, ասպարեզ, շրջան
spider [սփա՛յդը] *n* սարդ

spin [սփին] *v* մանել, ոլորել
spinster [սփի՛նսթը] *n* պառաված աղջիկ
spirit [սփի՛րիթ] *n* ոգի, ուրվական, ոգեւորություն, տրամադրություն; սպիրտ
spirited [սփի՛րիթիդ] *a* աշխույժ, կենդանի, համարձակ
spiritual [սփիրի՛թյուըլ] *a* հոգեւոր, ոգեշունչ, կրոնական
spit [սփիթ] *n* թուք *v* թքել, թքոտել
spite [սփայթ] *n* չարություն, ոխ
splash [սփլէշ] *n* շաղ տալը, ցայտուկ *v* շաղ տալ, վրան ցայտուք թափել, ցայտել, ցնցուղել
splendid [սփլե՛նդիդ] *a* ճոխ, պերճ, շքեղ, հիանալի
splinter [սփլի՛նթը] *n* բեկոր, փշուր, մատի փուշ
split [սփլիթ] *n* ճեղքում, փառակտում *v* ճեղքել, ճեղքվել, շերտատել
spoil [սփոյլ] *n* ավար, կողոպուտ *v* փչացնել, փչանալ, երես տալ
sponge [սփանջ] *n* սպունգ *v* ուրիշի հաշվին ապրել
spontaneous [սփոնթեյնյըս] *a* ինքնաբերաբար, տարերային, անմիջական
spool [սփու:լ] *n* կոճ, թելակոճ
spoon [սփու:ն] *n* գդալ
sport [սփո:թ] *n* սպորտ, զվարճություն
sportsman [սփո՛:թսմըն] *n* սպորտսմեն, մարզիկ
spot [սփոթ] *n* բիծ, արատ, բշտիկ, տեղ

spread [սփրեդ] *v* փռ(վ)ել, սփռ(վ)ել, տարած(վ)ել
spring [սփրիՇ] *n* գարուն; թռիչք; ակնաղբյուր; զսպանակ *v* ցատկել
sprout [սփրաութ] *n* բողբոջ, շիվ *v* ծլել
spume [սփյու:մ] *n* փրփուր, քափ
spur [սփը:] *n* խթան, շարժառիթ *v* խթանել, դրդել
spy [սփայ] *n* լրտես *v* լրտեսել
square [սքվեը] *n* քառակուսի, ուղղանկյունի, հրապարակ, զբոսայգի *a* քառակուսի
squeeze [սքվի:զ] *n* սեղմում; հրմշտոց *v* սեղմել, մզել, ճխտել
squirrel [սքվը':րըլ] *n* սկյուռ
stab [սթէբ] *n* հարված, ծակոց *v* հարված հասցնել, խոցել, մորթել
stability [սթըբի'լիթի] *n* կայունություն, հաստատություն
stable [սթեյբլ] *a* կայուն, հաստատուն *n* ախոռ
stack [սթէք] *n* դեզ, փաթեթ, կույտ
stadium [սթե'յդիըմ] *n* խաղադաշտ
staff [սթա:ֆ] *n* հաստիք, անձնակազմ, շտաբ, ցուպ, գավազան
stage [սթեյջ] *n* փուլ, ստադիա, բեմ *v* բեմադրել
stagger [սթէ'գը] *v* երերալ, օրորվել; ցնցել, ապշեցնել
stagnation [սթէգնե'յշն] *n* լճացում
stain [սթեյն] *n* բիծ *v* բծերով ծածկել, ստվեր գցել, ներկել
stair [սթեը] *n* աստիճան, սանդուղք

stairway [սթեըվեյ] *n* սանդուղք
stalk [սթո:ք] *n* ցողուն
stall [սթո:լ] *n* ախոռ; կրպակ
stammer [սթէ՛մը] *v* կակազել
stamp [սթէմփ] *n* դրոշմ, կնիք, նամականիշ *v* կոխկրտել, տրորել, դրոշմել
stand [սթէնդ] *n* կանգառ, տեղ, դիրք *v* կանգնել, դնել, դիմանալ
standard [սթէ՛նդըդ] *n* ստանդարտ, չափանիշ, դրոշ
standpoint [սթէ՛նդփոյնթ] *n* տեսակետ
standstill [սթէ՛նդսթիլ] *n* անշարժություն to be at a ~ անգործության մատնված լինել
star [սթա:] *n* աստղ
starch [սթա:չ] *n* օսլա *v* օսլայել
stare [սթեը] *n* զարմացած, ապշած հայացք *v* սեւեռուն հայացքով նայել
start [սթա:թ] *n* մեկնում, շարժման սկիզբ, ցնցում *v* մեկնել, սկսել, ցնցվել
starvation [սթա:վե՛յշն] *n* քաղց, սովամահություն
starve [սթա:վ] *v* քաղցի մատնվել, սովամահ լինել
state [սթեյթ] *n* պետություն, նահանգ, դրություն, վիճակ *v* հաղորդել, հայտարարել
stately [սթե՛յթլի] *a* վեհ, վսեմ
statement [սթե՛յթմընթ] *n* հայտարարություն, հաղորդում, պաշտոնական հաղորդագրություն
statesman [սթե՛յթսմըն] *n* քաղաքական գործիչ

station [սթեյշն] *n* կայան, երկաթուղային կայարան, տեղ *v* դնել, տեղավորել
stationary [սթե՛յշնըրի] *a* անշարժ, մշտական
statue [սթէ՛թյու:] *n* արձան
stay [սթեյ] *n* մնալը, կենալը, կանգառ, նեցուկ, հենարան *v* մնալ, ապրել
steady [սթե՛դի] *a* հաստատուն, մշտական *v* հաստատուն դառնալ
steak [սթեյք] *n* կտոր(տապակած միս, ձըկան)
steal [սթի:լ] *v* գողանալ, թռցնել
steam [սթի:մ] *n* գոլորշի *v* գոլորշի արձակել
steel [սթի:լ] *n* պողպատ *a* պողպատե
steer [սթիը] *v* վարել (նավը, մեքենան), ուղղություն տալ
step [սթեփ] *n* քայլ, աստիճան *v* քայլել
stepchild [սթե՛փչայլդ] *n* խորթ զավակ
stepfather [սթե՛փֆա:դը] *n* խորթ հայր
stepmother [սթե՛փմադը] *n* խորթ մայր
stern [սթը:ն] *a* խիստ, մռայլ
steward [սթյուըդ] *n* ստյուարդ, մատուցող (օդանավում), տնտեսավար
stick [սթիք] *n* փայտ, գավազան *v* խրել, ծակել, սոսնձել
sticky [սթի՛քի] *a* կպչուն, մածուցիկ
still [սթիլ] *a* կամացուկ, մեղմ *n* լռություն *v* հանգստացնել *adv* դեռ, մինչեւ այժմ, սակայն, էլ ավելի
stimulant [սթի՛մյուլընթ] *n* գրգռիչ, ոգելից խմիչք

sting [սթին] *n* խայթոց *v* խայթել, այրել, դաղել

stir [սթը:] *n* իրարանցում, աղմուկ *v* շարժ(վ)ել, խառնել, հուզել

stock [սթոք] *n* պաշար, ֆոնդ, ակցիաներ

stocking [սթո'քին] *n* գուլպա

stomach [սթա'մըք] *n* ստամոքս, փոր

stone [սթոուն] *n* քար, կորիզ *a* քարե *v* քարով երեսապատել, քարկոծել

stool [սթու:լ] *n* աթոռակ

stoop [սթու:փ] *v* կռանալ, կորանալ, կզացնել *n* սանդղամուտք, վերանդա

stop [սթոփ] *n* կանգ առնելը, ընդհատում, կանգառ, կետադրական նշան *v* կանգնել, դադարել, խցանել, խափանել, փակել, պլոմբել (ատամը)

stopper [սթո'փը] *n* խցան, կալան, սեպ

storage [սթո'րիջ] *n* պահելը, պահեստ

store [սթո:] *n* պաշար, գույք, խանութ, հանրախանութ *v* մթերել, մատակարարել

stork [սթո:ք] *n* արագիլ

storm [սթո:մ] *n* փոթորիկ, մրրիկ, գրոհ *v* փոթորկել, գրոհել

story [սթո'րի] *n* պատմվածք, պատմություն, առասպել, վիպակ, *n* հարկ

stout [սթաութ] *a* մարմնեղ, գեր, ամրակազմ

stove [սթոուվ] *n* վառարան

straight [սթրեյթ] *a* ուղիղ, հավատարիմ, զուտ *adv* ուղիղ, ուղղակի

strain [սթրեյն] *n* լարվածություն *v* լար(վ)ել, ձգ(վ)ել

strait [սթրեյթ] *n* նեղուց, նեղ դրություն *a* նեղ

strange [սթրեյնջ] *a* տարօրինակ, անծանոթ, օտար

strangle [սթրէնգլ] *v* խեղդել, հուպ տալ, ճնշել

strap [սթրէփ] *n* փոկ, գոտի *v* փոկերով ձգել ամրացնել

straw [սթրո:] *n* ծղոտ *a* ծղոտե

strawberry [սթրո՛:բըրի] *n* ելակ, մոր

stray [սթրեյ] *v* թափառաշրջել, մոլորվել *a* մոլորված

stream [սթրի:մ] *n* գետակ, հեղեղ, հոսանք *v* հոսել,ծածանվել

street [սթրի:թ] *n* փողոց

strength [սթրենթ] *n* ուժ, ամրություն

strengthen [սթրե՛նթըն] *v* ուժեղանալ, ուժեղացնել

stress [սթրես] *n* ճնշում, լարում, շեշտ *v* շեշտել, ընդգծել

stretch [սթրեչ] *n* տարածություն, շղթա (լեռների), ժամանակամիջոց, ձգում *v* ձգ(վ)ել,

stretcher [սթրե՛չը] *n* պատգարակ

strict [սթրիքթ] *a* ճշգրիտ, ստույգ, խիստ

strike [սթրայք] *n* գործադուլ *v* գործադուլ անել, խփել, հարվածել, շշմեցնել, զարկել(ժամացույցի մասին)

string [սթրին] *n* լար, նվագալար, պարան *v* խաբել, լար քաշել, ձգել

strip [սթրիփ] *n* նեղ շերտ, ժապավեն *v* պոկել, քերթել, մերկանալ

stripe [սթրայփ] *n* զոլ, շերտ, ուսաթել
striped [սթրայփթ] *a* զոլավոր
strive [սթրայվ] *v* ջանալ, աշխատել
stroke [սթրոուք] *n* հարված, թափ *v* շոյել
stroll [սթրոուլ] *n* զբոսանք *v* զբոսնել
strong [սթրոն] *a* ուժեղ, պինդ
structure [սթրա՛քչը] *n* կառուցվածք, կարգ, շինություն
struggle [սթրագլ] *n* պայքար *v* պայքարել
stubborn [սթա՛բըն] *a* համառ, կամակոր
stud [սթադ] *n* կոճակ, ճարմանդ, մեխ
student [սթյու՛:դընթ] *n* ուսանող
study [սթա՛դի] *n* ուսումնասիրություն, գիտության բնագավառ, գիտություն, աշխատասենյակ *v* սովորել, հետազոտել, պարապել
stuff [սթաֆ] *n* նյութ *v* խցել, փակել, լցնել, խորհզել
stuffy [սթա՛ֆի] *a* տոթ
stumble [սթամբլ] *n* սայթաքում *v* սայթաքել, կմկմալ
stump [սթամփ] *n* կոճղ, բեկոր, կտոր
stun [սթան] *v* խլացնել, շփոթեցնել
stupid [սթյու՛:փիդ] *a* բութ, հիմար
style [սթայլ] *n* ոճ, ուղղություն, տեսակ, նորաձևություն, տիտղոս
subdue [սըբդյու՛:] *v* ճնշել, հնազանդեցնել
subject [սա՛բջիքթ] *n* թեմա, առարկա, ենթակա, պատճառ *a* ենթակա, կախյալ [սըբջե՛քթ] *v* հպատակեցնել
submarine [սա՛բմըրի:ն] *n* սուզանավ

submission [սըբմի՛շն] *n* հնազանդություն, հպատակություն
submit [սըբմի՛թ] *v* հպատակվել, ենթարկվել, ներկայացնել
subordinate [սըբո՛:դնիթ] *a* ենթակա, ստորադաս
subscribe [սըբսքրա՛յբ] *v* բաժանորդագրվել, ստորագրել, նվիրատվություն անել
subscription [սըբսքրի՛փշն] *n* բաժանորդագրություն, ստորագրություն
subsequent [սաբսի՛քվենթ] *a* հետագա, հաջորդ
subside [սըբսա՛յդ] *v* իջնել, պակասել, հանդարտվել
substitute [սա՛բսթիթյու:թ] *n* փոխարինող, տեղակալ *v* փոխարինել
subtle [սաթլ] *a* նուրբ, աննկատ
suburb [սա՛բը:բ] *n* արվարձան, շրջակայք
subway [սա՛բվեյ] *n* մետրո, գետնանցք
succeed [սըքսի՛:դ] *v* հետևել, ժառանգել, հաջողության հասնել
success [սըքսե՛ս] *n* հաջողություն, առաջադիմություն
successful [սըքսե՛սֆուլ] *a* հաջող, հաջողակ
succession [սըքսեշն] *n* հաջորդականություն, անընդհատ շարք
successor [սըքսե՛սը] *n* հաջորդող, ժառանգորդ
such [սաչ] *a* այսպիսի, այդպիսի, այնպիսի *pron* նմանը
suck [սաք] *n* ծծելը *v* ծծել

sudden [սադն] *a* հանկարծակի, անակնկալ
all of a ~ հանկարծ
suddenly [սա՛դնլի] *adv* հանկարծ, հանկարծակի
sue [սյու:] *v* դատական կարգով հետապնդել
suffer [սա՛ֆը] *v* տառապել
sufficient [սըֆի՛շընթ] *a* բավականաչափ
suffrage [սա՛ֆրիչ] *n* ընտրական իրավունք
universal ~ ընդհանուր ընտրական իրավունք
sugar [շու՛գը] *n* շաքար
sugary [շու՛գըրի] *a* շաքարահամ, շողոքորթ
suggest [սըջե՛սթ] *v* առաջարկել, մտքի բերել
suggestion [սըջե՛սչն] *n* խորհուրդ, առաջարկություն
suicide [սյու՛սայդ] *n* ինքնասպանություն, ինքնասպան
suit [սյու:թ] *n* կոստյում; կոմպլեկտ; խնդրանք, դատավեճ *v* հարմար գալ, սազել
suitable [սյու՛թըբլ] *a* հարմար, համապատասխան
suitcase [սյու՛թքեյս] *n* ճամպրուկ
sultry [սա՛լթրի] *a* տոթ, հեղձուկ
sum [սամ] *n* գումար, հանրագումար *v* ամփոփել
summary [սամը՛րի] *n* համառոտ շարադրանք *a* կարճ, համառոտ
summer [սա՛մը] *n* ամառ
summit [սա՛միթ] *n* գագաթ, կատար
sun [սան] *n* արև

sunbeam [սա՛նբի:մ] *n* արևի ճառագայթ
sunburn [սա՛նբը:ն] *n* արևառություն
Sunday [սա՛նդի] *n* կիրակի
sunflower [սա՛նֆլաուը] *n* արևածաղիկ
sunlight [սա՛նլայթ] *n* արևի լույս
sunny [սա՛նի] *a* արևոտ, ուրախ
sunrise [սա՛նրայզ] *n* արևածագ
sunset [սա՛նսեթ] *n* արևամուտ
sunstroke [սա՛նսթրոուք] *n* արևահարություն
super [սյու:փը] *pref* գեր, չափից ավելի
superfine [սյու:փի՛ը] *a* գերազանց, վեր(ա)
superstructure [սյու:փըսթրուքթուրէ] *a* վերնաշենք
superstition [սյու:փըսթի՛շն] *n* սնահավատություն
supper [սա՛փը] *n* ընթրիք
supply [սըփլա՛յ] *n* մատակարարում, պաշար *v* մատակարարել
support [սըփո՛:թ] *n* աջակցություն *v* պաշտպանել, օժանդակել
suppose [սըփո՛ուզ] *v* ենթադրել, կարծել
suppress [սըփրե՛ս] *v* ճնշել, արգելել, զսպել(ծիծաղը)
suppression [սըփրե՛շն] *n* ճնշում, արգելում
supreme [սյու:փրի՛:մ] *a* գերագույն, մեծագույն
sure [շուը] *a* համոզված, վստահելի *adv* իհարկե, անկասկած
surely [շու՛ըլի] *adv* անկասկած, վստահորեն
surface [սը՛:ֆիս] *n* մակերես, մակերևույթ
surgeon [սը:ջն] *n* վիրաբույժ

surname [սը՛:նեյմ] *n* ազգանուն
surplus [սը՛:փլըս] *n* ավելցուկ *a* ավելորդ
surprise [սը:փրա՛յզ] *n* զարմանք, անսպասելիություն *v* զարմացնել, անակնկալի բերել
surprising [սը:փրա՛յզին] *a* անսպասելի, անակնկալ
surrender [սըրե՛նդը] *n* հանձնում, կապիտուլյացիա *v* հանձն(վ)ել, անձնատուր լինել
surround [սըրա՛ունդ] *v* շրջապատել
surroundings [սըրա՛ունդինզ] *n* շրջակայք, միջավայր
survey [սը:վե՛յ] *n* դիտում, զննում *v* դիտել, զննել, հետազոտել
survive [սըվա՛յվ] *v* կենդանի մնալ, մեկից ավելի շատ ապրել
suspect [սըսփե՛քթ] *v* կասկածել, տարակուսել
suspend [սըսփե՛նդ] *v* կախել, հետաձգել, ընդհատել
suspicion [սըսփի՛շն] *n* կասկած
sustain [սըսթե՛յն] *v* պահել, հենարան լինել, ուժ տալ
swallow [սվոլոու] *n* ծիծեռնակ, կում, ումպ *v* կուլ տալ, կլանել
swamp [սոմփ] *n* ճահիճ
swan [սվոն] *n* կարապ
sway [սվեյ] *v* ճոճ(վ)ել, տատան(վ)ել
swear [սվեը] *v* երդվել, երդվեցնել, հայհոյել

sweat [սվեթ] *n* քրտինք *v* քրտնել, շահագործել
sweep [սվի:փ] *n* թափ, ուժ; ավլելը *v* սլանալ; ավլել, սրբել
sweet [սվի:թ] *n* քաղցրություն, կոնֆետ, քաղցրեղեն *a* քաղցր, անուշ
sweetheart [սվի:թհա':թ] *n* սիրական, սիրուհի
sweetness [սվի':թնիս] *n* քաղցրություն, հաճելիություն
swell [սվել] *v* ուռչել, փչել
swelling [սվելին] *n* ուռուցք, ուռուցիկություն
swift [սվիֆթ] *a* արագ, սրընթաց *adv* արագությամբ
swim [սվիմ] *n* լողալը *v* լողալ
swindle [սվինդլ] *n* խաբեբայություն *v* խաբել
swing [սվին] *n* օրորում, ճոճում, ճլորթի *v* ճոճ(վ)ել
switch [սվիչ] *n* ճիպոտ; անջատիչ *v* ~ off անջատել ~ on միացնել(լույսը)
sword [սո:դ] *n* սուր, թուր
symbol [սի'մբըլ] *n* սիմվոլ, խորհրդանիշ
sympathy [սի'մփըթի] *n* փոխադարձ ըմբռնում, համակրանք, կարեկցանք
syringe [սի'րինջ] *n* ներարկիչ, շպրից
system [սի'սթըմ] *n* սիստեմ

T

table [թեյբլ] *n* սեղան, աղյուսակ
tablecloth [թե'յբլքլոթ] *n* սփռոց

tacit [թէ՛սիթ] *a* լուռ, անխոս
tackle [թէքլ] *n* պիտույք, պարագա, սարք
tail [թեյլ] *n* պոչ
tailor [թե՛յլը] *n* դերձակ
take [թեյք] *v* վերցնել, բռնել ~ off հանել ~ out դուրս բերել, հանել ~ place տեղի ունենալ, պատահել
tale [թեյլ] *n* պատմվածք, բամբասանք
talent [թէ՛լընթ] *n* տաղանդ
talented [թէ՛լընթիդ] *a* տաղանդավոր
talk [թո:ք] *v* խոսել, զրուցել *n* խոսակցություն
tall [թո:լ] *a* բարձր, բարձրահասակ; անհավատալի
tame [թեյմ] *a* ընտանի, ընտելացրած *v* սանձահարել, ընտելացնել
tangle [թէնգլ] *n* խճճվածություն *v* խճճվե(լ)
tank [թէնք] *n* բաք, ջրամբար; տանկ
tap [թէփ] *n* թխկոց, զարկ; փական, ծորան
tape recorder [թեյփրիքո:դը] *n* մագնիտոֆոն
target [թա:գիթ] *n* թիրախ, նշան
task [թա:սք] *n* առաջադրանք, խնդիր
taste [թեյսթ] *n* համ *v* համտես անել, համ ունենալ
tax [թէքս] *n* հարկ *v* հարկադրել
taxi [թէքսի] *n* տաքսի
tea [թի:] *n* թեյ
teach [թի:չ] *v* սովորեցնել, դասավանդել
teacher [թի՛:չը] *n* ուսուցիչ, ուսուցչուհի
teaching [թի՛:չին] *n* ուսուցում, դաս տալը
team [թի:մ] *n* թիմ, բրիգադ

teapot [թի՛:փոթ] *n* թեյամաՆ(թեյը թրմելու համար)
tear [թիը] *n* արցուՆք *v* պատռել, պատառոտել
tease [թի:զ] *v* չարացՆել, ջղայՆացՆել, ծաղրել
tedious [թի՛:դիըս] *a* ձաՆձրալի, տաղտկալի
teem [թի:մ] *v* առատ լիՆել, վխտալ
telegram [թե՛լիգրեմ] *n* հեռագիր
telegraph [թե՛լիգրա:ֆ] *n* հեռագրությունՆ *v* հեռագրել
telephone [թե՛լիֆոուՆ] *n* հեռախոս *v* հեռախոսել
television [թելիվի՛ժՆ] *n* հեռուստատեսությունՆ
tell [թել] *v* ասել, պատմել, հայտՆել, բացատրել
temper [թե՛մփը] *n* բՆավորությունՆ, տրամադրությունՆ
temperature [թե՛մփրիչը] *n* ջերմությունՆ, ջերմաստիճաՆ
tempest [թե՛մփիսթ] *n* փոթորիկ, փոթորկել
temple [թեմփլ] *n* տաճար; քուՆք
temporary [թե՛մփըրըրի] *a* ժամաՆակավոր
tempt [թեմփթ] *v* գայթակղել, գայթակղեցՆել
temptation [թեմփթե՛յշՆ] *n* գայթակղությունՆ
ten [թեՆ] *num* տասը
tend [թեՆդ] *v* միտում ուՆեՆալ, հակվել, հոգալ, գՆալ, ուղղվել
tendency [թե՛ՆդըՆսի] *n* տեՆդեՆց, միտում, հակում

tender [թե՛նդը] *a* քնքուշ, նուրբ, զգայուն
tennis [թե՛նիս] *n* թենիս
tent [թենթ] *n* վրան; տաղավար
tenth [թենթ] *num* տասներորդ
tepid [թե՛փիդ] *a* գոլ
term [թը:մ] *n* ժամկետ, սեմեստր, տերմին; արտահայտություն; պայմաններ, հարաբերություններ
termination [թը:մինե՛յշն] *n* ավարտ, վերջ
terrace [թե՛րըս] *n* տեռաս, սանդղափուլ
terrible [թե՛րըբլ] *a* սարսափելի, ահռելի
terrify [թե՛րիֆայ] *v* սարսափեցնել
territory [թե՛րիթըրի] *n* տերիտորիա, բնավայր, ասպարեզ
terror [թե՛րը] *n* ահ, վախ, տեռոր
test [թեսթ] *n* ստուգում, փորձարկում, չափանիշ
testimony [թե՛սթիմընի] *n* ցուցմունք, վկայություն
text [թեքսթ] *n* տեքստ
textbook [թեքսթբուք] *n* դասագիրք
than [դէն] *conj* քան
thank [թէնք] *v* շնորհակալություն հայտնել
thankful [թէ՛նքֆուլ] *a* շնորհակալ
thanks [թէնքս] *n* շնորհակալություն
that [դէթ] *pron* այդ, այն, որ, որը
adv այդքան *conj* այն որ, որպեսզի
the [դի,դը] *art* որոշիչ հոդ the book you mentioned ձեր նշած գիրքը
theater [թի՛ըթը] *n* թատրոն
theft [թեֆթ] *n* գողություն
their [դեը] *pron* նրանց, իրենց

them [դեմ] *pron* նրանց, իրենց
theme [թի:մ] *n* թեմա, նյութ
themselves [դըմսե՛լվզ] *pron* իրենց, իրենք
then [դեն] advայն ժամանակ, հետո, ապա, հետեւապես, ուրեմն *a* այն ժամանակվա
theory [թի՛ըրի] *n* տեսություն, թեորիա
there [դեը] *adv* այնտեղ ~ is կա ~ are կան
thereby [դեըբա՛յ] *adv* դրա շնորհիվ, դրա հետեւանքով, այսպիսով
therefore [դե՛ըֆո:] *adv* ուստի, դրա համար, հետեւաբար
therefrom [դեըֆրո՛մ] *adv* այնտեղից
these [դի:զ] *pron* սա, դա *a* այս, այդ
they [դեյ] *pron* նրանք
thick [թիք] *a* հաստ, թանձր, խիտ
thicket [թի՛քիթ] *n* թավուտ, մացառուտ, թփուտ
thief [թի:ֆ] *n* գող
thigh [թայ] *n* ազդր
thin [թին] *a* բարակ, նիհար, նոսր
thing [թին] *n* իր, առարկա, բան, գործ, փաստ, իրեր (անձնական)
think [թինք] *v* մտածել, կարծել, համարել
thinking [թի՛նքին] *n* խորհրդածում, մտորում, կարծիք
third [թը:դ] *num* երրորդ
thirst [թը՛:սթ] *n* ծարավ *v* ծարավ լինել
thirteen [թը՛:թի:ն] *num* տասներեք
thirty [թը:թի] *num* երեսուն
this [դիս] *pron* սա, դա *a* այս, այդ
thorn [թո:ն] *n* փուշ

thorny [թո':նի] *a* փշոտ, դժվար
thoroughly [թա'րըլի] *adv* լիովին, ամբող-ջովին, մինչեւ վերջը, կատարելապես, հաստատապես
those [դոուզ] *pron* այդ, այն, որ, որը
though [դոու] *conj* թեեւ, թեպետ, չնայած, եթե նույնիսկ *adv* սակայն, այնուամենայնիվ
thought [թո:թ] *n* միտք, մտածմունք, մտածողություն
thoughtful [թո':թֆուլ] *a* մտախոհ, խոհուն, խորամիտ, հոգատար
thousand [թա'ուզընդ] *num* հազար
thread [թրեդ] *n* թել, շարան
threat [թրեթ] *n* սպառնալիք, վտանգ
threaten [թրեթն] *v* սպառնալ
three [թրի:] *num* երեք
threshold [թրե'շհոուլդ] *n* շեմք
thrift [թրիֆթ] *n* տնտեսողություն
throat [թրոութ] *n* կոկորդ, բուկ
throb [թրոբ] *v* ուժեղ բաբախել
throne [թրոուն] *n* գահ, աթոռ
throng [թրոն] *n* ամբոխ *v* խմբվել
through [թրու:] *prep* միջով, մի ծայրից մյուսը, միջոցով, պատճառով
throughout [թրու:ա'ութ] *adv* ամեն կողմից, ամբողջ ժամանակ *prep* միջով, ամբողջ ընթացքում
throw [թրոու] *v* նետել, շպրտել to ~ away դեն գցել
thrust [թրասթ] *v* հրել, բոթել, խցկել, ծակել *n* հրոց, հարված

thumb [թամ] *n* բութ, բթամատ
thunder [թանդը] *n* որոտ *v* որոտալ, դղրդալ
Thursday [թը՛:զդի] *adv* հինգշաբթի
thus [դաս] *n* այսպես, այսպիսով, այնպես որ
ticket [թի՛քիթ] *v* տոմս, ապրանքանիշ ~ window տոմսարկղ
tickle [թիքլ] *v* խուտուտ տալ
tide [թայդ] *n* մակընթացություն եւ տեղատվություն
tidy [թա՛յդի] *a* մաքուր, կոկիկ *v* հավաքել, մաքրել, կարգի բերել
tie [թայ] *n* կապ, փողկապ, վզկապ *v* կապել
tiger [թա՛յգը] *n* վագր, հավանության բացականչություններ
tight [թայթ] *a* սերտ, հոծ, ձիգ, պինդ
tighten [թայթն] *v* սեղմ(վ)ել, ձգ(վ)ել, պրկել
till [թիլ] *prep* մինչեւ *conj* մինչեւ որ
timber [թի՛մբը] *n* անտառանյութ, գերան
time [թայմ] *n* ժամանակ, ժամ, ժամկետ in ~ ժամանակին *v* հաջող ժամանակ ընտրել, ժամանակ նշանակել
tin [թին] *n* անագ, արճիճ, թիթեղ
tinkle [թինքլ] *v* զնգալ, զնգզնգալ
tiny [թա՛յնի] *a* շատ փոքր, մանրիկ
tip [թիփ] *n* ծայր; ակնարկ, նախազգուշացում *v* դիպչել, հպվել, շուռ տալ, թեյափող տալ
tire [թա՛յը] *v* հոգնել, հոգնեցնել, ձանձրացնել *n* անվադող

title [թայթլ] *n* վերնագիր, տիտղոս
to [թու] *prep* ցույց է տալիս՝ շարժում դեպի առարկա, գործողության սահման, նպատակ I am going to school Ես գնում եմ դպրոց I have read the book to the end Ես գիրքը մինչեւ վերջ կարդացել եմ
toast [թոուսթ] *n* կենաց; կարմրացրած հացի կտոր *v* կենաց խմել
tobacco [թըբէ՛քոու] *n* ծխախոտ
today [թը[դե՛յ] *adv* այսօր, այժմ
toe [թոու] *n* ոտքի մատ, կոշկածայր
together [թըգե՛դը] *adv* միասին, իրար հետ, միաժամանակ
toil [թոյլ] *v* աշխատել *n* ծանր աշխատանք
toilet [թո՛յլիթ] *n* հագնվելը, զգեստ, զուգարան, արտաքնոց
token [թո՛ուքըն] *n* նշան, սիմվոլ, խորհրդանիշ, հատկանիշ
tolerable [թո՛լըրըբլ] *a* տանելի, հանդուրժելի
tomato [թըմա՛:թոու] *n* պոմիդոր
tomb [թու:մ] *n* գերեզման, տապանաքար
tomorrow [թըմո՛րոու] *adv* վաղը *n* վաղվա օրը
ton [թան] *n* տոննա
tone [թոուն] *n* տոն, ձայնաստիճան, տոնուս
tongue [թան] *n* լեզու
tonight [թընա՛յթ] *adv* այսօր երեկոյան *n* այսօրվա գիշերը
too [թու:] *adv* նույնպես, նաեւ, էլ, չափազանց, չափից ավելի, սաստիկ, խիստ

tool [թու:լ] *n* գործիք, կտրիչ, հատիչ
tooth [թու:թ] *n* ատամ
toothache [թու՛:թեյք] *n* ատամնացավ
top [թոփ] *n* գագաթ, վերին մասը, ծայրը *a* վերեւի, վերին
topic [թո՛փիք] *n* թեմա, նյութ, առարկա
torch [թո:չ] *n* կերոն, լապտեր, ջահ
torment [թո՛:մենթ] *n* չարչարանք *v* տանջել, չարչարել
torrent [թո՛րընթ] *n* հեղեղ, տարափ
torture [թո՛:չը] *n* կտտանք, տանջանք *v* տանջել
toss [թոս] *v* գցել, տարուբերվել, բարձրանալ ու իջնել
total [թոութլ] *a* ամբողջ, լրիվ, բացարձակ *n* հանրագումար
touch [թաչ] *n* շոշափում, հպում *v* դիպչել, շոշափել
tough [թաֆ] *a* կարծր, կոշտ, դիմացկուն, համառ
tour [թուը] *n* ճանապարհորդություն *v* շրջագայել
tow [թոու] *v* բուքսիրի վերցնել *v* բուքսիրել
towards [թըուո:դզ] *prep* դեպի, ուղղությամբ, նկատմամբ
towel [թա՛ուըլ] *n* սրբիչ
tower [թա՛ուը] *n* աշտարակ, բերդ
town [թաուն] *n* քաղաք
toy [թոյ] *n* խաղալիք
trace [թրեյս] *n* հետք *v* հետքը գտնել, գծել
track [թրէք] *n* հետք, արահետ, ռելսուղի

trade [թրեյդ] *n* առեւտուր, զբաղմունք, արհեստ *v* առեւտուր անել
tradition [թրըդի՛շն] *n* տրադիցիա, ավանդույթ, սովորություն, ավանդություն
traffic [թրէ՛ֆիք] *n* երթեւեկություն, առեւտուր
tragedy [թրէ՛ջիդի] *n* ողբերգություն
trail [թրեյլ] *n* հետք *v* քարշ գալ, հետքով փնտրել
train [թրեյն] *n* գնացք, թափոր *v* կրթել, սովորեցնել, մարզ(վ)ել
training [թրե՛յնինն] *n* պատրաստում, պատրաստություն, վարժեցում
traitor [թրե՛յթը] *n* դավաճան
tramp [թրէմփ] *n* թափառական *v* թափառել, թփթփացնելով քայլել
transaction [թրէնզէ՛քշն] *n* վարելը (գործի), գործարք
transfer [թրէնսֆը՛:] *v* տեղափոխ(վ)ել, փոխանցել *n* փոխադրություն
transit [թրէ՛նսիթ] *n* անցում, տրանզիտ, փոխադրում
translate [թրէնսլե՛յթ] *v* թարգմանել, թարգմանվել
translation [թրէնսլեյշն] *n* թարգմանություն
transport [թրէնսփո՛:թ] *n* տրանսպորտ, փոխադրում *v* տեղափոխել
trap [թրէփ] *n* թակարդ, ծուղակ
travel [թրէվլ] *n* ճանապարհորդություն *v* ճանապարհորդել, տեղաշարժվել
traveller [թրէ՛վլը] *n* ճանապարհորդ

traverse [թրէ՛վը:ս] *v* հատել, կտրել-անցնել
tray [թրեյ] *n* մատուցարան, սկուտեղ
tread [թրեդ] *n* քայլվածք *v* քայլել, կոխ տալ
treason [թրի:զն] *n* դավաճանություն (պետական)
treasure [թրեժը] *n* գանձ, հարստություն *v* բարձր գնահատել, գանձ կուտակել
treasury [թրե՛ժըրի] *n* գանձատուն
treat [թրի:թ] *v* վարվել, բժշկել, հյուրասիրել, մշակել
treatment [թրի՛:թմընթ] *v* վարմունք, մշակում, բուժում
treaty [թրի՛թի] *n* պայմանագիր
tree [թրի:] *n* ծառ
tremble [թրեմբլ] *v* դողալ, սարսռել
tremendous [թրիմեն[դըս] *a* սարսափելի, հսկայական
trial [թրա՛յըլ] *n* փորձարկում, փորձություն, դատ *a* փորձնական
triangle [թրա՛յէնգլ] *n* եռանկյունի
tribe [թրայբ] *n* ցեղ, կլան, տոհմ
tribute [թրի՛բյու:թ] *n* հարկ, տուրք
trick [թրիք] *n* խորամանկություն, ֆոկուս, տրյուկ
trifle [թրա՛յֆլ] *n* չնչին, աննշան բան, մանրուք
trim [թրիմ] *a* կարգի բերած, հարդարված *v* կարգի բերել, զարդարել, հավասար կտրել
trip [թրիփ] *n* կարճատեւ ճանապարհոր[դություն, ռեյս, էքսկուրսիա

triumph [թրայըմֆ] *n* հաղթանակ, ցնծություն *v* հաղթանակ տոնել
troops [թրու:փս] *n* զորքեր
trot [թրոթ] *n* արագ քայլք, վարգ *v* վարգով գնալ, վազել
trouble [թրաբլ] *n* անհանգստություն, անախորժություն, հոգս *v* անհանգստանալ, անհանգստացնել
trousers [թրա'ուզըզ] *n* շալվար
trout [թրաութ] *n* իշխան ձուկ
truck [թրաք] *n* բեռնատար ավտոմոբիլ, բաց ապրանքատար վագոն
true [թրու:] *a* ճիշտ, ստույգ, իսկական, հավատարիմ
truly [թրու':լի] *adv* ճշմարտորեն, ստույգ yours ~ Ձեզ անկեղծ նվիրված (նամակում)
trunk [թրանք] *n* ծառի բուն, իրան; ճամպրուկ; կնճիթ
trust [թրասթ] *n* հավատ, վստահություն; տրեստ *v* վստահել, հավատալ
truth [թրու:թ] *n* ճշմարտություն, ճշգրտություն
try [թրայ] *v* փորձել, փորձարկել, ջանալ, չափսափորձել, [դատել
tube [թյու:բ] *n* խողովակ, խողովակապատյան, պարկուճ
tuck [թաք] *n* ծալ, ծալվածք *v* ծալեր, տակը ծալել
Tuesday [թյու':զդի] *n* երեքշաբթի
tumble [թամբլ] *v* վայր ընկնել, շուռ գալ, գլուխկոնծի տալ

tune [թյու:ն] *n* եղանակ, մեղեդի *v* լարել(երաժշտական գործիքները)
tunnel [թա'նըլ] *n* թունել
turkey [թը':քի] *n* հնդկահավ
turn [թը:ն] *n* պտույտ, դարձ, հերթ, ծառայություն v պտտ(վ)ել, շրջվել, ուղղել, դառնալ ~ off փակել ~ on բաց անել
twelve [թվելվ] *num* տասներկու
twenty [թվենթի] *num* քսան
twice [թվայս] *adv* երկու անգամ
twilight [թվա'յլայթ] *n* մթնշաղ, աղջամուղջ
twins [թվինս] *n* երկվորյակներ
twinkle [թվինքլ] *v* առկայծել, թարթել, կայծկլտալ
twist [թվիսթ] *n* ոլորան, պտույտ, պարան *v* հյուսել, ոլոր(վ)ել, աղավաղել
two [թու:] *num* երկու
type [թայփ] *n* տիպ, տարատեսակ, տպատառ *v* մեքենագրել
typewriter [թայփրա'յթը] *n* գրամեքենա

U

ugly [ա'գլի] *a* տգեղ, զզվելի
ulcer [ա'լսը] *n* խոց
umbrella [ամբրե'լը] *n* հովանոց
unable [անե'յբլ] *a* անկարող, անընդունակ
unanimous [յու:նէ'նիմըս] *a* միաբան, համերաշխ, միաձայն
uncertainty [անսը':թնթի] *n* անվստահություն, անորոշություն
uncle [անքլ] *n* քեռի, հորեղբայր

unconscious [անքո՛նշըս] *a* անգիտակից, իրեն հաշիվ չտվող, ակամա
under [ա՛նդը] *a* ներքևի, ստորին, ստորադաս, կրտսեր *adv* ներքևում, դեպի ցած *prep* տակ, ցած, ներքո
underground [ա՛նդըգրաունդ] *n* մետրո *a* ստորերկրյա, ընդհատակյա *adv* գետնի տակ
underneath [անդընի՛:թ] *adv* ներքևը, տակը, դեպի ցած *prep* տակ
understand [անդըսթէ՛նդ] *v* հասկանալ, ըմբռնել, նկատի ունենալ, ենթադրել
understanding [անդըսթէ՛նդինг] *n* ըմբռնում, հասկացողություն, համաձայնություն, փոխադարձ ըմբռնում
undertake [անդըթե՛յք] *v* ձեռնարկել, պարտավորվել
undoubted [անդա՛ութիդ] *a* անկասկած, անտարակույս
uneasy [անի՛:զի] *a* անհարմար, անհանգիստ
unemployed [անիմփլո՛յդ] *a* գործազուրկ
unemployment [անիմփլո՛յմընթ] *n* գործազրկություն
unexpected [անիքսփե՛քթիդ] *a* անսպասելի
unfortunate [անֆո՛:չնիթ] *a* դժբախտ, թըշվառ, անհաջող
unhappy [անհէ՛փի] *a* դժբախտ, տխուր
unhealthy [անհե՛լթի] *a* վատառողջ
uniform [յու՛:նիֆո:մ] *n* համազգեստ *a* միօրինակ, հավասարաչափ, մշտական
union [յու՛:նյըն] *n* միություն, միավորում

unique [յու:Նի՛:ք] *a* եզակի, ունիկալ
unit [յու՛:Նիթ] *n* միավոր, զորամաս, մաս
unite [յու:Նա՛յթ] *v* միանալ, միավոր(վ)ել
United States of America [յու:Նա՛յթիդ ս-թեյթս ըվ ըմե՛րիքը] Ամերիկայի Միացյալ Նահանգներ
universal [յու:Նիվը՛:սըլ] *a* համընդհանուր, բազմակողմանի
universe [յու՛:Նիվը:ս] *n* տիեզերք, աշխարհ
university [յու:Նիվը՛:սիթի] *n* համալսարան
unjust [անջա՛սթ] *a* անարդար
unknown [աննո՛ուն] *a* անհայտ
unless [ընլե՛ս] *conj* եթե , մինչեւ որ
unlike [անլա՛յք] *a* ոչ նման, տարբեր
prep ի տարբերություն
unnecessary [աննե՛սիսըրի] *a* ավելորդ, ոչ անհրաժեշտ
unpleasant [անփլե՛զնթ] *a* տհաճ, անդուր
unprofitable [անփրո՛Ֆիթըբլ] *a* անշահավետ, անօգտավետ
until [ընթի՛լ] *prep* մինչեւ *conj* մինչեւ որ
unusual [անյու՛:ժուըլ] *a* անսովոր, հազվագյուտ
up [ափ] *adv* վեր, դեպի վեր up and down, վեր ու վար, ետ ու առաջ
prep մինչեւ, ի վեր
upper [ա՛փը] *a* վերին, բարձրագույն
upright [ափրա՛յթ] *a* ուղիղ, ուղղահայաց, ազնիվ, արդարամիտ
upset [ափսե՛թ] *v* շուռ տալ, շրջ(վ)ել, խափանել, վշտացնել

upwards [ա՛փվըրդ] *a* դեպի վեր ուղղված, վեր բարձրացող
urge [ը:չ] *v* շտապեցնել, մտրակել, համոզել, պնդել
us [աս] *pron* մեզ by ~ մեր կողմից
use [յու:ս] *n* օգտագործում, կիրառում, օգուտ, սովորություն [յու:զ] *v* օգտագործել, վարվել
used [յու:սթ] *a* սովոր, գործածված
useful [յու՛:սֆուլ] *a* օգտակար, պիտանի
useless [յու՛:սլիս] *a* անօգուտ, իզուր
usual [յու՛:ժուըլ] *a* սովորական, գործածական as ~ ըստ սովորության
utensil [յու:թե՛նսլ] *n* սպասք, պիտույք
utmost [ա՛թմոուսթ] *n* ամենամեծը *a* ծայրահեղ, ամենահեռու
utter [ա՛թը] *a* լրիվ, ծայրահեղ *v* արձակել, արտասանել
utterly [ա՛թըլի] *adv* ծայր աստիճան, կատարելապես

V

vacant [վե՛յքընթ] *a* դատարկ, թափուր, պարապ, ցրված
vacation [վըքե՛յշն] *n* արձակուրդներ, արձակուրդ
vague [վեյգ] *a* անպարզ, անորոշ, մշուշապատ
vain [վեյն] *a* զուր in ~ իզուր, դատարկ, սնապարծ
valley [վէլի] *n* հովիտ

valuable [վէ՛լյուըբլ] *a* թանկարժեք, արժեքավոր
value [վէ՛լյու:] *n* արժեքներ, գին, արժեք *v* գնահատել
van [վէն] *n* վագոն, ֆուրգոն, ավանգարդ
vanish [վէ՛նիշ] *v* անհետանալ, չքանալ
vanity [վէ՛նիթի] *n* ունայնություն, սնափառություն
vapor [վե՛յփը] *n* գոլորշի, մշուշ
variety [վըրա՛յըթի] *n* բազմազանություն, մեծ քանակություն, վարյետե
various [վե՛ըրիըս] *a* տարբեր, բազմազան
vase [վեյզ] *n* վազա
vast [վա:սթ] *a* լայն, ընդարձակ
vegetable [վե՛ջիթըբլ] *n* բանջարեղեն, կանաչի *a* բուսական
veil [վեյլ] *n* քող, շղարշ *v* քողարկել
vein [վեյն] *n* երակ, ջիղ
velvet [վե՛լվիթ] *a* թավիշ
vengeance [վե՛նջընս] *n* վրիժառություն, վրեժ
venture [վե՛նչը] *n* ռիսկոտ վտանգավոր ձեռնարկում, սպեկուլյացիա *v* ռիսկ անել
verify [վե՛րիֆայ] *v* ստուգել
verse [վը:ս] *n* ոտանավոր, ոտանավորի տող
very [վերի] *a* իսկական, միեւնույն, հենց նույն, հենց միայն, ինքնին, ամենա *adv* շատ, խիստ
vessel [վեսլ] *n* անոթ; նավ
vest [վեսթ] *n* ժիլետ, ներքնաշապիկ *v* հանձնել, վստահել

veteran [վե'թըրըն] *n* վետերան, պատերազմի մասնակից
vice [վայս] *n* արատ
vicious [վի'շըս] *a* անբարոյական, արատավոր
victim [վի'քթիմ] *n* զոհ
victory [վի'քթըրի] *n* հաղթանակ
view [վյու:] *n* տեսարան, հայացք point of ~ տեսակետ *v* դիտել, զննել
vigorous [վի'գըրըս] *a* ուժեղ, զորեղ
vigor [վի'գը] *n* ուժ, ուժեղություն, եռանդ
vile [վայլ] *a* վատ, ստոր, պիղծ
village [վի'լիջ] *n* գյուղ, ավան
vine [վայն] *n* խաղողի վազ
vineyard [վի'նյըդ] *n* խաղողի այգի
violence [վա'յըլընս] *n* բռնություն, ուժ, սաստկություն
violent [վա'յըլընթ] *a* սաստիկ, կատաղի, բռնի
violet [վա'յըլիթ] *n* մանուշակ *a* մանուշակագույն
violin [վա'յըլին] *n* ջութակ
virgin [վը':ջին] *n* կույս, աղջիկ
virtue [վը':թյու:] *n* առաքինություն, արժանիք
visible [վի'զըբլ] *a* տեսանելի, ակներև
vision [վիժն] *n* տեսողություն, կանխատեսություն, մտապատկեր
visit [վի'զիթ] *n* այցելություն *v* այցելել, հյուր լինել
visitor [վի'զիթը] *n* այցելու, հյուր, տեսուչ

vital [վայթլ] *a* կենսական, էական, ճակատագրական

vivid [վի՛վիդ] *a* կենդանի, պայծառ

vocabulary [վըքէ՛բյուլըրի] *n* բառապաշար, բառարան

voice [վոյս] *n* ձայն

volume [վո՛լյում] *n* հատոր, տարողություն, հնչեղություն, ծավալ

vote [վոութ] *n* քվեարկում, ձայն, քվե *v* քվեարկել

voter [վո՛ութը] *n* ընտրող, քվեարկության մասնակից

vow [վաու] *n* երդում, խոստում *v* երդում տալ

voyage [վո՛յիջ] *n* ճանապարհորդություն, ուղևորություն

W

wade [վեյդ] *v* դժվարությամբ անցնել՝ առաջ գնալ

wage [վեյջ] *n* ռոճիկ, վարձատրություն

wail [վեյլ] *n* ողբ, ռռնոց *v* ռռնալ

waist [վեյսթ] *n* իրան, գոտկատեղ

wait [վեյթ] *v* սպասել, ծառայել

waiter [վեյթը] *n* մատուցող

wake [վեյք] *v* արթնանալ, զարթնեցնել, արթուն մնալ, չքնել

walk [վո:ք] *n* զբոսանք *v* քայլել, գնալ(ոտքով)

wall [վո:լ] *n* պատ

wander [վո՛նդը] *v* թափառել, մոլորվել

want [վոնթ] *n* պակաս, կարիք *v* ցանկանալ, կարիք զգալ
war [վո:] *n* պատերազմ *a* ռազմական
wardrobe [վո՛:դրոուբ] *n* զգեստապահարան
warm [վո:մ] *a* տաք, ջերմ *v* տաքանալ
warmth [վո:մթ] *n* տաքություն, սրտակցություն
warn [վո:ն] *v* զգուշացնել, նախազգուշացնել
warrant [վո՛րընթ] *n* լիազորություն, երաշխիք *v* երաշխավորել, արդարացնել
wash [վոշ] *n* լվածք *v* լվանալ, լվացվել, լվացք անել
wasp [վոսփ] *n* կրետ
waste [վեյսթ] *n* անապատ, թափթփուկներ *v* վատնել, անտեղի ծախսել
watch [վոչ] *n* ժամացույց; զգոնություն, պահակախումբ
water [վո՛:թը] *n* ջուր *v* թրջել, ջրել
watermelon [վո՛:թըմելըն] *n* ձմերուկ
wave [վեյվ] *n* ալիք, թափահարում, գանգրացում *v* ծածանվել, թափահարել
wax [վէքս] *n* մեղրամոմ *a* մոմե *v* մոմել
way [վեյ] *n* ճանապարհ, ուղի, միջոց, ձեւ, սովորություն, վիճակ, ապրելակերպ by the ~ ի միջի այլոց in any ~ համենայն դեպս
we [վի:] *pron* մենք
weak [վի:ք] *a* թույլ, տկար
weakness [վի՛:քնիս] *n* թուլություն
wealth [վելթ] *n* հարստություն
wealthy [վե՛լթի] *a* հարուստ

weapon [վե՛փըն] *n* զենք
wear [վեը] *n* հագուստ *v* հագնել, կրել, մաշել
weary [վի՛ըրի] *a* հոգնած, ձանձրացած *v* հոգնել, հոգնեցնել
weather [վեդը] *n* եղանակ
weave [վի:վ] *v* հյուսել, գործել
web [վեբ] *n* գործվածք, սարդոստայն
wedding [վե՛դինգ] *n* հարսանիք *a* հարսանեկան
wedge [վեջ] *n* սեպ *v* սեպ խրել
Wednesday [վե՛նզդի] *n* չորեքշաբթի
weed [վի:դ] *n* մոլախոտ *v* քաղհանել
week [վի:ք] *n* շաբաթ
weekly [վի՛:քլի] *a* շաբաթական *adv* շաբաթը մի անգամ
weep [վի:փ] *v* լալ, լաց լինել
weigh [վեյ] *v* կշռել, կշռադատել, կշռվել, քաշ, կշիռ ունենալ
weight [վեյթ] *n* կշիռ, քաշ, բեռ, կշռաքար
welcome [վե՛լքըմ] *n* ողջույն, հյուրընկալություն *a* ցանկալի *v* ողջունել
welfare [վե՛լֆեը] *a* բարեկեցություն
well [վել] *adv* լավ, ինչպես հարկն է very ~ շատ լավ *int* դե՜հ, դե՛
well–to–do [վելթըդու՛:] *a* ունևոր
west [վեսթ] *n* արևմուտք *a* արևմտյան *adv* դեպի արևմուտք
western [վեսթըն] *n* արևմուտքի բնակիչ, կովբոյական ֆիլմ *a* արևմտյան
wet [վեթ] *n* խոնավություն *a* թաց, խոնավ *v* թրջել, թացացնել

what [վոթ] *pron* ի՞նչ, ինչ, որ, ինչպիսի
whatever [վոթէ՛վը] *a* ինչ էլ, ինչպիսի էլ, ինչ էլ որ
wheat [վի:թ] *n* ցորեն
wheel [վի:լ] *n* անիվ, արկ, ղեկ *v* գլորել, պտտ(վ)ել
when [վեն] *adv* երբ, երբ որ, այն ժամանակ երբ
whence [վենս] adv *pron* որտեղից
whenever [վենէ՛վը] *adv* երբ էլ որ, հենց որ
where [վեը] *adv* ու՞ր, որտե՞ղ *pron* որտեղի՞ց, որտեղ
whereas [վեըրէ՛զ] *conj* մինչդեռ, նկատի ունենալով
wherefore [վե՛ըֆո:] *adv* ինչի՞ համար, ի՞նչ պատճառով
whether [վեդը] *conj* թե, արդյոք *pron* երկուսից որը
which [վիչ] *a* որ *pron* որը *conj* թե որ
while [վայլ] *n* ժամանակամիջոց, ժամանակ *conj* այն ժամանակ երբ, մինչ դեռ
whilst [վայլսթ] *conj* քանի դեռ, մինչեւ
whip [վիփ] *n* մտրակ *v* մտրակել, հարել
whirlwind [վը՛:լվինդ] *n* մրրիկ, փոթորիկ
whisper [վի՛սփը] *n* փսփսոց, շշուկ *v* փսփսալ
whistle [վիսլ] *n* սուլոց, սուլիչ *v* սուլել, շվացնել
white [վայթ] *a* սպիտակ
who [հու:] *pron* ո՞վ, որ, որը, ով

whole [հոուլ] *n* ամբողջը, բոլորը *a* ամբողջ, լրիվ, անվնաս, ողջ
wholly [հո՛ուլի] *adv* լիովին, ամբողջությամբ
whom [հու:մ] *pron* ում, որին
whose [հու:զ] *pron* ում, որի, որոնց
why [վայ] *adv* ինչու՞, թե ինչու
wicked [վի՛քիդ] *a* չար, անբարոյական
wide [վայդ] *a* լայն, ընդարձակ *adv* լայնորեն
widow [վի՛դոու] *n* այրի կին
widower [վի՛դո:վը] *n* այրի տղամարդ
width [վիդթ] *n* լայնություն
wife [վայֆ] *n* կին, կին ամուսին
wild [վայլդ] *a* վայրենի, վայրի
wilderness [վի՛լդընիս] *n* անապատ, անմըշակ հող
will [վիլ] *n* կամք, ցանկություն, կտակ *v* կամենալ
willing [վի՛լին] *a* պատրաստ, հոժարակամ
willow [վի՛լոու] *n* ուռենի
win [վին] *n* շահում, հաղթանակ *v* շահել, հաղթել
wind [վինդ] *n* քամի
window [վի՛նդոու] *n* պատուհան
wine [վայն] *n* գինի
wing [վին] *n* թեւ, թեւաշենք, կուլիսներ
wink [վինք] *n* թարթում *v* թարթել, աչքով անել
winner [վի՛նը] *n* հաղթանակող, հաղթող
winter [վի՛նթը] *n* ձմեռ *v* ձմեռել
wipe [վայփ] *v* մաքրել, սրբել, չորացնել

wire [վայը] *n* լար, մետաղալար, հաղորդալար, հեռագիր *v* հեռագրել
wireless [վա'յըլիս] *n* ռադիո, ռադիոընդունիչ
wisdom [վի'զդըմ] *n* իմաստություն
wise [վայզ] *a* իմաստուն, խոհեմ
wish [վիշ] *n* ցանկություն *v* ցանկանալ, ուզենալ
wit [վիթ] *n* խելք, սրամտություն
witch [վիչ] *n* կախարդուհի, վհուկ
with [վիդ] *prep* հետ, ցույց է տալիս գործող անձի մի բան ունենալը, գործողության կատարման միջոց
withdraw [վիդրո':] *v* ետ քաշվել, նահանջել, ետ վերցնել
wither [վի'դը] *v* թառամել, չորանալ
within [վի'դին] *prep* ներսում, ներսը, սահմաններում
without [վիդա'ութ] *prep* առանց, դուրս
witness [վի'թնիս] *n* վկա, վկայություն, ականատես *v* վկա լինել, հաստատել
witty [վի'թի] *a* սրամիտ
wizard [վի'զըդ] *n* կախարդ, հրաշագործ
wolf [վուլֆ] *n* գայլ
woman [վու'մըն] *n* կին
wonder [վա'նդը] *n* զարմանք, հրաշք *v* զարմանալ, ուզել իմանալ
wonderful [վա'նդըֆուլ] *a* զարմանալի, հրաշալի
wood [վուդ] *n* անտառ, փայտ, վառելափայտ
wooden [վուդն] *a* փայտե, անկենդան

wool [վուլ] *n* բուրդ
word [վը:դ] *n* բառ
wording [վը՛:դին] *n* արտահայտման ձեւ, ոճ, ձեւակերպում
work [վը:ք] *n* աշխատանք, գործ, աշխատություն *v* աշխատել
worker [վը՛:քը] *n* բանվոր, աշխատող
working [վը՛:քին] *n* աշխատելը, մշակում *a* բանվորական, աշխատանքային
world [վը:լդ] *n* աշխարհ, երկիր *a* համաշխարհային
worm [վը:մ] *n* որ[դ, ճիճու *v* խույս քաշել
worry [վա՛րի] *n* անհանգստություն, հոգսեր *v* անհանգստանալ, ձանձրացնել
worse [վը:ս] *a* ավելի վատ *n* ավելի վատը
worship [վը՛:շիփ] *n* պաշտամունք *v* երկրպագել, Աստվածացնել
worst [վը:սթ] *a* վատագույն, ամենավատ *n* ամենավատը
worth [վը:թ] *n* գին, արժանիք, պատիվ *a* արժանի
worthy [վը՛:դի] *a* արժանի, հարգարժան *n* արժանավոր մարդ
wound [վու:նդ] *n* վերք *v* վիրավորել
wrap [րէփ] *n* փաթաթան, շալ *v* փաթաթել
wrath [րո:թ] *n* սաստիկ զայրույթ, ցասում
wreath [րի:թ] *n* պսակ
wreck [րէք] *n* խորտակում *v* կործանում առաջացնել, տապալել
wretched [րէ՛չի[դ] *a* թշվառ, խղճուկ
wrinkle [րինքլ] *n* կնճիռ *v* կնճռոտ(վ)ել
write [րա՛յթ] *v* գրել ~ down գրի առնել

writer [րա՛յթը] *n* գրող, հեղինակ
writing [րա՛յթին] *n* գիր, գրություն, գրական երկ
wrong [րոն] *n* սուտ, վատություն *a* սխալ, անարդար *v* անարդար լինել

X

X–rays [էքսրէ՛յզ] *n* ռենտգենյան ճառագայթներ *a* ռենտգենյան

Y

yard [յա:րդ] *n* յարդ(մոտ 91սմ), բակ, պահեստ
yarn [յա:ն] *n* մանվածք *v* հեքիաթ ասել
yawn [յո:ն] *n* հորանջոց *v* հորանջել
year [յը:] *n* տարի, տարիք
yell [ել] *n* ճիչ, աղաղակ, խրախուսանքի բացականչություն *v* ճչալ
yellow [ելո՛ու] *a* դեղին
yes [ես] *adv* այո
yesterday [ե՛սթըդի] *n adv* երեկ
yet [եթ] *adv* դեռ, դեռեւս, արդեն, մինչեւ այժմ *conj* բայց եւ այնպես, սակայն
yield [յի:լդ] *n* արտադրողականություն, բերք *v* արտադրել, զիջել
yoke [յոուք] *n* լուծ, կապանք *v* լծել
yolk [յոուք] *n* ձվի դեղնուց
you [յու:] *pron* դու, դուք, քեզ, ձեզ
young [յան] *a* երիտասարդ, ջահել *n* ձագ
youngster [յա՛նսթը] *n* պատանի

your [յո:] pron, *a* ձեր, քո
yours [յո:զ] pron, *a* ձերը, քոնը
yourself [յո:սե՛լֆ] *pron* դու ինքդ, դուք ինքներդ, քեզ, ձեզ
youth [յու:թ] *n* երիտասարդություն, պատանի
youthful [յու՛:թֆուլ] *a* պատանեկան, երիտասարդական

Z

zeal [զի:լ] *n* մեծ եռանդ, նվիրվածություն, ջանք
zenith [զե՛նիթ] *n* զենիթ, գագաթնակետ
zero [զի՛ըրոու] *n* զրո
zinc [զինք] *n* ցինկ *a* ցինկի *v* ցինկել
zone [զոուն] *n* գոտի, զոնա, շրջան
zoo [զու:] *n* գազանանոց

Other Armenian Interest Titles from Hippocrene

Elementary Modern Armenian Grammar
Kevork H. Gulian

Gulian's *Modern Armenian Grammar* in forty-four lessons has always been considered a little masterpiece that combines compactness with a sufficiently exhaustive treatment of that fascinating language. Apart from numerous exercises, it also contains well-chosen reading material form Armenian poets and prose writers, as well as conversations and several glossaries.

196 pages • 5 x 8 • ISBN 0-87052-811-4 • W • $11.95 paperback • (172)

Armenian-English/English-Armenian Compact Dictionary (Eastern Armenian)
Diana and Susanna Aroutunian

This modern and up-to-date dictionary provides a quick reference to a needed word in Armenian and English. It is a useful tool for travelers, business people, and students. It has over 9,000 entries in both languages in a concise easy-to-use format. Each entry contains a pronunciation guide and lists basic grammar characteristics.

378 pages • 3½ x 4¾ • 10,000 entries • ISBN 0-7818-0500-7 • W • $8.95 paperback • (608)

Beginner's Armenian

Hagop Andonian

This book provides the essentials of modern western Armenian language.

216 pages • 5 x 8 • ISBN 0-7818-0723-8 • W • $14.95 paperback • (226)

The Cuisine of Armenia
25th Anniversary Edition

Sonia Uvezian

This best-selling Hippocrene cookbook—the definitive guide to Armenian cookery—has been revised and updated in the anniversary edition. The book contains 375 recipes and variations for tasty pilafs, keuftehs, stuffed vegetables, soups, stews and more. Originally published in the early 1970s, *The Cuisine of Armenia* received outstanding reviews, was a selection of the Book-of-the-Month Club, and remained in print until 1987. This edition has been updated to reflect the wider availability of authentic ingredients; the levels of fat and sugar have been reduced without compromising taste, and several new recipes have been added.

484 pages • 5½ x 8½ • ISBN 0-7818-0698-X • W • $14.95 paperback • (457)